北方农牧交错区
乡村人地系统适应性演化

以内蒙古达尔罕茂明安联合旗为例

本书得到教育部哲学社会科学研究重大课题攻关项目"我国北方生态脆弱区环境演变与经济社会发展交互作用研究"（项目编号：19ZJD014）、国家社会科学基金重点项目"西部民族地区典型牧区落实乡村振兴战略对策措施研究"（项目编号：18AZD021）、国家社会科学基金青年项目"全域旅游背景下草原旅游地人地关系地域系统脆弱性演变及适应机制研究"（项目编号：17CGL024）的支持。

李文龙　林海英◎著

ADAPTATION EVOLUTION OF
RURAL HUMAN-ENVIRONMENT SYSTEM
OF FARMING-PASTORAL REGION IN
NORTH CHINA:

A Case Study of Dalhan Maomingan Union Banner in Inner Mongolia

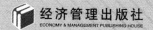

经济管理出版社
ECONOMY & MANAGEMENT PUBLISHING HOUSE

图书在版编目（CIP）数据

北方农牧交错区乡村人地系统适应性演化：以内蒙古达尔罕茂明安联合旗为例/
李文龙，林海英著 . —北京：经济管理出版社，2021.1
ISBN 978-7-5096-7750-6

Ⅰ. ①北…　Ⅱ. ①李…　②林…　Ⅲ. ①人地系统—研究—达尔罕茂明安联合旗
Ⅳ. ①K922.64

中国版本图书馆 CIP 数据核字（2021）第 025472 号

组稿编辑：王光艳
责任编辑：许　艳
责任印制：黄章平
责任校对：董杉珊

出版发行：经济管理出版社
　　　　　（北京市海淀区北蜂窝 8 号中雅大厦 A 座 11 层　100038）
网　　址：www. E-mp. com. cn
电　　话：(010) 51915602
印　　刷：唐山昊达印刷有限公司
经　　销：新华书店
开　　本：720mm×1000mm/16
印　　张：16.5
字　　数：288 千字
版　　次：2021 年 4 月第 1 版　　2021 年 4 月第 1 次印刷
书　　号：ISBN 978-7-5096-7750-6
定　　价：68.00 元

前言
Preface

我国北方农牧交错区是阻挡西北部沙漠向东南入侵的重要生态屏障，近年来，该地区受气候暖干化和人类活动的共同影响，自然灾害频发，已成为一个生态环境脆弱区。在乡村衰退已是全球可持续发展面临的挑战这一大背景下，集干旱灾害频发、贫困集聚、多民族聚集、生态脆弱于一体的北方农牧交错区乡村人地系统变化表现得更加剧烈，成为乡村人地关系深刻变革的典型区，也是我国乡村振兴战略实施的重点与难点地区。北方农牧交错区乡村人地系统具有哪些特征？系统可持续发展受哪些因素影响？系统发展过程呈现哪些规律？怎样在减缓乡村人地系统外部干扰的同时，通过调整系统内部结构和功能以提高系统可持续发展能力，是实现北方农牧交错区乡村可持续发展亟待解决的重大现实问题。社会—生态系统、脆弱性、适应性、体制转换、适应性循环等概念、内涵及理论，为量化北方农牧交错区乡村人地系统，表征乡村人地系统结构与功能演化过程，剖析乡村人地系统演化机制提供了分析工具与理论基础，为乡村人地系统结构与功能的优化提供了科学依据，成为乡村人地系统可持续发展重要的研究新范式。

本书基于社会—生态系统、脆弱性、适应性、体制转换、适应性循环等理论，构建了"乡村人地系统脆弱性演变与农牧户适应行为分异"的乡村人地系统适应性演化分析框架，以内蒙古达尔罕茂明安联合旗为例，按照"气候变化、城镇化与政策实施扰动—乡村社会、经济、生态环境要素变迁—乡村人地系统脆弱性时空格局演变特征—农牧户适应行为分异特征—乡村人地系统结构、功能及稳态变化规律—乡村人地系统适应性演化机制—乡村人地系统适应性管理对策与建议"的逻辑思路，运用综合指数、变异系数、障碍度等方法，分析与总结乡村人地系统适应性演化过程与机制，解决以上北方农牧交错区乡村可持续发展面临的问题。全书研究结论如下：

（1）达尔罕茂明安联合旗自 1952 年建旗以来，乡村经历了三个阶段：重组阶段（1952～1978 年），人口快速发展，经济发展缓慢，生态环境逐步恶化；快速发展阶段（1979～2002 年），经济快速发展，人口稳步增长，生态环境恶化加剧；稳步发展阶段（2003～2016 年），生态环境逐步治理，社会、经济发展方式逐步转型，乡村人地系统演化呈现稳步、协调的发展态势。在此过程中，乡村人地系统演化阶段性特征显著：气候暖干化是制约乡村人地系统可持续发展的重要因素；政策引导下的社会、经济活动深刻影响着乡村人地系统结构与功能的变化；乡村人地系统结构趋于复杂，功能不断完善；现阶段形成了由农业主导型、畜牧业主导型、旅游主导型、综合型乡村人地系统，乡村人地系统空间异质性特征显著。

（2）乡村人地系统脆弱性时间上经历了"急速下降、缓慢上升、缓慢下降"的变化过程；空间上呈现"南部高脆弱、中部低脆弱、北部中度脆弱"的空间格局，但脆弱性空间碎片化趋势显著。从脆弱性变异特征来看，农业主导型乡村人地系统脆弱性变化幅度呈现小幅度变化态势，畜牧业主导型乡村人地系统脆弱性变化幅度呈现随着纬度提高脆弱性变化幅度减小的趋势，旅游业主导型、综合型乡村人地系统脆弱性变化幅度呈现大幅度变化发展过程。在脆弱性时空演变过程中，乡村社会、经济、生态环境子系统间结构与功能的协调程度波动变化，系统稳定性差；不同类型农牧户生计活动对系统适应能力差异、系统结构与功能变化、系统稳定状态以及脆弱性时空演化产生重要影响，乡村人地系统适应性演化过程中尺度效应显著。

（3）在乡村人地系统脆弱性时空格局演变的过程中，系统结构与功能变化是农牧户适应发生的起因；气候暖干化导致的农牧业投入增加，政策实施导致的自然资本缺失，成为农牧户适应发生的推力，草原旅游开发、快速城镇化是农牧户适应发生的拉力；农牧户基于自身家庭生计资本特征与偏好，追求良好的适应效果，是农牧户适应发生与适应行为选择差异化的内在动因，其中，农牧兼型、务工主导型、旅游参与型适应行为是在生存、经济、社会理性的内在动因下，从纯农户与纯牧户适应行为分异而来的，最终形成了现阶段不同适应行为的农牧户；适应能力是农牧户适应行为分化的根本原因，直接影响着农牧户适应结果；农牧户适应性是乡村人地系统适应性演化的关键影响因子，深刻影响着乡村人地系统适应性演化路径。

（4）气候暖干化、城镇化与政策实施构成的外部扰动力与系统结构、功能演化产生的系统自组织能力，是乡村人地系统适应性演化的主要动力，其中，系统自组织力主要源于社会经济发展方式的改变（调节能力），其关键因素是农牧户适应性；外部扰动力对系统给予压力，系统通过自组织来缓冲、适应外部压力对系统产生的负面影响，从而形成乡村人地系统适应性演化的动力机制。随着系统脆弱性演变，乡村人地系统结构与功能始终处于"协调—不协调—协调……"循环往复的发展态势中，在此过程中乡村人地系统呈现出快速增长（r）、稳定守恒（k）、释放（Ω）、重组（α）的阶段性适应性演化特征，系统状态始终处于"稳定—不稳定—稳定……"循环往复的发展过程之中。乡村人地系统适应性演化过程中，政策作用凸显，导致系统尺度关联作用首先是自宏观乡村到微观农牧户，由乡村人地系统结构与功能转变胁迫农牧户生计转型，形成"大齿轮驱动小齿轮"现象，之后，农牧户生计转型状态反作用于乡村人地系统结构与功能的演化，成为系统演化的关键影响因素，甚至决定着乡村人地系统是否能可持续发展。从系统演化尺度效应来看，政策引导下的乡村结构与功能演化对农牧户生计转型的促进作用较小，而小尺度农牧户生计转型发展对于大尺度乡村人地系统结构与功能演变作用较大。

（5）提高农牧户适应性，降低乡村人地系统脆弱性，优化乡村人地系统结构与功能，促进乡村人地系统可持续发展，是乡村人地系统适应性演化研究的最终目标，乡村人地系统可持续发展面临的问题实质是社会、经济、生态环境协调发展的问题。但在具体制定适应性管理措施时，应该重点考虑乡村人地系统演化中乡村人地系统与农牧户之间的尺度效应问题、制度与协调问题等，因此，本书从宏观乡镇尺度降低系统脆弱性，微观农牧户尺度提高其适应性两个视角提出对策与建议。

目录

1

绪　论

1.1　选题背景及意义

1.1.1　理论背景

（1）人地关系地域系统研究是地理学研究的核心内容。人地关系地域系统是综合研究地理格局形成与演变规律的理论基础，是地理学展开综合性、系统性和差异性研究的重要研究范式；其内涵是把研究地球表层自然圈层和人类活动圈层的相互作用作为研究对象，把理解和影响不同空间尺度地理格局与过程，特别是区域可持续发展的时空规律作为研究导向，这与当前地球科学前沿的研究计划"Future Earth"的观点一致；其核心目标是在自然与人文要素的双重驱动下，从时间过程、空间格局、组织结构、整体效应、协同发展等方面，探究区域人地关系地域系统可持续发展的调控机理及优化路径。2013年9月27日，在瑞典首都斯德哥尔摩，联合国政府间气候变化专门委员会（IPCC）第一工作组第五次评估报告指出，自1950年以来地球表面气温和海洋温度的上升、海平面的上升、格陵兰和南极冰盖消融和冰川退缩、极端气候事件频率的增加是史无前例的，成因是自然和人为影响因素耦合作用。人地关系地域系统研究的核心内容是人与自然的相互影响与反馈作用，是理解与探究自然圈层和社会圈层之间相互作用的成因、过程、格局以及效应的重要分析范式，对于解析全球、国家和地方可持续发展问题具有重要的理论与实践意义。

（2）社会—生态系统（SESs）为人地关系研究提供了新视角与分析范式。人地关系地域系统作为一个开放、动态、整体的系统，其在演化过程中，涉及要素众多，急需寻求新的视角与方法，对其展开"综合"研究。社会—生态系统（Socio-Ecological Systems，SESs）的概念、内涵及相关理论，为人地系统"综合"研究提供了新的思路和可供借鉴的理论框架，该理论认为人类与自然界如同一枚硬币的两面，是相互依存的耦合关系，两者既是动态变化的，又复杂地紧密相连，组成社会—生态系统，其一个重要特征是研究取向逐步从以效应为主（Impacts-led Approach）转向以脆弱性为主（Vulnerability-led Approach），并关注人地系统的跨尺度和多要素综合特征，这与我国地理学家吴传钧先生提倡的人地关系地域系统复杂性不谋而合，对深刻理解人地关系地域系统中人—地交互作用具有重要的借鉴价值，目前已成为可持续性研究的前沿领域之一。

（3）社会—生态系统研究的核心概念：脆弱性、适应性。社会—生态系统研究的核心概念分别是脆弱性（Vulnerability）、适应性（Adaptation），被IHDP作为全球环境变化人文因素研究的4个交叉主题之一。脆弱性从20世纪90年代开始，越来越多地被应用于人类与环境相互作用的分析，成为国际上关于全球环境变化和可持续发展研究的核心概念，其理论为综合性、整体性、系统性地研究人地关系问题提供了一个新的研究范式。适应性被理解为社会—生态系统中人类应对实际存在的、觉察到的或者预期的变化和风险的调整。在20世纪初期，人类学家首先展开对环境变化的适应性研究，到20世纪90年代，学者们开始用适应能力（Adaptive Capacity）来探讨人类活动引发的全球气候变化响应，在此基础上提出了适应性管理和适应性战略理念。2010年出版的美国地理学学科战略，将社会—生态系统脆弱性与人类对环境变化的适应研究列为未来十年美国地理学的重要研究领域。

1.1.2 现实背景

（1）乡村人地关系发生深刻变革，人地系统演变剧烈。改革开放以来，中国经济增长与社会发展取得了巨大的成就，伴随着经济社会的快速发展，乡村社会、经济、资源、环境等系统要素也发生了快速变化，乡村人地关系发生着深刻变革，乡村人地系统剧烈演化，系统的生活功能、生产功能、生态功能和文化功能也不断地发生演化和变异，其中，长期以经济增长、城市建设为核心的"重城轻乡"发展导向，导致乡村人口、土地、资本等要素快速非农化，引发村庄"空心化"、主体老弱化、土地空废化、环境污损化、农村贫困化，且以此为主要病症的"乡村病"以及"乡村衰落"效应也日趋严峻。2017 年10 月，党的十九大报告中提出了乡村振兴战略，旨在解决乡村衰落与缩小城乡发展差距等问题；乡村振兴战略的实质是调控、优化乡村人地系统结构与功能，使其向着可持续发展方向发展；具体表现为乡村人地系统要素、结构、功能等内容的优化与转变，即乡村转型。因此，乡村人地系统具有哪些特征？系统可持续发展受哪些因素影响？系统发展过程呈现哪些规律？怎样在减缓乡村人地系统外部干扰的同时，通过调整系统内部结构和功能以提高系统可持续发展能力，实现乡村转型发展？这些是需要回答的科学问题，同时也是乡村振兴的核心问题。

（2）北方农牧交错区乡村已成为乡村人地关系深刻变革的典型区。近年来，北方农牧交错区在气候暖干化和人类活动的双重驱动下，自然灾害频发，已经成为一个生态环境脆弱区，故北方农牧交错区又被称为"生态脆弱区"（如图 1-1、图 1-2 所示）。随着我国城镇化进程的加快，集干旱灾害频发、贫困集聚、多民族聚集，生态脆弱的北方农牧交错区乡村人地系统变化表现得更加剧烈，成为乡村人地系统深刻变革的典型区（如图 1-3 所示）；乡村出现了劳动力流失等因素造成的衰退与资源不合理开发造成的环境恶化等问题，这些问题甚至威胁到少数民族文化传承。以往学者对于北方农牧交错区的研究多集中在范围界定、气候演变、植被覆盖度变化、土地利用结构、生态系统健康评价等单要素研究，而单要素研究所反映的农牧交错区人地系统状态具有很大的局限性和片面性，导致研究结果对现实问题的解释力不足；缺乏基于社会经济与生态环境"综合"视角对乡村人地系统演化进行研究，而社会—生态系统、脆弱性、适应性的概念、内涵及相关理论为北方农牧交错区乡村人地关系地域系统的"综合"研究，提供了新的思路和可供借鉴的分析方法。

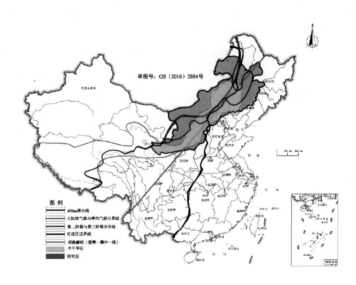

图 1-1　北方农牧交错区位置示意图

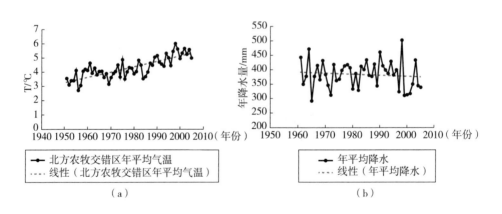

图 1-2　北方农牧交错区年平均气温和降水量

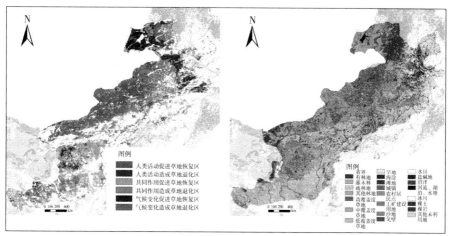

图 1-3 农牧交错区气候和人类活动对草地的影响示意图（2000~2015年）和土地利用图（2015年）

1.1.3 研究意义

1.1.3.1 理论意义

综观国内外关于乡村人地系统的研究，其逐渐从单要素分析走向多要素综合研究，乡村人地系统整体性特征逐渐成为学者重要的研究内容；社会—生态系统、脆弱性、适应性的概念、内涵及相关理论为乡村人地系统的"综合"研究提供了理论分析工具，特别是分析框架、模型方法为乡村人地系统演变过程分析提供了理论与方法支撑；但由于乡村人地系统要素丰富、结构复杂、耦合特征凸显，系统演变过程中存在跨尺度与多时空特征，成为乡村人地系统演变研究的难点，并且由于缺乏对乡村人地系统演变（宏观视角）与农牧户生计适应（微观视角）的串联分析，研究结果对采取怎样的适应管理措施等问题的解释力不足，因此，本书构建了一个"乡村人地系统脆弱性演变—农牧户适应行为分异"理论框架，将宏观尺度的系统演变与微观尺度的农牧户适应过程进行串联分析，分析系统演变过程中存在跨尺度与多时空特征；乡村人地系统脆弱性演变研究的目的是在宏观尺度上总结乡村人地系统结构与功能变化特征，刻画系统演化过程、机制及系统稳定状态变化，农牧户适应行为分异过程的研究旨在深入剖析系统演化的微观机理，并揭示系统演化中的尺度效应。

1.1.3.2 实践意义

典型地区人地系统的研究对于揭示人地关系演化过程、特征及机制的剖析具有重要意义，成为人地关系研究的重要范式。近年来，受气候暖干化、城镇化及政策实施影响，北方农牧交错区乡村人地系统演进剧烈，乡村人地关系发生着深刻变革，乡村人地系统的生活功能、生产功能、生态功能和文化功能"衰退"凸显，已经成为乡村人地系统演变的典型区。一方面，对北方农牧交错区乡村人地系统适应性演化的研究，有助于我们深刻认识乡村人地系统结构与功能变化特征、系统演化过程及规律，为我们优化乡村人地系统结构与功能，促进系统可持续发展，提供科学依据；另一方面，对多类型农牧户与乡村人地关系演变的适应和响应机理的分析，可以为深入剖析世界其他农牧交错区乡村人文—自然耦合系统的变化和效应提供方法，也可为制定针对性的管理措施提供具体指导。

1.2　研究思路与内容

1.2.1　研究思路

在气候暖干化、城镇化以及政策实施下，北方农牧交错区乡村人地系统的要素、结构、功能不断地发生演化，乡村人地关系也发生了重大变化，农牧户通过不同适应行为对这种人地关系变化进行适应与反馈，形成了不同适应行为主体及适应效果；在"宏观人地关系演变—微观农牧户适应"的互馈过程中，乡村人地系统演化的跨尺度效应、多时空特征显著，为探究乡村人地系统演化中的尺度效应与多时空演变过程，本书按照"气候变化、城镇化与政策实施扰动—乡村社会、经济、生态环境变迁—乡村人地系统脆弱性时空格局演变特征—农牧户适应行为分异特征—乡村人地系统结构与功能、稳态变化规律—乡村人地系统适应性演化机制—乡村人地系统适应性管理对策与建议"的逻辑思路，以内蒙古自治区包头市达尔罕茂明安联合旗为案例区，对其乡村人地系统适应性演化过程、机制进行研究。

第一，基于理论分析，构建"乡村人地系统脆弱性演变—农牧户适应行为分异"逻辑分析框架;第二,分析达尔罕茂明安联合旗乡村 1952~2016 年社会、经济、生态环境变化过程,划分乡村发展阶段,总结研究区典型性、乡村发展特征,并识别系统扰动因素;第三,构建北方农牧交错区乡村人地系统脆弱性评价指标体系,定量分析 1990~2016 年达尔罕茂明安联合旗乡村人地系统脆弱性时空演变特征;第四,以农牧户适应行为分异为切入点,构建适应能力评价指标体系,评价农牧户适应能力,定量分析适应能力、适应行为、适应结果之间的逻辑关系,并识别各类型农牧户适应能力障碍因素,总结农牧户适应行为分异特征与机制;第五,将宏观乡村人地系统脆弱性主控因素的时空变化特征与农牧户适应分异过程进行串联,分析乡村人地系统结构、功能以及系统稳态变化过程、特征和规律,总结系统演化的尺度效应,剖析乡村人地系统适应性演化机制;第六,借鉴适应性管理相关理论,构建北方农牧交错区乡村人地系统适应性管理框架,从宏观降低乡村人地系统脆弱性与微观提高农牧户适应能力的视角,提出北方农牧交错区乡村可持续发展的政策启示。

1.2.2 研究内容

1.2.2.1 "乡村人地系统脆弱性演变—农牧户适应行为分异"理论分析框架

运用文献分析法,以乡村人地系统为关键词,对北方农牧交错区乡村人地系统特征、结构与要素、功能与演化进行界定与分析,并对乡村人地系统发展转型、乡村人地系统体制转换(态势转换)、乡村农牧户生计适应能力等概念进行辨析;以乡村人地系统适应性演化为核心,对社会—生态系统、脆弱性、适应性、体制转换等概念、内涵及相关理论进行梳理与述评,结合人地关系地域系统理论、适应性循环理论、可持续生计框架理论、可持续性科学等理论,对社会—生态系统、脆弱性、适应性、体制转换、适应性循环逻辑关系进行梳理,对乡村人地系统脆弱性演化与农牧户适应行为分异互馈作用进行理论剖析,构建乡村人地系统适应性演化分析框架。此部分为本书的理论基础,对应文中第 2 章。

1.2.2.2 达尔罕茂明安联合旗乡村人地系统演化过程与特征

首先,对达尔罕茂明安联合旗自然环境、社会经济发展、农牧业发展、生态建设与保护等现状进行阐述,总结研究区对于本书的典型性特征;其次,梳理 1952~2016 年达尔罕茂明安联合旗乡村社会、经济、生态环境变化过程,划分演变阶段，总结阶段性演化特征；最后，对气候暖干化、城镇化与政策实施对乡村人地系统演化的影响与作用，以及现阶段乡村人地系统演化状态进行分析，总结系统受扰动的主要因素。此部分为本书研究的重要现实基础，对应书中第3章。

1.2.2.3 达尔罕茂明安联合旗乡村人地系统脆弱性时空格局演变

首先，明确乡村人地系统脆弱性演变评价的目的、过程、内容，建立乡村人地系统脆弱性时空格局演变的评价框架；其次，构建农牧交错区乡村人地系统脆弱性演变评价指标体系与模型，对1990~2016年乡村人地系统脆弱性时空演变进行评价，对其评价结果进行分析，总结乡村人地系统脆弱性时空分异规律与变异特征；再次，对农业主导型、畜牧业主导型、旅游主导型、综合型乡村人地系统脆弱性时空分异与变异特征进行对比；最后，归纳乡村人地系统脆弱性时空演变格局与特征。此部分为本研究核心部分一，对应书中第4章。

1.2.2.4 达尔罕茂明安联合旗农牧户适应行为分异

本章分析在乡村人地系统脆弱性时空演变的背景下，在系统结构与功能变化中，基于农牧户的适应结果、适应行为、适应能力特征，剖析农牧户适应机制，并着重讨论适应机制中乡村人地系统脆弱性演变与农牧户适应行为分异之间的互馈作用。首先，以农牧户适应行为为切入点，划分适应行为主体，厘清适应行为主体分异过程；其次，以可持续生计框架（DFID）为理论基础，构建农牧户适应能力评价指标体系，对不同类型农牧户适应能力进行评价，并运用多元 Logistic 回归模型对农牧户适应能力与适应行为、适应结果（生活满意度）的关联作用进行分析，建立农牧户适应能力、适应行为、适应结果之间的逻辑关系；最后，识别农牧户适应能力障碍因素，结合农牧户适应能力、适应行为、适应结果的逻辑关系，以及系统脆弱性演变背景，剖析与总结农牧户适应机制与特征。此部分是基于微观农牧户视角对乡村人地系统适应性演变机制的剖析和系统适应性演化尺度效应的总结，同时，也为切实可行的适应性管理对策的提出奠定了科学依据，是本书核心部分之二，对应书中第5章。

1.2.2.5 达尔罕茂明安联合旗乡村人地系统适应性演化机制

首先，根据乡村人地系统脆弱性时空格局演变特征、农牧户适应行为分异过程，界定乡村人地系统适应性演化内涵；其次，以1990~2016年乡村人地系统6个时期脆弱性演化障碍因素表征乡村人地系统演化主控因素，识别

1990~2016 年农业主导型、畜牧业主导型、旅游主导型、综合型乡村人地系统适应性演化各阶段的主控因素，根据主控因素的变化规律与农牧户适应行为分异过程，反演农业主导型、畜牧业主导型、旅游主导型、综合型乡村人地系统结构与功能演化过程，总结各类型乡村人地系统适应性演化路径；最后，在梳理各类型乡村人地系统适应性演化过程与路径的基础之上，总结达尔罕茂明安联合旗乡村人地系统适应性演化特征，归纳乡村人地系统适应性演化路径，剖析乡村人地系统适应性演化机制。此部分是本书核心部分三，对应书中第6 章。

1.2.2.6 北方农牧交错区乡村可持续发展政策启示

以乡村人地系统适应性演化机制为依据，以具有动态性、前瞻性、主动性的适应性管理框架为理论基础，构建乡村人地系统适应性管理决策框架，分析乡村人地系统可持续发展存在的问题，基于乡村人地系统可持续发展中存在的尺度效应问题、制度与协调问题，从宏观乡镇尺度降低系统脆弱性和微观农牧户尺度提高其适应性两个视角，提出北方农牧交错区乡村可持续发展的政策启示。此部分对应书中第7 章。

1.3 研究方法与技术路线

1.3.1 研究方法

1.3.1.1 遥感和 GIS 技术

购买和收集达尔罕茂明安联合旗 1980 年、1985 年、1990 年、1995 年、2000 年、2005 年、2010 年、2016 年高分辨率遥感影像，通过 GIS 技术对遥感影像数据进行解译，并按照乡镇行政区划边界提取土地利用、植被覆盖度等数据，结合社会经济统计资料，通过多时空差异分析，揭示以乡镇为基本单元的不同类型乡村人地系统脆弱性时空演变特征；运用手持 GPS 科学定位并保存农牧户数据采集点，建立农牧户调查数据库。

1.3.1.2　实地调查

通过与达尔罕茂明安联合旗政府单位已建立的联系，以证明或介绍信形式接洽，在政府协助下到旗国土资源局、规划局、水务局、农牧业局、统计局、环境保护局、住房和城乡规划建设局、林业局、气象局以及各乡镇政府，获取研究所需气象数据、水文数据、社会经济数据、农村牧区"三资"数据等资料。

1.3.1.3　问卷调查与访谈

利用多层抽样技术，选取典型案例乡镇和村庄开展田野调查，调查和访谈对象主要包括农牧户和关键人物（村干部、经验农牧户等）。农牧户调查采用问卷调查和提纲式访谈相结合的方法，每份问卷调研时间为 30~50 分钟。关键人物访谈利用深度访谈方法，通过固定主题让被访谈者自由发挥，记录员进行录音与记录。

1.3.1.4　多元统计分析

使用综合指数法构建脆弱性、农牧户适应能力评价指标体系，使用函数模型法计算评价结果；运用数据标准化方法对乡村人地系统脆弱性指标数据、农牧户适应能力指标数据进行处理；运用变异系数方法，对乡村人地系统脆弱性演变过程的变异程度进行分析；运用模糊层次分析法、熵值法对脆弱性评价指标与农牧户适应能力指标权重进行赋值；应用多元 Logistic 回归分析模型对农牧户适应能力、适应行为、适应结果相关性进行分析；运用障碍度分析法对系统脆弱性与农牧户适应能力障碍因素进行识别与分析。

1.3.1.5　归纳—演绎综合分析

以"乡村人地系统脆弱性演变—农牧户适应行为分异"理论框架为指导，以乡村人地系统脆弱性时空演变特征与农牧户适应行为分异过程为依据，对达尔罕茂明安联合旗乡村人地系统适应性演化机制进行归纳与演绎。

1.3.2　技术路线

本书研究的技术路线如图 1-4 所示。

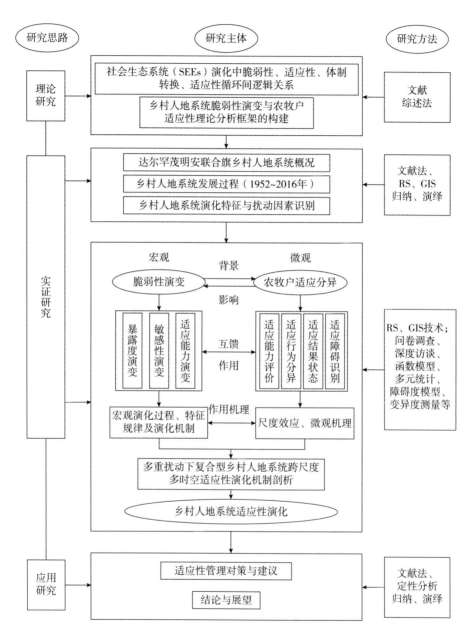

图 1-4 本书研究技术路线

1.4 研究数据及其收集

1.4.1 自然基础数据与遥感影像

自然基础数据主要包括 1980 年、1985 年、1990 年、1995 年、2000 年、2005 年、2010 年、2016 年土地利用/覆盖数据，归一化植被指数（NDVI）、植被类型数据，气象数据。其中，土地利用/覆盖数据源于中国科学院"全国土地利用数据库"，数据综合精度达 91.2%；从 NASA（https：//ecocast. arc. nasa. gov）获取 1980～2016 年 GIMMS3g 和 MODIS－NDVI 数据集，采用通用"像元二分模型"获取年、月植被覆盖度数据集；气象数据主要源于中国气象科学数据共享服务网（http：//cdc. cma. gov. cn），数据经过质量检查和控制处理，消除奇异值等非气候因素造成的影响，并对缺失数据采用临近站点数值进行插补，将整理后的数据通过 ANUSPLIN 软件插值，获取 1990～2016 年各乡镇、苏木年平均气温与年降水数据。

1.4.2 社会统计数据与历史资料

社会经济统计数据主要来源于达尔罕茂明安联合旗农牧业局、水文局、政府办、各乡镇政府社会经济统计站。主要资料包括达尔罕茂明安联合旗旗志1993 年版和 2005 年版，旗志为分析达尔罕茂明安联合旗乡村人地系统自 1952年以来，在气候环境变化与政策实施下，土壤、植被、水文、自然灾害、人口、经济、农牧业、水利工程、生态环境演变过程，划分发展阶段与特征的总结，提供了重要数据支撑；1990～2017 年达尔罕茂明安联合旗统计年鉴、统计公报，各乡镇、苏木的《农牧业统计年报》《农牧业发展规划》，为乡村人地系统脆弱性时空演变的特征分析以及演变机制的剖析提供了重要数据保障。

1.4.3 实地调查数据与调研样点

农牧户问卷及访谈数据获取主要分为三个阶段：

第一，预调查阶段（2017 年 7 月 11 日至 2017 年 7 月 16 日）：走访旗/县农牧业局、统计局、国土局等政府部门和典型乡镇，收集了气候、社会、经济以及典型乡村"三资"等相关背景资料，并抽样访谈少量农牧户。

第二，正式调研阶段（2018 年 7 月 3 日至 2018 年 8 月 26 日）：以预调研获取的背景资料与农牧户访谈数据为基础，借鉴相关学者生计资本指标的选取经验，设计与完善调查问卷，对典型乡镇发放调查问卷，收集不同类型农牧户家庭生计资本数据。首先，选取农业主导型乡镇乌克忽洞乡、石宝镇为纯农户、农牧兼型、务工主导型农牧户调研区，选取明安镇、达尔罕苏木、百灵庙镇为纯牧户、务工主导型农牧户调研区，选取希拉穆仁镇为旅游参与型、务工主导型农牧户调研区；其次，采用多阶抽样法从乌克忽洞乡、石宝镇、达尔罕苏木、百灵庙镇、明安镇、希拉穆仁镇中每个乡镇（苏木）抽取 2~3 个行政村；再次，从每个样本村中抽取 2~3 个自然村（嘎查）；最后，在每个村（嘎查）根据人口规模随机抽取一定数量的农牧户作为调查样本；调查共选取 41 个自然村，基本涵盖全旗不同的乡村自然环境类型和农牧户生计类型（见表 1-1）。

表 1-1 调查样点表

调查对象	调查样点地
纯农户	德承永、什拉文格、许赵村、恒胜茂村、红泥井村、合教村、腮忽洞、楞子圐圙嘎查、乌兰村、明珠村、南卜子村、石兰哈达村、后壕村、前壕村、南坝子村、圐圙点力素村、格吉乐图嘎查、唐圪旦村
纯牧户	巴音陶海嘎查、补拉嘎查、城圐圙嘎查、达尔家嘎查、得令嘎查、尔其格嘎查、繁殖场村、革少嘎查、哈拉乌苏嘎查、浩来嘎查、呼都格柴达公嘎查、呼格吉勒图村、忽得才蹬嘎查、领尼布嘎查、明珠村、那仁宝力格嘎查、沙如塔拉嘎查、乌兰村、西艾里岗村、希拉朝鲁村、新宝利格嘎查
农牧兼型农牧户	城圐圙嘎查、德宝庄村、德承永村、东山胖村、高腰亥村、合教村、恒盛茂村、后壕村、合教村、呼格吉勒图村、圐圙点力素村、楞子圐圙嘎查、明珠村、南坝子村、什拉文格村、唐圪旦村、新红泥井村

续表

调查对象	调查样点地
务工主导型农牧户	德承永村、恒胜茂村、南卜子村、腮忽洞村、什拉文格村、许赵村、德泉村、红泥井村、合教村、楞子圈圙村
旅游参与型农牧户	白彦淖尔嘎查、哈拉乌苏嘎查、呼和点素嘎查

　　第三，补充调研（2018年10月1日至2018年10月8日）：利用假期针对调查问卷中存在的数据不完善和案例地背景资料缺失等问题，进行了补充调研。数据整理过程如下：共发放问卷1000份，收回有效问卷959份，回收有效率为95.90%，其中，纯农户363户，占样本数的37.9%；纯牧户214户，占样本数的22.3%；农牧兼型农牧户155户，占样本数的16.2%；务工主导型牧户131户，占样本数的13.7%；旅游参与型农牧户96户，占样本数的10.0%。问卷内容主要包括农牧户家庭基本情况、农牧户生计资本状况、农牧户适应行为、农牧户应对干旱策略、农牧户对旅游、扶贫以及乡村振兴战略的感知情况等9部分。

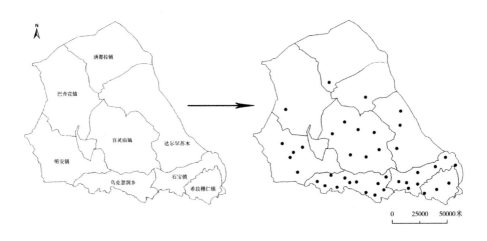

图1-5　案例区及调查点位置

1.5 研究目标与拟解决的关键问题

1.5.1 研究目标

第一，总结北方农牧交错区乡村人地系统脆弱性时空演变特征，识别系统脆弱性主导因素，剖析系统脆弱性时空格局演变过程及动力机制。

第二，测度农牧户适应能力，厘清适应能力、适应行为、适应结果逻辑关系，总结农牧户适应分异机制。

第三，将乡村人地系统脆弱性时空演变与农牧户适应行为分异串联分析，总结在气候暖干化、城镇化与政策实施的扰动下，北方农牧交错区乡村人地系统适应演化过程、特征、路径及机制。

第四，构建乡村人地系统适应性管理决策框架，从宏观降低系统脆弱性和微观提高农牧户适应能力两个视角，提出北方农牧交错区乡村可持续发展的政策启示。

1.5.2 拟解决的关键问题

第一，北方农牧交错区乡村人地系统的界定，人地系统构成要素替代性变量选取，脆弱性评价指标体系的构建，系统脆弱性时空格局演变过程中关键变量的识别，乡村人地系统演进过程、特征、机制的剖析与总结。

第二，农牧户适应行为类型的划分，适应能力替代性变量的选取，适应能力评价指标体系的构建，适应能力、适应行为、适应结果间逻辑关系的梳理，农牧户适应机制的归纳与总结。

第三，在气候暖干化、城镇化以及政策实施的作用下，乡村人地系统脆弱性演变与农牧户适应行为分异的耦合关系的归纳与演绎，乡村人地系统适应性演化机制的剖析。

2

研究综述与理论框架

　　人地关系是地理学的传统研究命题，近年来，随着城镇化进程加快，乡村人地关系发生了复杂、剧烈的变化，面对开放、动态、整体的乡村人地系统的研究，社会—生态系统、脆弱性、适应性等概念、内涵及相关理论为乡村人地系统"综合"研究提供了研究视角，引起了生态学、地理学和社会科学的共同关注，成为可持续性研究的一个重要领域。

2.1　相关概念辨析

2.1.1　乡村人地系统

2.1.1.1　乡村人地系统的基本特征

　　人地系统是由地理环境和人类活动两个子系统交错构成的复杂的开放系统，其研究主要关注人地系统中人与自然的相互影响与反馈作用，核心目标是协调人地关系，优化人地系统结构与功能，以解决自然要素与人文要素之间相互作用的成因、过程、格局以及效应等综合研究问题。自人地系统概念提出以来，国内学者对其进行了多方面研究与探索，但研究尺度、研究视角、研究方法的不同，导致对人地系统的认知方面还存在一定差异，但人地系统地域性、整体性、开放性、多尺度性、动态性、多稳态等特征，得到了学者们的普遍认同（见表2-1）。

表 2-1 国内学者对人地系统特征的辨析

主要学者	人地系统特征
钱学森（1994）	地域性、综合性、层次性
方修琦（1998）	多重性、异时相关性、异地相关性、人的主动性和多重决定性
杨青山、左伟（2001）	整体性、结构性、层次性、功能性、动态性、开放性、协调性
杨国安（2002）	多层次性、很强的区域性、开放性、动态性和耗散性、相互作用的多样性、多类别、多要素、非线性和多维数性、学习性
乔家君（2004）	客观性、地域性、时段性、复杂性、开放性、动态关联性、层次性和可调控性
任启平（2005）	整体性、复杂性、结构性、自组织、不可逆
毛汉英（2018）	不稳定的、非线性的、远离平衡状态的耗散结构

人地系统除具有上述特征外，还具有脆弱性、适应性等特征，人地系统的脆弱性、适应性特征作为人地系统特有属性，是在深刻认识地域性、整体性、开放性、多尺度性、动态性、多稳态等特征的基础上新发现的特性。北方农牧交错区乡村人地系统因自然环境与人文环境异常复杂而脆弱性特征凸显，脆弱性特征对于深刻认识乡村人地系统演化与系统可持续发展具有重要的作用与意义。

2.1.1.2 乡村人地系统的结构与要素

乡村人地系统作为一种特定范围的人地系统，在外部发展环境和内部发展要素变化的重组下，其社会空间、经济空间、地理空间不断发生变化。在外部扰动下，系统中人类活动与资源环境通过不断的能量流动与物质循环相互影响，在此过程中逐渐形成由社会系统、经济系统、资源系统、环境系统构成的具有一定结构与功能的动态体系（见图2-1）。其中，社会系统、经济系统、资源系统、环境系统内部结构以及系统间结构的协调程度，对于系统功能的有效发挥以及系统可持续发展具有重要作用意义，也为人类优化系统结构与功能提供了手段与途径，系统结构与功能变化可由系统脆弱性、适应性变化状态表征，即系统脆弱性越低，适应性越高，表明系统结构与功能协调程度越高，反之亦然。

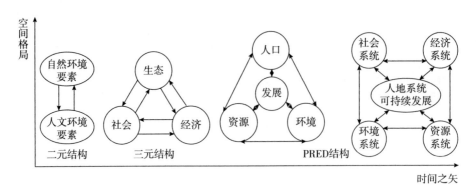

图2-1 人地系统基本结构的演变

在对以上乡村人地系统结构与功能认知的基础上，借鉴人地系统脆弱性、适应性概念、内涵及相关理论，结合北方农牧交错区乡村生产、生活、生态现状与特征，本书将农牧交错区乡村人地系统分解为乡村社会系统、乡村经济系统、乡村资源系统、乡村环境系统（见图2-2）。乡村社会系统指标主要包括乡村人口数量、年龄结构、教育水平、文化、医疗水平等内容；乡村经济系统指标主要包括农牧户人均收入、牲畜数量、粮食产量、产业结构、发展方式等内容；乡村环境系统指标主要包括植被覆盖度、土地沙漠化、生态治理等内容；乡村资源系统指标主要包括土地资源、矿产资源等内容。乡村社会系统通过粮食产量、牲畜头数等要素影响着乡村经济系统，乡村经济系统通过改善农牧户收入、增加农牧业生产机械总动力等要素影响着乡村社会系统；乡村经济系统通过提高土地利用强度作用于乡村资源系统，乡村资源系统通过为乡村经济系统提供生产、生活资料影响着乡村经济系统；乡村资源系统通过资源的开发影响着乡村环境系统，给乡村环境系统施加压力，影响着乡村环境系统的环境容量、环境污染、环境治理等，乡村环境系统通过提高环境容量影响着乡村资源开发的可持续性；乡村环境系统通过为乡村社会系统提供生产、生活、生态空间影响着乡村社会系统，乡村社会系统通过保护与利用资源影响着乡村环境系统。乡村社会系统、乡村经济系统、乡村资源系统、乡村环境系统通过系统间要素流动，相互作用，影响着乡村人地系统结构与功能的协调程度，该协调程度决定着乡村人地系统可持续发展状态，而该状态可通过系统脆弱性状态进行表征，并反馈给政府管理机构，政府管理结构根据系统脆弱性、适应性反

映的系统结构与功能协调状态，制定有针对性的对策建议，对系统结构与功能
进行优化与调整。

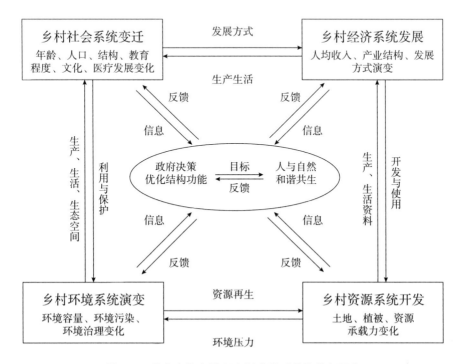

图 2-2　北方农牧交错区乡村人地系统结构与要素

2.1.1.3　乡村人地系统功能与演化

人地系统研究的目标是不断优化系统结构与功能，促进系统协调可持续发
展。在人地系统演化过程中，一方面受外部环境如气候条件、地理环境以及政
策实施等的影响，另一方面受子系统内部要素、结构与功能以及系统间要素流
动、结构与功能的影响。在以上两方面作用下，系统结构与功能不断发生变
化，人地系统脆弱性特征变化凸显，即人地系统受外部扰动强度（暴露度）
变化，系统结构与功能的协调程度（敏感性）变化，以及系统中人类不断优
化其结构与功能来适应外部扰动与内部环境变化（系统适应性）。从以上北方
农牧交错区乡村人地系统结构与要素的分析结果可以看出，北方农牧交错区乡
村社会系统、经济系统、资源系统、环境系统结构与功能的协调发展，一方面
受外部因素影响，如年平均气温、年降水量；另一方面受系统内部因素影响，
如人口数量、牲畜数量、农牧户人均收入、乡村经济产值、耕地面积等，即这

些乡村人地系统主要表征要素，影响着乡村人地系统结构与功能的协调程度，制约着北方农牧交错区乡村人地系统脆弱性高低与适应性强弱，对于乡村人地系统可持续发展具有重要的作用与意义。而在深入分析乡村人地系统演化的影响因素变化过程中可以发现，微观农牧户适应能力对于乡村人地系统要素、结构、功能演化具有重要作用。因此，对乡村人地系统演化的研究，一方面要注重分析系统结构与功能的变化，另一方面还要对系统演化过程中的尺度效应问题进行分析。

2.1.2 乡村人地系统发展转型

在"乡村衰落"成为全球可持续发展的挑战这一背景下，国外学者以"乡村重构"为主题，对乡村产业结构和乡村功能转变等方面进行了探讨，研究焦点主要围绕人口数量变化、土地利用结构调整、生态环境演变、农户生计水平变化等方面，其中，乡村人口、产业两方面研究成果最多，建立起了产业转型、土地功能转变、人口数量变化的逻辑关系，但缺乏宏观乡村社会、经济、生态环境变化与微观农户生计变化的串联分析来解释乡村重构、转型。从中也可以发现，人口数量、经济发展水平和农户生计等，是乡村可持续发展的重要影响因素。国内学者对乡村转型的研究主要集中在产业重构、人口流动、土地结构与功能演变等方面，其中，产业重构方面，主要是对农作物结构调整过程、粮食产量变化、提高农业生产效率与效益等进行研究；人口流动方面，主要是对经济发展方式、产业结构调整、劳动力数量变化与人口流动时空变化的互馈关系进行研究；在土地结构与功能演变方面，研究成果较多，主要集中于对耕地、宅基地、居民点时空演变过程和特征以及与乡村转型发展的关系的研究；在产业转型、人口流动、土地转型"整合"研究方面，龙花楼建立了"乡村地域系统的要素结构功能"的理论框架，分析中国人力资源、土地资源和资金在乡村转型过程中的分配和管理。综观国内外研究，目前尚以单一视角下乡村转型过程、格局和模式的研究为主，且学者们已开始关注乡村转型中的关键变量，但如何整合社会、经济、生态环境等要素，以人地系统视角搭建乡村转型发展的分析框架，同时关注农户尺度的微观机理的研究，亟须新的思路。

2.1.3 乡村人地系统体制转换

Ibarrarán 将体制转换定义为，系统演化过程中跨越阈值从一种状态进入了另一种新的状态过程。体制转换概念及内涵为刻画乡村人地系统受扰动后系统发展、演化过程及特征的分析与总结提供了理论基础与分析框架。近年来，体制转换研究内容与焦点逐渐由生态系统演化过程与特征的研究，转向社会—生态系统演化过程、特征、机制的分析与总结；具体研究内容由最初的鳕鱼养殖体制转换成因、珊瑚礁群落体制转换刻画、减缓环境体制转换对策与建议等，转向从环境和社会规划者视角提出动态资源管理问题下的体制转换理论分析，研究由人类活动引发的社会—生态环境系统转换，研究焦点集中在识别社会—生态系统体制转换的状态和阈值。其中，关于乡村体制转换的研究成果显示，乡村人口流动、产业结构调整、土地利用方式与功能等要素的快速变化，导致乡村社会转型、经济发展、生态环境演变及其之间的关系变化，最终引起乡村社会—生态系统发生体制转换，从而影响到乡村转型，关系到乡村人地系统可持续发展。体制转换概念、内涵及其相关理论，对于本书中划分北方农牧交错区乡村人地系统演化阶段与剖析乡村人地系统适应性演化机制具有重要的作用与意义。

2.1.4 乡村农牧户生计适应能力

农户作为乡村的基本生产、生活单元，其生计与乡村人地关系演变具有重要的相互作用关系，成为乡村人地系统演化研究不可或缺的内容。农户生计适应能力的概念、内涵及测度一直是国内外学者关注的热点问题。Shiferaw 认为，生计适应能力取决于社会环境、经济环境和生态环境的影响程度和潜在的恢复能力；Speranza 提出了农牧户生计能力由缓冲能力、自组织和学习能力三个维度构成；Merritt 以家庭为测度单元，对其生计适应能力进行测度与评价，并讨论了适应能力的关键影响因素；Forster 以生计适应能力为视角，对人类活动与气候变化对渔民生计的影响进行了讨论；Cooper 将适应性管理概念引入农牧户生计适应能力研究；Noralene、Moshy 以气候灾害为背景，分析了不同适应策略下的农户适应能力差异。国内对于农户适应能力的研究主要分为两个方面：一方面集中在农户生计资本评价和生计脆弱性。如通过设定农户生计资本指标体系，定量评估农户生计资本，构建农户生计脆弱性指标体系，对农户的生计脆弱性进行对比评估，也有学者构建了可持续生计效益评价模型，用以评价不同类型之间的生计效益差异；另一方面则聚焦于农户生计与脆弱环境的关系研究。如对农户面临的生计风险展开讨论，对可持续生计安全进行测度，对气候变化对农户生计的影响因素和适应策略进行关注。可以看出，农户生计与乡村人地系统发展具有重要的互馈作用，但作用机理尚不清晰，还有待进一步深入研究。

2.2　理论研究综述

2.2.1　社会—生态系统

Holling（1973）提出了社会—生态系统（Socio-Ecological Systems，SESs）的概念，认为社会—生态系统是人与自然紧密联系的复杂系统，它受自身和外界干扰与驱动的影响，具有不可预期、自组织、多稳态、阈值效应、历史依赖等特征。国际著名学术组织恢复力联盟（Resilience Alliance）倡导的社会—生态系统恢复力研究，从评价系统恢复力视角建立了社会—生态系统概念性框架（见图2-3）。

该框架认为，生态环境系统与社会经济系统相互作用，并在外部干扰下（气候变化、城镇化、政府管理）对系统慢变化要素（如生态环境演变、功能类型重组、社会文化变迁等）产生影响，并影响到快变化要素（土地沙漠化、生物多样性减少、社会经济发展水平等），系统快要素变化结果对人类社会的影响更直接，人类通过政策引导对其影响进行反馈与调整，从而产生了既影响环境利益又影响人类福祉的反馈回路，社会—生态系统正是通过这样的相互作用不断实现自我组织、适应、循环的发展。基于此，恢复力联盟将适应性循环理论嵌套于对社会—生态系统演化过程的解释中，认为社会—生态系统在运行过程中将呈现出快速生长（r）、稳定守恒（K）、释放（Ω）和重组（α）的阶段性特征；适应性循环理论的引入为社会—生态系统演化过程的分析与描述提供了视角。之后，Walker（2004）等通过球盆模型，提出社会—生态系统演

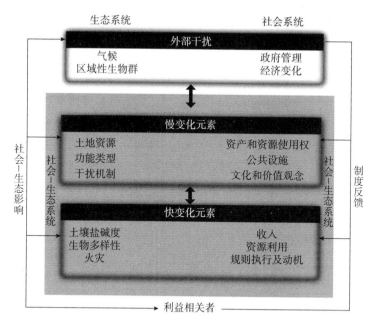

图 2-3　社会—生态系统概念框架

化具有阈值效应与多稳态机制（见图 2-4、图 2-5）；社会—生态系统的概念、内涵及演化呈现的适应性循环、阈值效应与多稳态机制等特征，为人地关系地域系统演化过程的、阶段划分及演化机制的剖析提供了理论依据与分析框架。

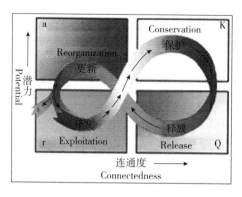

图 2-4　适应性循环简易示意图

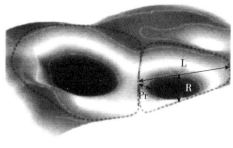

图 2-5　球盆模型示意图

目前，国外关于社会—生态系统的研究主要有脆弱性、适应性研究，其中，脆弱性是社会—生态系统因各种自然与社会经济因素制约受到的易于造成损失和影响的属性，相关研究主要集中于脆弱性的表征、评价、成因及其机制；适应性则强调人类面对社会—生态系统变化和风险时进行调整的能力，相关研究主要集中在人类面对气候环境和社会经济环境变化而呈现出的适应能力差异、适应性行为分异、适应结果状态以及适应机制等。我国关于人地系统的研究，最早源于吴传钧 1981 年在《地理学的特殊研究领域和今后任务》一文中首次提到"人地关系地域系统"概念；吴传钧和陆大道（1998、2002）对人地关系地域系统的概念、内容进行了详细论述；方创琳（2004）认为新型人地关系理论不断出现，相关理论可归结为人地关系地域系统协调共生与优化理论、人地关系地域系统危机冲突与错位异化理论、人地关系地域系统分形辩证与系统构型理论；孙晶、王俊和杨新军（2007）在社会—生态系统框架下，分析了人地系统构成要素和演化过程，并对社会—生态系统的概念及内涵做了进一步阐述；陈娅玲和杨新军（2011）对旅游地人地关系演进过程、特征及机理进行了研究，并提出了旅游社会—生态系统（Tourism Socio-EcologicalSystems，TSESs）的概念。近年来，随着社会—生态系统概念、内涵以及相关理论研究的深入推进，其研究成果日益丰富，为人地关系地域系统的研究提供了新视角。

2.2.2　社会—生态系统脆弱性

"区域可持续发展"已被列为中国目前至 2050 年 18 个重要领域科技发展路线图战略研究。脆弱性相关研究则为区域可持续发展的研究提供了新视角与理论框架，随着脆弱性研究成果的日益丰富，脆弱性的概念、内涵不断深化，分析视角由单一维度发展到多维；现阶段，脆弱性已成为分析多要素耦合、多尺度互馈、跨学科交融等科学问题的重要分析工具。伴随着脆弱性概念、内涵的丰富与深入，脆弱性评价与测度模型不断涌现，如风险—灾害（RH）模型、压力—状态—响应（PAR）模型、SUST 脆弱性分析模型等。综观脆弱性的相关研究，由于研究目标、研究对象不同，其对脆弱性的概念与内涵的理解存在一定差异，因此，有关脆弱性的分析模型也存在很大差别。总体来看，以上关于脆弱性的分析框架多基于单视角对人地系统进行分析，而忽略了人地系统的综合性以及系统面临多重扰动的影响；但在社会—生态系统脆弱性研究领域，学者一致认为暴露（Exposure）、敏感（Sensitivity）、适应能力（Adaptive Capability）构成了社会—生态系统的脆弱性属性。

近年来，国内学者对社会—生态系统脆弱性相关内容进行了大量研究。田亚平等（2013）、李平星和樊杰（2014）、贺祥（2014）、逯承鹏等（2013）以及陈佳等（2016）等，选择典型区人地关系地域系统，对其脆弱性成因、特征、程度进行分析与评价，依据评价结果剖析脆弱形成机理，并提出降低系统脆弱性的对策与建议；梳理国内外关于社会—生态系统脆弱性相关内容的研究，在理论框架上，Polsky 等、Acosta-Michlik 等提出了 VSD（Vulnerability Scoping Diagram）和 ADV（Agents Differential Vulnerability）脆弱性整合评估框架，为研究者提供了清晰全面的脆弱性评价思路，其中，VSD 评估框架适用于区域尺度系统脆弱性评价，而 ADV 框架更适合个体或微观尺度脆弱性评价；在方法上，综合指数法、函数模型法、BP 人口神经网络模型法、决策树分析法、集对分析法等方法，在脆弱性评价中已得到应用，随着 3S 技术的发展，尤其是 GIS 的技术进步，脆弱性空间可视化相关研究成为脆弱性研究的热点之一，脆弱性的空间可视化对于揭示脆弱性空间格局特征及属性研究具有重要作用；同时，也增强了脆弱性研究对社会实践的指导性。

2.2.3　社会—生态系统适应性

随着可持续科学理论研究的不断丰富，适应性研究逐渐成为社会—生态系统作为对全球变化响应的研究的另一重要内容，其中，学术界对人类社会如何响应全球气候、经济、信息等变化的研究经历了"预防和阻止（Prevention）—减缓（Mitigation）—适应（Adaptation）"三个阶段。目前，适应性作为人类应对环境变化的核心概念和途径，已成为学者关注的热点。

国内外研究主要集中在适应性与恢复力、与脆弱性关系辨析、气候变化适应性、适应性分析框架、适应能力评价、适应对策与措施以及适应性管理。其中，适应能力评价是适应性由理论研究走向实践应用的关键。Gallopín（2006）、Smit 等（2006）、方一平等（2009）对适应能力的概念、特点、发展状况等进行了详细的回顾和梳理。在理解适应能力的基础上，Brooks 等（2005）、Hinkel（2011）探讨了适应能力的指标和影响因素，为评估分析适应能力提供了参考。众多研究对衡量适应能力具体的方法、框架和模型进行了讨论，但目前仍缺乏统一、公认的适应能力研究方法与框架。在分析适应能力尺度重要性的基础上，Posey（2009）、Villagra 等（2014）、Dutra 等（2015）从国家、州、城市、社区等不同尺度探究了适应能力特征。除理论研究外，Panda 等（2013）、郭秀丽等（2018）、Quiroga 等（2015）、何艳冰等（2017）等选取了典型研究案例，从农户角度出发，讨论了农户适应性，丰富了适应能力的实例研究。此外，应对干旱的适应性研究较为丰富，Li 等（2015）、Kumar 等（2016）、Lei 等（2016）从适应性策略视角研究了干旱环境下不同适应性措施，探讨了农村土地利用管理与干旱风险适应性的关系，以及未来可能的干旱情景下农作物的适应性。从已有研究来看，适应性研究多局限于自然生态环境变化尤其是气候变化领域，而缺乏对社会人文环境变化的适应性研究。适应性研究尺度逐渐从国家、区域的自然或社会—生态系统适应性研究演化为乡村、社区的敏感性群体适应性研究，但缺少从农户微观视角对其适应能力、适应行为、适应结果以及三者间的相互作用关系的探讨，更缺少在气候变化与经济发展交互作用下，对农户适应性的研究。

2.2.4　研究述评

综观国内外关于人地关系的研究，其逐渐从单要素分析走向多要素综合研究，人地系统整体性特征逐渐成为学者重点关注的特征。社会—生态系统、脆弱性、适应性概念、内涵及理论分析框架，为人地系统的"综合"研究提供了新视角，为典型地区人地系统演变研究提供了理论基础与方法借鉴。但总体来看，还存在一些问题与挑战：

第一，人地关系演变的研究范式多集中于对同一研究对象不同时间节点或同一时间节点不同区域的评价研究，缺少对跨尺度效应、多时空的人地系统演化研究。

第二，社会—生态系统通常暴露于多尺度、多重扰动下，但现阶段研究多基于单一扰动下的社会—生态系统的脆弱性评价，缺乏对多重扰动下人地关系演变的研究。

第三，社会—生态系统脆弱性的研究主要关注宏观尺度系统脆弱性的形成原因和过程，而对于脆弱性演变背景下人类对系统演变的适应能力、适应行为、适应机制的研究较少，造成脆弱性研究结果实践指导性差。

第四，脆弱性、适应性作为人地系统两个重要研究方向与内容，在指导社会实践过程中，仍需要一个清晰的框架、思路。

　　因此，本书以社会—生态系统、脆弱性、适应性的概念、内涵及理论为基础，分析乡村转型、体制转换、农牧户生计研究发展过程、特征及其关联关系，构建"乡村人地系统脆弱性演变—农牧户适应行为分异"理论分析框架，按照"气候变化、城镇化与政策实施扰动—乡村社会、经济、生态环境要素变迁—乡村人地系统脆弱性时空格局演变特征—农牧户适应行为分异特征—乡村人地系统结构、功能及状态变化规律—乡村人地系统适应性演化机制—乡村人地系统适应性管理对策与建议"的逻辑思路，分析多重扰动下复合型乡村人地系统跨尺度、多时空演化的过程、特征、路径及机制，该研究有助于丰富人地系统研究的理论与分析思路，并提高了以往脆弱性研究结果对社会实践活动的指导性。

2.3　基础理论与方法

2.3.1　人地关系地域系统理论

　　人地关系是对人类活动与地理环境之间相互作用与相互影响关系的抽象概括，是诸多学科共同关注的基本命题之一，在地理学整体性和区域性思维中逐步发展成为地理学的基本理论。吴传钧先生提出的"人地关系地域系统"（以下简称人地系统）为人地关系研究提供了理论基础与分析框架；人地系统是由地理环境和人类活动两个子系统交错构成的复杂的开放系统，其研究主要关注人地系统中人与自然的相互影响与反馈作用，核心目标是协调人地关系、优化人地系统，以解决自然要素与人文要素之间相互作用的成因、过程、格局以及效应等综合研究问题。人地系统要素多样，各要素之间存在互相影响关系，并且与外部频繁进行着物质、能量等方面的交流，系统演进过程中呈现出非稳态、非线性的耗散结构特征，并形成三类演进模式：渐变型模式、突变型模式、复合型模式（见图2-6）。

　　人地系统理论与方法是本书研究的重要理论基础之一，北方农牧交错区乡村人地系统要素变化、结构与功能演变，系统适应性演化模式的分析与构建，以及系统结构与功能的优化，促进系统可持续发展的对策与建议，都以人地系

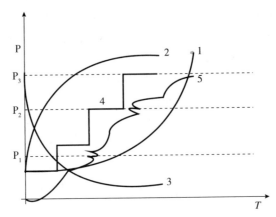

1：指数增长模式；2、3：收敛平衡模式；4：阶段演进模式；
5：复合"S"形演化模式；T：时间过程；P：人地系统演进动力。

图 2-6　人地系统的演进过程与模式

统的基本原理与方法为指导，与区域可持续发展目标完全契合，目的是优化系统结构与功能，并从时空演变、组织结构、系统功能等方面认识乡村人地系统演化特征与机制，为有效地进行乡村转型发展提供理论与实践借鉴。

2.3.2　适应性循环理论

适应性循环理论是理解社会—生态系统内部结构演变、系统对外部干扰的响应能力以及系统如何随着所处不同阶段发生演变的重要理论，适应性循环发展包括快速增长（r）、稳定守恒（k）、释放（Ω）、重组（α）四个阶段。快速增长阶段（r）指系统发展伊始，系统中要素快速变化，使系统呈现出快速增长特征，r 代表系统最大演化速度；稳定守恒（k）指系统经过快速增长阶段，转向稳定守恒阶段，在这个阶段系统内部各要素间的联系更加紧密，系统发展速率降低，系统结构由单一逐渐变为复杂，系统功能逐渐增强，同时，系统对结构与功能的依赖性不断增强，但系统"弹性"减弱，容易受到外部扰动而发生态势转变；释放（Ω）指当外部干扰与系统内部矛盾共同作用超越系统"弹性"时，会导致系统间结构作用断裂，系统功能衰减甚至丧失，导致社会、生态、经济等资本溢出系统；重组（α）是系统经过释放阶段，系统结构与功能重组，系统发展呈现多种可能性。

适应性循环有两个相对模式：一个是发展循环（正向循环）（见图 2-7），

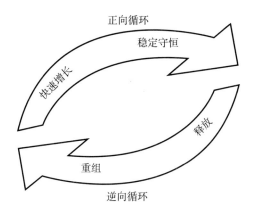

图 2-7 适应性循环简易示意图

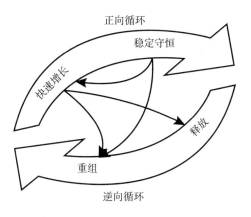

图 2-8 适应性循环变体

另一个是释放重组循环（逆向循环）（见图 2-8）。正向循环系统稳定性强，系统呈阶段性稳定发展；逆向循环稳定性差，演化阶段性特征不明显，演化方向存在较高不确定性。逆向循环是系统毁灭或创新的发展阶段，这个时期系统稳态差、"弹性"小，对外界的干扰敏感，且扰动结果放大效应显著，但适应性循环不是一个绝对的、固定的周期，社会—生态系统演化存在很多变异特征，系统经历快速生长阶段之后一般会进入稳定守恒阶段，但是它也可能进入释放阶段；虽然系统一般是从稳定守恒阶段进入释放阶段，但是它也可能受干扰退回到生长阶段。组织管理者们通常应善于利用以上现象控制系统演化局势，引导系统演化发展，防止系统在稳定守恒后期发生崩溃。

适应性循环理论是刻画北方农牧交错区乡村人地系统适应性演化过程与规律的重要理论基础；特别是在分析北方农牧交错区乡村人地系统要素、结构、功能变化过程，划分乡村人地系统演化阶段，探究乡村人地系统适应性演化机制中具有重要的作用。

2.3.3 可持续生计框架

可持续生计研究思想发端于 20 世纪 80 年代中期 Chambers 的研究工作，其被阐述为，只有当一种生计能够应对并在压力和打击下得到恢复，能够在当前和未来保持，且加强其能力和资产，同时又不损坏自然资源基础，这种生计才是可持续性的生计。随着可持续生计研究的不断深入，其分析方法不断增多，可持续生计分析框架主要有三个（见表 2-2），分别是英国国际发展署（The UK's Departmentfor International Development，DFID）2000 年建立的可持续生计分析框架（Sustainable Livelihoods Ap-proach），美国援外合作组织（Cooperative for A-merican Remittances to Everywhere，CARE）提出的农户生计安全框架，以及联合国开发计划署（Unit-ed Nations Development Programme，UNDP）提出的可持续生计途径。

目前，应用最广泛的是 DFID 可持续生计分析框架，该框架以农户面临的生计风险为适应背景，识别风险因素，突出农户生计的可持续发展能力，突出政府管理和政策、制度转变对其生计的影响，将消除贫困、减缓生计脆弱性与提高生计能力联系在一起，该框架因与发展中国家的农村发展和扶贫工作目标契合而获得广泛认可（见图 2-9）。

表 2-2 可持续生计框架类型及内容

SLA 框架组成	内容
脆弱性背景	包括旱涝、飓风、经济或社会动荡、家庭成员疾病、死亡以及作物、家畜的病害等突发性的天灾人祸，价格、生产、健康状况和就业机会等季节性冲击，人口、资源环境、技术、市场与贸易及全球化等趋势和变化等
人力资产	包括健康、营养、教育、知识和技能、劳动能力以及适应变化的能力等

续表

	SLA 框架组成	内容
生计	自然资产	包括土地及其产出、水和水资源、林木产品、野生动植物和食物、生物多样性、环境服务等
	社会资产	包括亲戚、朋友、邻居、信任与互助关系、组织或团体、对外的集体诉求、参与决策机制以及领导能力等一系列社会关系和联系
	物质资产	包括交通、安全住所、饮水与卫生设施、能源、通信等基础设施及生产工具和设备、种、肥、农药、传统技术等工具和技术
	金融资产	包括储蓄、借贷、工资/报酬、养老金及其他外部给予资金
	"政策、机构和过程"	不同层次的政府，也可以是非政府组织或国际机构，通过制定或推广相关政策；各种政治机构、民间组织或团体、非政府组织、金融机构、法律机构、政党以及企业公司通过采取一些措施或手段；各种决策过程、社会风俗、性别、制度、阶级、语言等过程因素
	生计策略	收入活动、消费活动、对生计资产的投资、迁移活动、人口繁衍
	生计输出	生活水平提高、脆弱性降低、食物安全增加、资源利用优化

资料来源：汤青. 可持续生计的研究现状及未来重点趋向［J］. 地球科学进展，2015，30（7）：823−833.

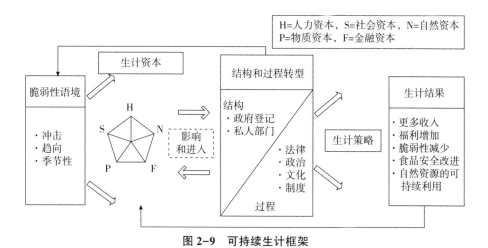

图 2-9 可持续生计框架

资料来源：DFID. Sustainable Livelihoods Guidance Sheets［M］. London：Department on International Depantment，2008：68−125.

2.3.4 可持续性科学理论

2015 年 9 月，联合国通过了 2016～2030 年的全球可持续发展目标（SDGs），这意味着可持续发展将进一步成为指导全球经济社会发展的中轴原理；可持续发展理论基础是可持续科学，可持续性科学是研究人与环境之间动态关系，特别是耦合系统脆弱性、抗扰性、弹性和稳定性的综合型科学；研究主题是可持续性或自然与社会的相互作用，探索和解决这种相互作用的复杂性，并针对目前世界不可持续发展的现实和困境，综合现有各学科及领域的研究成果集成提升，促进可持续发展。研究核心是自然环境系统、生物系统、社会系统和技术系统之间的相互关系，具体包括 21 世纪的长期发展趋势与演变过程的影响因素及机制？什么决定人地系统的适应性、脆弱性与弹性？如何构建能够更好地解释人与环境相互作用差异的理论与模型？人类福祉与自然环境之间的主要权衡关系是什么？如何科学有效地定义人与环境系统预警的极限条件？如何使社会最有效地引导和管理人与环境系统向可持续性转变？如何评估环境与发展不同路径的"可持续性"？等主要论题（见图 2-10）。

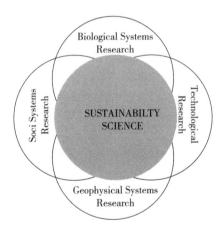

图 2-10 可持续性的四个相互关联的组成部分

可持续性科学理论既为乡村人地系统适应性演化提供了目标，也为系统演化过程、结果的评价提供了科学依据。

2.4 乡村人地系统适应性演化分析框架的构建

2.4.1 脆弱性、适应性、体制转换和适应性循环关系

脆弱性是系统暴露于风险环境或受内外扰动的敏感程度，并因缺乏抗干扰能力而使系统的结构和功能受到损害的一种状态，是系统遭受外部因素影响时的内在属性。学者普遍认为，暴露度、敏感性及适应能力三个维度构成了社会—生态系统的脆弱性属性。适应性通常被理解为人类面对气候变化、灾害、压力等影响所做出的响应与调整，核心内容是适应能力的测度与提高，目标是增强系统发展应对能力，促进系统可持续发展。体制转换是系统演化中跨域阈值从一种状态进入另外一种状态，系统体制转换是系统内外部共同作用的结果：一方面，外部干扰是系统跨越阈值推动力；另一方面，系统的内部结构与功能具有保持自身稳定的适应能力，阻碍系统跨越阈值，使系统目前的状态远离阈值，但当系统自适应能力不足以抵抗外部扰动力时，系统体制转换就会发生。适应性循环是指系统在演化的过程中必然会经历的过程，呈现阶段性特征。

从以上研究结果来看，适应性与脆弱性两者之间互馈作用明显，脆弱性是系统面对风险的状态表征，适应性是系统改变状态的重要方法。一方面，系统脆弱性研究是适应性研究的前提与背景，是提升系统适应能力的基础和制定适应性管理对策的重要依据；另一方面，适应性是系统脆弱性研究的归宿与落脚点，直接影响着系统发生体制转换的可能性，从而使系统演化中呈现出不同适应性循环阶段性特征。基于以上分析，可以看出系统脆弱性、适应性、体制转换和适应性循环，在一定程度上既互相独立又相互嵌套，它们之间的联系与区别在于系统的状态阶段，其中，适应性对于各部分的联系具有重要的纽带作用（见图2-11），但该纽带作用在以往研究中很少得到关注，亟须深化研究。

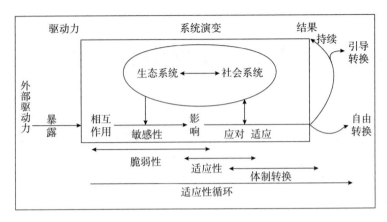

图2-11 脆弱性、适应性、体制转换、适应性循环关系

2.4.2 乡村人地系统脆弱性演化与农户适应性的框架联系

乡村人地系统脆弱性研究多基于乡镇、社区尺度，研究系统演化过程中脆弱性特征、程度及形成机制，主要反映乡村人地系统在外界干扰与自身适应行为的影响下，乡村社会、经济、生态环境之间相互依存的动态耦合关系，对于表征乡村人地系统结构与功能演化过程、系统稳态变化、演变机制的剖析具有良好效果。适应性研究多基于农户尺度，关注农户应对系统结构与功能转变带来的压力或变化的适应能力和行为过程（动因、现象和效果等），具有明显的行为发生学倾向，研究结果可操作性强，对于跨尺度深入剖析乡村人地系统适应性演化的微观机理具有显著优势。乡村人地系统脆弱性演变与农牧户适应行为分异研究，两者在研究尺度与内容上互相补充（见图2-12）：一方面，乡村人地系统脆弱性特征及演化过程是农户适应性研究的重要背景与前提，对农户适应能力大小、适应行为选择、适应结果优劣具有重要影响。另一方面，以适应能力为核心的农户适应行为、适应结果对于乡村人地系统脆弱性高低以及脆弱性演化过程、机理的剖析具有重要作用，两者间的互馈作用构成了乡村人地系统适应性演化的重要作用机理；同时，提高农户适应性，降低系统脆弱性，促进人地系统可持续发展也是乡村人地系统适应性演化的目标。

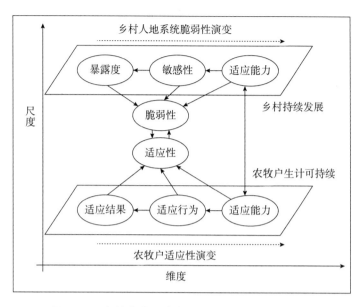

图 2-12　乡村人地系统脆弱性与适应性的框架联系

2.4.3　乡村人地系统适应性演化分析框架的构建

基于以上对乡村人地系统脆弱性与适应性逻辑关联的剖析与总结，借鉴国内外关于人地系统脆弱性与适应性的相关研究成果。本书构建了"乡村人地系统脆弱性演变—农牧户适应行为分异"的乡村人地系统适应性演化分析框架（见图 2-13），乡村人地系统脆弱性演化研究主要围绕系统演化的扰动因素、构成要素、时空演化过程与机制进行剖析，从而表征乡村人地系统适应性演化过程中系统结构与功能的演化过程以及系统稳态变化特征，为剖析宏观尺度的乡村人地系统适应性演化过程及机制提供科学依据；农牧户适应性研究主要围绕在乡村人地系统脆弱性、乡村人地系统结构与功能以及系统状态演变过程中，农牧户适应结果状态、适应行为分异、适应能力差异以及适应机制的分析与总结，旨在跨尺度深入剖析乡村人地系统适应性演化机制的微观机理，并为降低乡村人地系统的脆弱性、提高农牧户适应能力、优化乡村人地系统适应性演化路径提供科学依据与对策。"乡村人地系统脆弱性演化—农牧户适应行为分异"理论分析框架，将宏观的脆弱性演化时空动态过程与微观的农牧户适应分异过程进行串联，有助于深入认识多重扰动下复合型乡村人地系统跨尺

度、多时空动态适应性演化特征与演化机制并对其进行剖析，为优化调控乡村
人地系统提供科学依据。

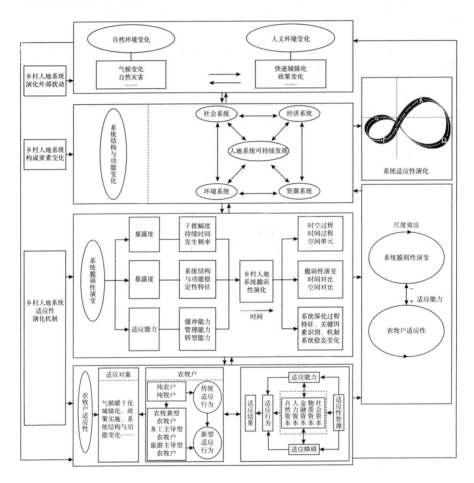

图 2-13　乡村人地系统适应性演化分析框架

3

达尔罕茂明安联合旗乡村人地系统发展阶段划分与特征

3.1 达尔罕茂明安联合旗概况

3.1.1 自然环境概况

3.1.1.1 地理位置与区划

达尔罕茂明安联合旗①位于我国北方农牧交错区中段，隶属内蒙古自治区包头市，地处内蒙古自治区北部（东经 109°16′~111°25′，北纬 41°20′~42°40′），东与四子王旗相接，西与乌拉特中旗毗邻，南与固阳县、武川县相邻，北与蒙古国接壤，国境线长 88.6km。镇政府所在地百灵庙镇，位于内蒙古自治区首府呼和浩特市西北 167km，西南经固阳至包头市区 160km。达尔罕茂明安联合旗包括：满都拉镇、巴音花镇、达尔罕苏木、明安镇、百灵庙镇、

---

① 1952 年，达尔罕旗与茂明安旗合并为达尔罕茂明安联合旗。

乌克忽洞镇、石宝镇、希拉穆仁镇，共设有 7 个镇 1 个苏木，85 个行政村①
（见图 3-1）。达尔罕茂明安联合旗南部是农区，多为农业镇，北部是牧区，多
为牧业镇、苏木。其中，百灵庙镇是旗政府所在地，是达尔罕茂明安联合旗的
政治、经济、文化中心；希拉穆仁镇是旅游业主导型乡镇，具有"全民参与
旅游"乡镇之称，旅游业收入约占人均纯收入的 80%；乌克忽洞镇是农业主
导型乡镇，农业人口 7298 户、22173 人，占总人口的 95%，总耕地面积
34349.86 km，约占全旗耕地面积的 45.13%；达尔汗苏木、明安镇、巴音花
镇、满都拉镇是畜牧业主导型镇、苏木，牧业户人口占总人口的 93.6%。

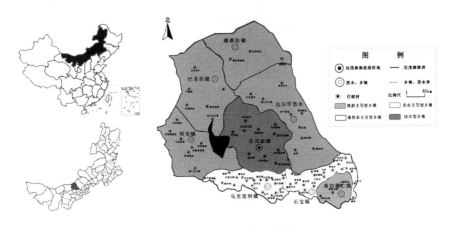

图 3-1　研究区地理位置

① 1990~2005 年，达茂联合旗行政区划为 17 个乡镇、苏木，82 个行政村，包括百灵庙镇、西河
乡、乌兰忽洞乡、乌克忽洞乡、石宝镇、大苏吉乡、小文公乡、巴音珠日和苏木、新宝力格苏木、查
干淖尔苏木、满都拉镇、巴音敖包苏木、查干哈达苏木、查干敖包苏木、都荣敖包苏木、额尔登敖包
苏木、希拉穆仁镇；2006 达茂联合旗行政区划改革，查干淖尔苏木、巴音珠日和苏木合并为巴音花镇，
查干哈达苏木、查干敖包苏木、额尔登敖包苏木合并为达尔罕苏木，将西河乡、乌兰忽洞、乌克忽洞
合并为乌克镇，将都荣敖包苏木、巴音敖包苏木、红格塔拉种羊场划归百灵庙镇，将小文公乡划归石
宝镇，即行政区包括满都拉镇、巴音花镇、达尔罕苏木、明安镇、百灵庙镇、乌克镇、石宝镇、希拉
穆仁镇，共设有 7 个镇 1 个苏木，85 个行政村；2011 至今，查干哈达苏木脱离达尔罕苏木独立设置，
西河乡脱离乌克镇单独设置，小文公乡脱离石宝镇单独设置，即行政区包括满都拉镇、巴音花镇、达
尔罕苏木、明安镇、百灵庙镇、乌克镇、石宝镇、希拉穆仁镇、小文公乡、西河乡、查干哈达苏木，
共设有 7 个镇 2 个乡 3 个苏木，共 107 个行政村。为了数据统计的科学性，本书选取 2006 年达茂联合
旗行政区划，将 1900~2005 年的数据与 2011~2017 年的数据按 2006 年行政区划进行整合，保证研究数
据的完整性与科学性。

3.1.1.2 地貌与气候

达尔罕茂明安联合旗位于内蒙古高原，平均海拔为 1846m；南部属丘陵区，中部是开阔草场，北部为高原平台，地势南高北低。由于地理环境复杂，人文环境多样，土地利用方式差异性较大，南部多耕地，北部多草场（见图3-2）。

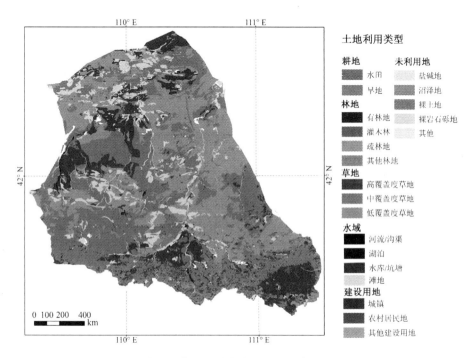

图 3-2　达尔罕茂明安联合旗土地利用情况（2016 年）

资料来源：中国科学院"全国土地利用数据库"。

达尔罕茂明安联合旗属中温带半干旱大陆性气候，年平均气温为 3.4℃（近 10 年年均气温为 4.2℃），极端最低气温为-41.1℃，出现在 1971 年 1 月 21 日，极端最高气温为 38.6℃，出现在 1972 年 8 月 11 日。全旗平均气温趋向是北部牧区高，中部次之，南部农区低，满都拉镇年平均气温为 5.3℃，希拉穆仁镇年平均气温为 2.5℃（见图 3-3）。

达尔罕茂明安联合旗降水主要来源于北部贝加尔湖地区和西南暖湿气流，由于地处内陆，森林和草原植被稀疏，生态环境差，形成了不利降水的气候特点，降水季节短暂，降水量少，年平均降水量为 256.2mm，最多年份是 2003

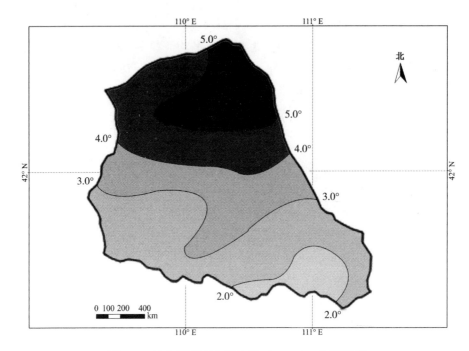

图3-3　达尔罕茂明安联合旗1946~2016年等温线

资料来源：达尔罕茂明安联合旗气象局。

年，降水量为425.2mm，最少年份是2009年，降水量为138.4mm，年平均蒸发量为2526.4 mm。降水主要集中在6~9月，这一时期的降水量占全年降水量的80%，7月、8月降水量最大，占全年降水量的55%。全旗降水量由南向北逐步递减，历年平均降水量方面，希拉穆仁镇年降水量最多，为287.8mm，百灵庙镇为256.2mm，满都拉镇为170.2mm（见图3-4）。境内用水主要来源于地下水，但受气候变化与人类活动的影响，地下水下降幅度大，严重威胁当地生存环境，随着草原旅游发展、矿产资源开采、全面禁牧等因素的影响，乡村人地关系地域系统也发生了剧烈的变化，传统农户或牧户生计发生分异，其适应性也在发生变化。

3.1.1.3　水文与植被

水文概况：达尔罕茂明安联合旗属干旱、半干旱地区，水资源短缺，该旗有大小水系6个，大小河流9条，总流域面积为11593.4km²（见表3-1、表3-2），多年来人均占有地表水79m³，仅占内蒙古自治区人均占有水的17%；地下水总体循环处于阴山北麓的内陆径流系中，南部丘陵区为地下水补给区，北部腾格淖地区为地下水排泄区，总体上呈现"南多北少"的空间分布格局。

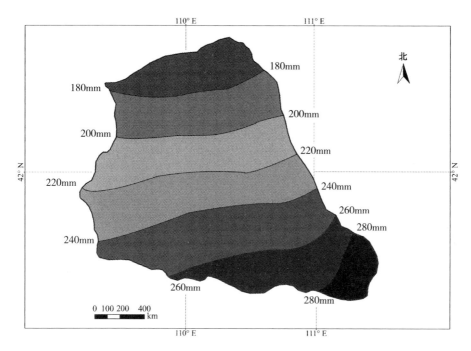

图3-4　达尔罕茂明安联合旗1946~2016年等降水线

资料来源：达尔罕茂明安联合旗气象局。

表3-1　达尔罕茂明安联合旗地下水资源及开发利用条件　　单位：万 m³

项目	各项补给					重复量	资源量	可开采量		
	降水入渗	侧向补给	河湖渗补	井灌回渗	总计			面积（km²）	可开采	模数（万 m³/km²·年）
数量	30975	7.50	660	496	32139.0	503.5	31270.74	18177.0	13857.10	0.76

资料来源：《达尔罕茂明安联合旗志》（1993年版、2005年版）。

表3-2　达尔罕茂明安联合旗主要河流统计

水系	所在地	河名	河长	总流域面积	备注
腾格淖尔水系	满都拉镇	艾不盖河	192 km	5797 km²	上游多年均径流深4~8mm

续表

水系	所在地	河名	河长	总流域面积	备注
腾格淖尔水系	满都拉镇	查干布拉河	92 km	933 km²	季节性河流
乌兰淖水系	满都拉镇	乌兰依力爱河	43 km	277 km²	季节性河流
打布苏水系	满都拉镇	陶来图河	78 km	722 km²	季节性河流
哈勒淖尔水系	查干淖尔苏木	乌兰苏木河	96 km	854 km²	季节性河流
哈勒淖尔水系	查干淖尔苏木	阿其因高勒河	57 km	378 km²	季节性河流
哈勒淖尔水系	查干淖尔苏木	开令河	82 km	1392 km²	季节性河流
呼和淖尔水系	四子王旗	布河	323 km	317 km²	间歇性河流
图木古淖水系	四子王旗	扎达盖河	49 km	310 km²	季节性河流
合计	—	—	1012 km	10980 km²	—

资料来源:《达尔罕茂明安联合旗志》(1993 年版、2005 年版)。

全旗地下水总储量为 59265 万 m³,水位埋深 70~100m。地下水补给来源于大气降水,多年平均值为 29977 万 m³。按 P = 50% 保证率的年补给量为 29533 万 m³。

表 3-3 达尔罕茂明安联合旗乡镇水资源可利用量计算成果

单位:×10⁴m³/年

乡镇、苏木	综合补给量	可利用地下水	不同频率值			可利用地表水
	多年平均值	多年平均值	P = 50%	P = 75%	P = 90%	P = 50%
查干淖尔	1426.7	1224.7	1151.2	869.5	575.6	—
满都拉	588.2	169.1	159	120.1	79.5	—
查干哈达	1121.1	799.7	751.9	567.8	375.9	—
巴音塔拉	141.7	81.5	76.6	57.9	38.3	—
巴音朱日和	1268	460.1	432.5	326.7	216.2	—
查干敖包	1405.7	632.1	594.2	448.8	297.1	19
都荣敖包	2127.6	739.1	694.8	524.8	347.4	76
新宝力格	3430	2062.7	1938.9	1464.5	969.5	14.4
额尔登敖包	2858.7	442.7	416.2	314.3	208	—
巴音敖包	3003.6	759.3	713.7	539.1	356.9	—
红旗牧场	942	645.5	606.8	458.3	303.4	—

续表

乡镇、苏木	综合补给量	可利用地下水	不同频率值			可利用地表水
	多年平均值	多年平均值	P = 50%	P = 75%	P = 90%	P = 50%
种羊场	1468.3	1003.4	943.2	712.3	471.6	120.3
百灵庙镇	715	30.8	28.9	21.8	14.5	—
西河	1254.8	581.2	546.3	412.7	273.2	81
乌兰忽洞	866.1	346.6	325.8	246.1	162.9	112
腮忽洞	774.1	313.1	294.3	222.3	147.2	—
乌克忽洞	1184.2	1041	978.5	739.1	489.3	112
坤兑滩	1150.9	445	418.3	316	209.2	28
石宝	675.6	412.4	387.7	292.8	193.8	—
大苏吉	1091.1	298.5	280.6	211.9	140.3	—
西营盘	818.6	250.3	235.3	177.7	117.6	—
小文公	393.1	245.0	230.3	174	115.2	98
希拉穆仁	2763.2	873.3	820.9	620	410.1	235
总计	31439	13857.1	13025.7	9838.6	6512.9	895.7

资料来源:《达尔罕茂明安联合旗志》(1993 年版、2005 年版)。

表 3-4 达尔罕茂明安联合旗地下水资源供需平衡计算

单位:万 m³

名称	可利用水量	不同频率值			取水总量	城镇生活用水	工业取水量	农业取水量	不同保证率地下水资源余缺量		
	多年平均值	P = 50%	P = 75%	P = 95%					P = 50%	P = 75%	P = 95%
西河	581.2	546.3	412.7	273.1	423	—	30	393	123.3	-10.3	-149.8
乌兰忽洞	346.6	325.8	246.1	1623.9	162	—	—	380.6	-54.8	-134.5	-217.7
乌克忽洞	1354.1	1272.8	961.4	636.4	636	—	—	719.8	533	241.6	83.4
石宝	857.4	806	608.8	403	403	—	170.1	820.3	-186.4	-381.6	-587.4
大苏吉	298.5	280.6	211.9	140.3	258	—	—	258.5	22.1	-46.6	-118.2
小文公	495.3	465.6	351.7	232.8	386	—	—	386.3	79.3	-34.6	-153.5
巴音珠日和	1105.6	1039.3	785	519.6	286	—	80	206.9	752.4	498.1	232.7
新宝力格	2062.7	1938.9	1464.5	969.5	233	—	88.75	144.1	1705.7	1231.3	736.3

续表

名称	可利用水量多年平均值	不同频率值			取水总量	城镇生活用水	工业取水量	农业取水量	不同保证率地下水资源余缺量		
		P=50%	P=75%	P=95%					P=50%	P=75%	P=95%
查干淖尔	1224.7	1151.2	869.5	575.6	118	—	0.5	118.4	1032.3	750.6	456.7
满都拉	250.6	235.6	178.8	84			84	151.6	33.8	33.8	—
巴音敖包	759.3	713.7	593.1	539.1	133	—	8.58	125	405.5	405.5	233.3
查干哈达	799.7	751.7	576.6	567.8	112		12	455.8	455.8	263.9	
查干敖包	632.1	594.2	549.2	297.1	84		—	84	364.8	364.8	213.1
都荣敖包	739.1	694.8	524.8	347.4	324	—	140	184	200.8	200.8	23.4
额尔登敖包	442.7	416.2	314.3	208.1	55		—	55	259.3	259.3	153.1
希拉穆仁镇	873.3	820.9	620	410.5	172		50	122.5	477.5	447.5	238
种羊场	1003.4	943.2	712.4	471.6	312	—	90	222.3	400.1	400.1	159.3
百灵庙	30.8	28.9	21.9	14.48	161	120	6.88	35	-140	-140	-147.3
合计	13857	13025	9838.6	6512.9	5235	120	664.8	4451	7787	4601	1276

资料来源:《达尔罕茂明安联合旗志》(1993 年版、2005 年版)。

植被概况:因气候复杂多变、地形地貌多样,达尔罕茂明安联合旗自然植被空间分布异质性特征显著,形成了由南向北依次为干草原、荒漠草原、草原荒漠三个自然植被带(见图 3-5),荒漠草原是主要草场类型。其中,干草原类型多分布在百灵庙镇的南边,百灵庙到明安镇沿线南部丘陵地区,约占草场总面积的 35%;荒漠草原主要分布在百灵庙北方平原上,占草场总面积的 60%左右;草原荒漠多分布在巴音塔拉附近的低缓丘陵,占草场总面积的 4%左右。

表 3-5 达尔罕茂明安联合旗天然草场分类及草场承载力

类型	可利用草场面积(亩)	可食性亩产量(公斤)	年均理论载畜量(羊,个)
低山丘陵干草原类	7368536	56.51	279912
低山荒漠草原类	1935658	43.40	51742
丘陵荒漠草原类	4069263	58.86	149200

续表

类型	可利用草场面积（亩）	可食性亩产量（公斤）	年均理论载畜量（羊，个）
高平原荒漠草原类	5472219	45.32	163545
高平原草原化荒漠类	2936648	48.70	54781
剥蚀残丘草原荒漠类	266520	48.73	5553
河泛低地湿地草甸类	1002194	121.92	65325

资料来源：《达尔罕茂明安联合旗统计年鉴》（2016年）。

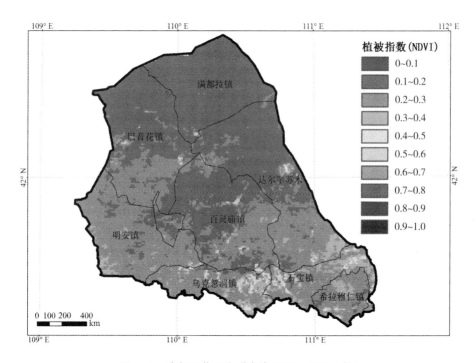

图3-5　达尔罕茂明安联合旗 NDVI（2016年）

资料来源：从 NASA（https://ecocast.arc.nasa.gov）获取 1980~2016年 GIMMS3g 和 MODIS-NDVI 数据集，采用通用"像元二分模型"获取年、月植被覆盖度数据集。

3.1.2　社会经济发展概况

截至2017年末，全旗总人口 111586人，较2016年的 111846人减少 260

人；其中，城镇人口 30694 人，农村人口 80892 万人，城镇化率为 27.51%（见表 3-6）。

表 3-6　达尔罕茂明安联合旗行政区划

乡镇、苏木	总户数	总人口
百灵庙镇	12751	30229
乌克忽洞镇	15711	34020
石宝镇	14617	32074
巴音花镇	1533	3010
希拉穆仁镇	1159	2216
满都拉镇	677	1458
明安镇	1818	3293
达尔罕苏木	2807	5286

资料来源：《达尔罕茂明安联合旗统计年鉴》（2018 年）。

近年来，在国家加大对农村、牧区投入的基础上，达尔罕茂明安联合旗社会经济发展水平不断提高，农村、牧区人居环境得到了改善，城乡人民生活水平不断提高，产业结构趋于合理化。2017 年全旗实现生产总值 227.08 亿元，与 2016 年相比增长 6.7%；第一产业增加值增长 3.3%，第二产业增加值减少 0.8%，第三产业增加值增长 6.0%；社会消费品零售总额年均增长 8.8%，消费水平不断提高，城乡常住居民人均可支配收入年均分别增长 6.9% 和 7.9%；全年全体居民人均可支配收入为 26756 元，同比增长 8.9%。

3.1.3　农牧业发展概况

达尔罕茂明安联合旗农牧业资源丰富，2017 年，全旗粮食作物播种面积为 32862hm²，同比减少 4.8%。其中：小麦 11036 hm²，增长 20.4%；玉米 51345 亩，增长 74.3%；马铃薯 14330 hm²，减少 21.6%；荞麦 45075 亩，减少 29.2%；莜麦 14745 亩，增长 34.2%。粮食总产量为 80517t，同比减少

9.0%。其中：小麦 7775t，减少 16.5%；马铃薯 54084t，减少 18.2%；玉米 13011t，增长 54.3%；荞麦 3543t，减少 14.8%；莜麦 1871t，增长 3 倍。全旗家畜总头数 576653 头（只），同比增长 10.3%；大小畜存栏 562563 头（只），增长 10.8%，其中大牲畜 64394 头（只）、增长 13.5%，小牲畜 498169 只、增加 10.5%；猪存栏 14090 头，减少 6.8%。马铃薯、牛羊肉、皮毛绒等农畜产品畅销全国。农区严格以水定播，水浇地面积稳定在 0.2 万 hm² 左右；推广现代农技措施，全旗农业机械化综合水平达到 95%，节水灌溉率达到 80%；打造马铃薯种薯基地，种薯种植面积达到 0.67 万 hm²，年产微型薯 4000 万粒。牧区发展建设型畜牧业，着力打造有机牛羊肉基地，全旗牛羊肉年供给量稳定在 2 万 t 以上，获得"三品一标"认证产品 1 件，注册农畜产品商标 84 件。"达茂马铃薯"通过国家商标局注册为集体商标，"达茂草原羊"被认定为中国驰名商标（2018 达尔罕茂明安联合旗政府工作报告）。

3.1.4　生态建设与保护概况

2002 年京津风沙源治理启动，达尔罕茂明安联合旗依托政策优势，加强草原生态保护，围栏草场保有面积 53 万 hm²，完成人工草地建设任务 0.78 万 hm²，完成生态移民 895 户、3860 人。2007 年包头市实施"收缩、转移、集中"战略[①]，达尔罕茂明安联合旗以农区 250 万亩草场为试点，实行了禁牧政策。从 2008 年开始，对全旗进行为期 10 年的全面禁牧，共涉及农牧民约 6620 户、近 2 万人，成为自治区最早实施阶段性禁牧的旗县。2010～2012 年，通过安装招鹰架建成草原无鼠示范区 10 万 hm²，积极推广生物防治措施，生物防治面积逐年增加，目前生物防治率已达到 100%。截至目前，森林覆盖率由 9.3% 提高到 14.5%，草原植被盖度由 24.7% 提高到 27.3%，平均高度 21.7cm、亩均干草产量 41.4 公斤，植物多样性和草原生态总体保持稳定，全旗的浮尘、扬沙和沙尘暴天气明显减少，由 2000 年的 25 次下降到 2016 年的 3 次。

---

① 收缩指要求干旱和水源缺乏的地区收缩农牧业战线，逐步退出农牧业；转移指加快农牧业人口向第二、三产业和城镇转移；集中指引导农牧业向水源富集、基础条件好的区域集中，促进基础设施和公益事业等建设项目向条件好、人口多的村镇集中。

3.1.5 研究区典型性

3.1.5.1 达尔罕茂明安联合旗干旱环境特征凸显

达尔罕茂明安联合旗地处中温带，深居内陆腹地，大陆度 71%~73%，降水量少，且年际、月际变化悬殊，蒸发量大，干旱环境特征凸显。特别是近10 年来，受全球气候变暖影响，年平均气温比历史均值高 0.8℃，常出现高于30℃的高温天气，如百灵庙镇 2005 年 6~8 月出现高温天气 33 天，年平均降水量比历史均值减少 3mm。干旱是全旗农牧业生产最严重的灾害，干旱频率如下：春季中，重旱灾害占 15%，轻旱灾害占 64%，无旱占 21%；夏季中，重旱灾害占 24%，轻旱灾害占 47%，无旱占 29%。春旱常常出现连续态势，如1965~1973 年连续 9 年出现不同程度的春旱；春旱连接夏旱的重旱时常发生，如 1960 年、1962 年、1965 年、1988 年、1992 年、1997 年、2005 年。其中，2005 年降水量为 166.8mm，致使达尔罕茂明安联合旗遭遇 40 年一遇的旱灾，粮食大幅度减产，牲畜死亡数量巨大，农牧民经济损失严重；同时，大片土地荒芜、沙化严重，致使脆弱的生态环境更加岌岌可危。

3.1.5.2 达尔罕茂明安联合旗乡村人地系统空间异质性特征显著

达尔罕茂明安联合旗乡村人地系统构成要素复杂，系统演化过程中呈现的非线性相关、阈值效应、历史依赖和不可预知等特征凸显：首先，受气候条件影响与地理环境影响，达尔罕茂明安联合旗形成"南农、北牧、中间农牧交错"的乡村人地系统空间本底分异特征；其次，在人类活动的干扰下，形成了农业主导型、畜牧业主导型、旅游主导型、综合型等乡村，凸显了乡村人地系统异质性特征；最后，在达尔罕茂明安联合旗乡村人地系统演化过程中，形成了多种适应类型农牧户（纯农户、纯牧户、农牧兼型、务工主导型、旅游参与型）适应模式、适应行为、适应结果，其适应性存在显著的差异。

基于以上达尔罕茂明安联合旗乡村人地系统特征的典型性，本书选取达尔罕茂明安联合旗为研究案例地，对于理解复合型乡村人地系统演化过程中多重扰动、跨尺度效应、多时空演化特征具有良好的典型性。

3.2 达尔罕茂明安联合旗乡村人地系统发展过程

3.2.1 达尔罕茂明安联合旗乡村人地系统发展过程阶段划分

乡村人地系统适应性演化的驱动力是气候变化与人类活动，在选择研究达尔罕茂明安联合旗乡村人地系统演化的时段方面，既要考虑气候环境变化的规律性特征，也要重视政策实施对乡村人地系统的影响，还要结合研究数据与资料的收集情况，因此，本书选择 1952～2016 年为研究时段，其中，实证研究 1990～2016 年达尔罕茂明安联合旗乡村人系统脆弱性时空格局演化过程及特征。

乡村人地系统是由社会系统、经济系统、资源系统、环境系统组成的多维系统，系统适应性演化过程中存在多个被不同阈值分割开来的平衡状态；伴随着系统状态转变，系统状态变量（构成要素）也会发生深刻变化，因此，分析与总结乡村人地系统构成要素变化特征，有助于深刻认知乡村人地系统演化过程中系统结构与功能变化，是后续乡村人地系统适应性演化机制剖析的现实基础。从社会经济系统来看，达尔罕茂明安联合旗乡村经历了建设探索阶段（1952～1978 年），改革开放阶段（1979～2012 年），全面建设小康阶段（2013～2016 年）。从社会制度与政策实施的重大影响来看，改革开放（1978年）是达尔罕茂明安联合旗成立以来重要的政策影响，改革开放前达尔罕茂明安联合旗乡村人地系统演化进程缓慢，改革开放以后系统要素变化速率加快，乡村人地系统状态发生了显著变化，改革开放以后达尔罕茂明安联合旗经历了"草畜双承包制"① （1983 年）、"双权一制"② （1988 年），牧户生活方式由游牧转向定居；农村经济改革实施家庭联产承包生产责任制（1985 年），实

---

① "草场双承包制"指草场的所有权归集体所有的前提下，将合理使用草场和草场的建设权落实到户，集体的牲畜作价归牧民所用。

② "双权一制"指草原所有权、使用权和承包责任制。

现了"以牧为主、多种经营"和"退耕还牧"的战略转移；实施"进一退二还三"政策①（1995 年），走生态型、经济型农牧业结合发展路径；实施沙源治理工程、退耕还林还草工程（1991 年）、京津风沙治理工程（2000 年），探索社会效益、经济效益、生态效益结合的可持续发展模式；实施"工业立旗，三产拉动"和"三个集中"②的发展战略（2002 年），拉开了工业化建旗的序幕；实施为期 10 年的"全面禁牧"政策（2008）③，全力保护生态环境；国家启动实施新一轮草原生态保护补助奖励政策和土地承包经营权确权登记（2016年）。在气候暖干化、城镇化与政策实施的影响下，达尔罕茂明安联合旗乡村人地系统构成基本要素发生了快速变化，系统发生剧烈演化（见表 3-7）。

表 3-7　达尔罕茂明安联合旗乡村人地系统部分要素（1952~2016 年）

年份	人口（个）	产值（万元）	牲畜数量（个）	耕地数量（hm²）	气温（℃）	降水（mm）	年份	人口（个）	总产值（万元）	大小牲畜数量（个）	耕地数量（hm²）	气温（℃）	降水（mm）
1952	30620	876	312387	69173	2.2	267	1962	64924	4168	727851	89013	2.5	225
1953	33220	1478	387175	70700	2.6	255	1963	67299	2705	872153	86488	4.0	207
1954	34955	2146	462599	64460	2.3	241	1964	69470	3140	954216	87510	2.9	269
1955	37379	1742	499870	65007	3.5	216	1965	70170	2512	990401	86457	4.4	148
1956	39289	2389	544220	65447	2.1	296	1966	69766	2107	626329	86872	4.2	142
1957	41423	1930	555243	65547	2.7	176	1967	70346	2554	630858	83733	2.6	264
1958	48271	3755	585271	76762	3.8	370	1968	74229	2301	657073	81578	2.6	159
1959	53176	5685	693058	79886	3.0	340	1969	76136	3122	778599	82049	3.0	275
1960	72601	5039	791875	92111	4.0	190	1970	78179	3479	901382	84141	2.9	308
1961	67574	3480	877340	92397	3.9	356	1971	80747	3787	925380	86491	4.2	231

---

① "进一退二还三"指每建成 0.067hm² 高效标准农田，退下 0.134hm² 旱坡薄地，还林还草还牧，恢复植被，改善生态环境，通过对土地资源利用结构的调整来促进生态环境的改善和农村产业结构的调整优化。全旗规定：凡人均 0.201hm² 水浇地的，旱地全部退下来；人均达到 0.067hm² 水浇地的，保留 0.201hm² 旱作基本农田；没有水浇地的保留 0.335hm² 旱作基本田，其余耕地全部退耕还林还草。

② "三个集中"指工业建设向园区集中、农牧业生产向水资源富集区集中、人口向小城镇集中。

③ "全面禁牧"也称常年禁牧，对禁牧区草牧场实施围封禁牧，牧民要在全部出栏牲畜的同时从嘎查迁出到城镇。

续表

年份	人口（个）	产值（万元）	牲畜数量（个）	耕地数量（hm²）	气温（℃）	降水（mm）	年份	人口（个）	总产值（万元）	大小牲畜数量（个）	耕地数量（hm²）	气温（℃）	降水（mm）
1972	84455	4130	971340	88304	4.3	221	1995	110874	35129	943580	77700	5.0	294
1973	87935	3957	962794	89502	3.0	319	1996	111683	40929	998787	77700	4.5	263
1974	90553	4754	1004215	90109	4.5	211	1997	112830	47716	962218	76669	5.8	197
1975	94380	4285	1017894	91319	3.5	247	1998	112844	61125	977184	76466	6.6	285
1976	96865	4969	938918	90572	3.3	247	1999	112820	69126	941682	102540	6.3	206
1977	99764	4609	935532	89661	4.2	275	2000	109715	78005	923373	90640	5.1	204
1978	101515	3198	778327	90353	4.1	190	2001	109983	75740	791679	55414	5.8	205
1979	102413	4711	846000	90720	3.6	400	2002	110423	103847	734101	53564	5.8	273
1980	102340	3735	929369	90417	3.1	196	2003	111113	161534	681610	78753	5.0	360
1981	103372	3876	869244	88146	4.4	375	2004	111082	288000	617273	78070	5.8	264
1982	104983	4420	903927	86331	4.4	165	2005	110349	386120	542062	78070	5.4	156
1983	104005	3817	826846	85826	4.1	251	2006	112784	522867	605000	74843	5.9	227
1984	104462	4826	821201	84563	2.8	298	2007	113849	653417	488000	73635	6.6	232
1985	104977	4860	882983	81452	3.1	241	2008	115623	858800	472000	73689	5.3	284
1986	104577	4946	985165	78579	3.7	217	2009	115144	1068628	493000	73689	5.8	159
1987	104579	4957	1042135	72606	5.3	206	2010	114312	1190151	588400	76932	5.2	239
1988	105045	6166	973701	78971	3.8	297	2011	114616	1469555	547300	76931	5.0	191
1989	105409	5429	1119715	78336	4.9	266	2012	114594	1686607	548800	76917	4.4	339
1990	108488	8104	1220456	78206	5.4	282	2013	114345	1895071	577900	77111	5.0	233
1991	108892	12417	936292	78237	5.1	200	2014	112836	2023900	594400	77225	5.6	299
1992	109461	16446	901616	78112	5.0	257	2015	112788	2087800	816635	77008	5.5	242
1993	109880	21608	873183	77928	4.4	189	2016	111864	2128300	518987	77000	5.2	235
1994	110289	29797	901110	77692	5.8	253	—	—	—	—	—	—	—

资料来源：《达尔罕茂明安联合旗志》（1993 年版、2005 年版）、相关统计年鉴（1990~2017 年）、达尔罕茂明安联合旗气象局等。

以第 2 章北方农牧交错区乡村人地系统特征、要素、结构与功能演化理论分析为基础，借鉴人地系统演化阶段划分相关研究成果，结合达尔罕茂明安联合旗乡村人地系统要素发展阶段性特征，本书将达尔罕茂明安联合旗乡村人地系统发展阶段划分为三个阶段，即重组阶段（1952～1978 年）、快速发展阶段（1979～2002 年）、稳步发展阶段（2003～2016 年）（见图 3-6）。

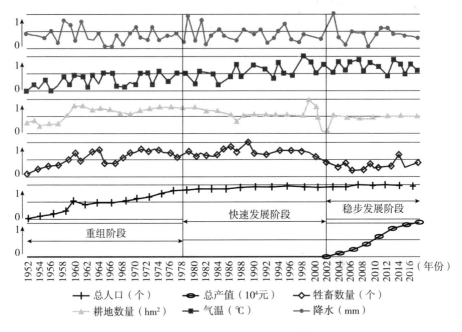

图 3-6　达尔罕茂明安联合旗乡村人地系统演化阶段划分

3.2.2　乡村人地系统重组阶段（1952~1978 年）

3.2.2.1　乡村人地系统发展深受政策影响

1952 年达尔罕茂明安联合旗成立，旗政府所在地为百灵庙镇，下辖 3 个农区、3 个牧区。该阶段达尔罕茂明安联合旗乡村社会系统发展深受政策影响，根据政策实施来看，发展过程可以分为互助合作阶段（1951～1957 年）和人民公社阶段（1958～1978 年）。互助合作阶段：达尔罕茂明安联合旗农区掀起合作化浪潮，农村体制发生了根本性变化。1954 年，农区成立互助小组160 个，参加农户 4205 户；牧区成立互助组 19 个，356 户。1955 年，根据党中央《关于农业合作化问题》等政策，成立农业生产合作社（以下简称农业社），加入农业社的农户户数占农区总户数的 47.73%；1956 年，农业社组织起来的农户土地有 3300hm²，占农区土地总面积的 74%，牲畜 14300 头（匹），占农区牲畜的 71%；1957 年经过统筹整顿，入社农户占总农户的 90.9%，土地 59653 hm²，占总耕地面积的 91%，牲畜 156000 头（匹），占农区牲畜的 93%。1957 年，牧区互助组达 37 个，共 479 户共 1583 人，分别占牧户总户数与总人口的 21.05% 和 20.30%。人民公社阶段（1958~1978 年）：全旗普遍开展了公社运动的高潮，截至 1958 年 9 月 25 日，全旗实现公社化，根据乡社合一、一乡一社的原则，农区由原 12 个小乡 94 个小社合并为 4 个人民公社，人民公社化后，将原大队划为 21 个管理区、218 个生产队；1958 年 12 月底，农区 134743 头（只）大小牲畜入了公社，同年牧区成立 17 个合作社。此外，计划生育、知识青年下乡等政策对达尔罕茂明安联合旗乡村人口数量等都存在重要影响。

3.2.2.2　乡村人地系统要素快速发展，人地关系作用强烈

在政策实施的驱动下，达尔罕茂明安联合旗人口数由 30620 人增长到 101515 人，自然增长率由 1949 年的 0.86% 提升到 1975 年的 22.16%，机械增长率由 1966 年的-19.29% 提升到 1975 年的 17.96%，人口数量急剧增加［见图 3-7（a）］。在人口激增的背景下，达尔罕茂明安联合旗耕地数量［见图 3-7（b）］与大小牲畜数量急剧上升［1967~1968 年为异常点①，见图 3-7（c）］，其中，耕地面积由 69173 hm² 增长至 90353 hm²，增长 30.62%。达尔罕茂明安联合旗垦荒主要集中在 20 世纪 50 年代末与 60 年代初②，奠定了达尔罕茂明安联合旗的土地利用基本格局，大量开荒对达尔罕茂明安联合旗生态环境产生了重大的负面影响。大小牲畜数量由 1952 年的 312387 个增长至 1978 年的 778327 个，增长 150%，牲畜数量大幅度增加。1960~1970 年，草场因连年超载退化、沙化严重，产草量逐年下降③，载畜量越来越低，养一个绵羊单位，由 1959 年 1.42hm² 上升到 1982 年 2.13 hm²，牲畜量的大幅度增加与草场

---

①　1965~1967 年，春季大旱、沙尘暴不断，能见度只有 7m；冬季无降雪日达 110 天，死亡牲畜合计 45.9 万头。

②　1950 年开垦荒地 930 余 hm²，1955 年开垦荒地 1000 余 hm²，1956 年开垦荒地 1185 hm²，1960 年开垦荒地达 13600 hm²，1961 年开垦荒地 1792 hm²，开荒合计 15392 hm²。

③　1958 年、1962 年、1975 年、1982 年每亩产草分别是 34.85 公斤、28.94 公斤、26.51 公斤、22.36 公斤。

退化使原本脆弱的生态环境系统更加岌岌可危。

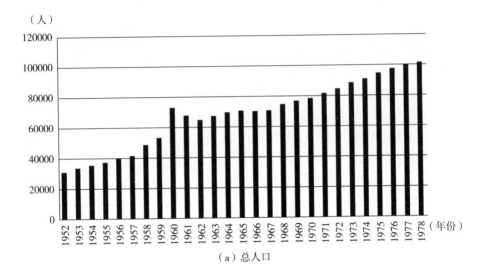

（a）总人口

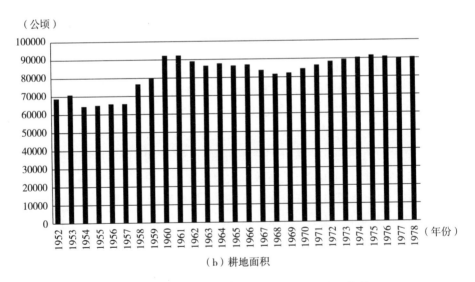

（b）耕地面积

图3-7　1952~1978年达尔罕茂明安联合旗人口数量、
耕地面积、牲畜数量、人均产值变化

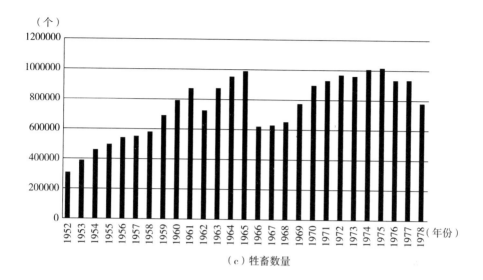

（c）牲畜数量

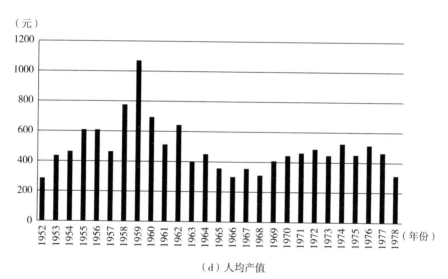

（d）人均产值

图3-7　1952~1978年达尔罕茂明安联合旗年人口数量、
耕地面积、牲畜数量、人均产值变化（续）

农牧业一直是达尔罕茂明安联合旗国民经济的主要组成部分，受气候条件、地理环境、政策等因素影响，20世纪80年代以前产业结构单一，经济发展缓慢［见图3-7 (d)］。1952年全旗工农业生产总值为876万元，其中，工业生产总产值仅为3.8万元，财政收入为24万元，人均产值为286元。1978年生产总值为3198万元，人均产值为315元，经过近30年发展，人均产值仅仅增长了29元。由于达尔罕茂明安联合旗以农牧业为主，其经济发展深受耕地数量与牲畜量影响，因此，其经济发展轨迹与耕地数量、牲畜量变化轨迹呈现相似的特征，即呈"M"形变化趋势。生产总值发展中的第一个峰值点出现在1959年，正是达尔罕茂明安联合旗垦荒集中期，耕地数量大幅度增加，同时也是达尔罕茂明安联合旗牲畜数量急剧增长的第一个峰期；经济发展低谷出现在1966年，该时期达尔罕茂明安联合旗耕地数量最少，牲畜数量受灾最严重的时期；经济发展第二个峰值出现在1974年，该时期也是达尔罕茂明安联合旗耕地面积最大、牲畜数量最大的时期。从达尔罕茂明安联合旗1952~1978年人口、耕地面积、牲畜量、人均产值发展趋势来看（见图3-8），此阶段人口数量、耕地面积、牲畜数量总体呈现上升趋势，但总产值一直保持较低水平增长，表明该时期达尔罕茂明安联合旗生产效率处于较低水平。

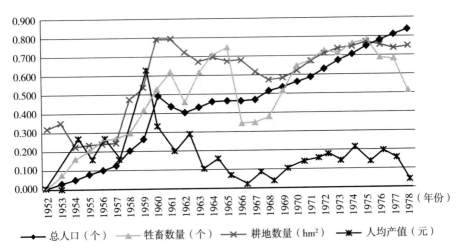

图3-8 1952~1978年达尔罕茂明安联合旗人口、耕地、牲畜量、总产值变化趋势

3.2.2.3 生态环境系统恶化趋势明显

该时期受气候暖干化和人类活动的共同影响，达尔罕茂明安联合旗的生态环境不断恶化。草地退化方面，截至 1975 年退化草地 622081 万 hm²，占草地面积的 39.4%，到 1982 年全旗退化草地 64.4277 万 hm²，约占草地面积的 42.2%。从空间来看，轻度退化草地主要分布在达尔罕茂明安联合旗中部地区，中度退化草地主要分布在南部地区，重度退化草地主要分布在北部地区，形成"北部重度退化、中部轻度退化、南部中度退化"的草地退化空间格局（见图 3-9）。

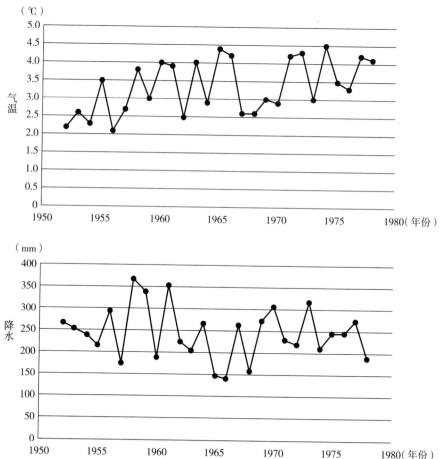

图 3-9　1952～1978 年达尔罕茂明安联合旗气温与降水变化

资料来源：达尔罕茂明安联合旗气象局。

表3-8 达尔罕茂明安联合旗草场退化面积

年度	轻度退化		中度退化		重度退化		合计	
	面积（hm²）	占比（%）	面积（hm²）	占比（%）	面积（hm²）	占比（%）	面积（hm²）	占比（%）
1975	435772	70.1	124732	20.0	61577	9.9	622081	39.4
1982	391693	60.8	202268	31.4	50317	7.8	644277	42.2

资料来源：徐海源. 内蒙古达尔罕茂明安联合旗天然草地退化原因及防治模式研究 [D]. 中国农业科学院硕士学位论文，2006.

随着草场退化，加之连年干旱，生态环境日趋恶化，水土流失更为严重，截至1980年全旗水土流失面积约3000km²，与水蚀相比，达尔罕茂明安联合旗风蚀侵害更加严重，二级以上风蚀面积达13116.3km²，主要分布在中部地区和北部地区，风力侵蚀模数为5462t/km²·年，风水侵蚀在空间上叠加、在时间上交替，使达尔汗茂明安联合旗灾害更加严重，风水复合侵蚀模数为6239t/km²·年，全旗水土流失总面积16173.6km²，占全旗总土地面积的89%（数据源自1991年《达尔罕茂明安联合旗志》）。草原退化趋势显著，水土流失愈加严重，生态平衡不断遭到破坏，导致自然灾害频发，如旱灾频繁出现，1952~1978年发生7次重大旱灾，造成83.4万头牲畜死亡，同时，风灾、雪灾、虫害频率不断加大，导致达尔罕茂明安联合旗生态环境演化呈现恶性循环态势，乡村人地系统脆弱性不断升高。

可以看出，达尔罕茂明安联合旗生态环境恶化的原因是多方面的，是自然因素与人文因素共同作用的结果，气候暖干化是达尔罕茂明安联合旗生态环境恶化的诱导因素（见图3-9）；同时，人口数量激增、大量垦荒、严重超载放牧等人类活动行为则是达尔罕茂明安联合旗生态环境恶化的直接原因。

3.2.3 乡村人地系统快速发展阶段（1979~2002年）

3.2.3.1 乡村社会转型发展

1978年十一届三中全会后，在家庭承包责任制等政策的实施过程中，达尔罕茂明安联合旗乡村社会经济体制从高度集中的计划经济体制向社会主义市场经济体制转变，乡村人口数量、教育水平、医疗设施等要素发生了巨大变化。1979年，农区建立了以划分作业小组为中心的生产责任制，全旗有74个

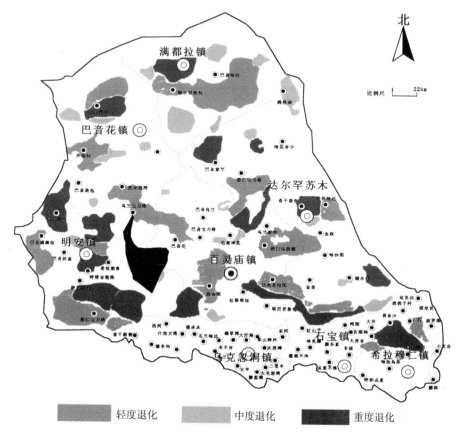

图 3-10 1982 年达尔罕茂明安联合旗草场退化空间格局

资料来源：1. 徐海源. 内蒙古达尔罕茂明安联合旗天然草地退化原因及防治模式研究 [D]. 中国农业科学院硕士学位论文, 2006.

2. 昝成功, 武侃强. 达尔罕茂明安联合旗草原生态环境受损问题 [J]. 内蒙古环境保护, 1999 (2)：37-39.

生产队，建立和推行了以户记工的作业小组 213 个。1981 年，全旗 409 个生产队有 398 个队实行双包干。1982 年，农区全部实行了双承包，农村公社经济管理发生了根本的变化。体制由原来 409 个农户的核算单位变为 17000 个农户的核算单位，充分调动了农民的生产积极性，农业生产有了较大发展，涌现出不少致富户。据统计，农区各类专业户（重点户）发展到 1232 户，其中种植业 130 户，养殖业 587 户，加工业、手工业、运输业 515 户。1990 年，达尔罕茂明安联合旗粮油产量达到了历史上第一个峰值，产量由 1979 年的 7.9 万 t 增加到 1990 年的 10.3 万 t。农区累计打井 801 口，配套柴油机 137 台、1830 马力，电机 585 台、4056kW，有效灌溉面积 5597hm²，农业区机械总动力 51682kW。牧区实行"草畜双承包"责任制，极大地调动了牧民的生产积极性，有效提高了抗御自然灾害的能力。1985~1990 年，畜牧业生产战胜了连续三年的特重自然灾害，连年取得丰收，到 1990 年，全旗饲料基地达 37 处、0.65 万 hm²，草库伦发展到 1565 处、6.05 万 hm²，人工草场总面积达到 0.84 万 hm²，年产饲草 2 万 t、饲料 5545t。建设永久性畜棚 3318 间、16.6 万 m³，牲畜总头数达 122 万头（只），居内蒙古自治区牧业旗的第七位，年产肉 3784t、皮张 20.84 万张、毛 1451t，牧业产值 1745.9 万元，比 1978 年增长 25.5%。

1990 年，全旗总户数为 28541 户，总人口为 108488 人；其中，城镇人口为 16791 人，占总人口的 15.47%，农村牧区人口为 91697 人，与 1979 年人口数量相比，增加了 6075 人；2002 年为 31853 户、110432 人，人口数量呈现小幅度稳步增长态势。但受城镇化影响，达尔罕茂明安联合旗乡村人口呈现农牧区人口减少、城镇人口数量增加的趋势，2002 年全旗人口密度为 6.1 人/km²，农区人口密度为 28.2 人/km²，牧区人口密度为 1.2 人/km²，城镇人口密度为 308 人/km²，乡村人地系统受城镇化影响日趋显著。2002 年全旗有各类学校 302 所、教职工 3152 名、在校学生 25786 名，普及初等教育提前两年达到三类地区标准，已形成了幼儿、学前、小学、中学、职业、成人等完整的民族教育体系。全旗建有科技苏木（乡）4 个、科技嘎查（村）10 个、科技示范户 876 个、农牧民专业技术研究会 5 个、各专业技术学会 9 个，全旗共有各级医疗卫生机构 63 个、病床 1024 张、医务人员 1058 名。

3.2.3.2 乡村经济快速发展

这一时期，乡村经济的快速发展主要体现在农牧业经济结构调整、科教兴农和乡镇企业发展上。农牧业经济结构调整可以分为农业和牧业两个方面，农业方面：首先，加强了以水为中心的农田基本建设，到 1995 年底，农区建成水浇地 5733.3hm²，农民人均 0.085 hm²；建成旱作稳产田 1.1 万 hm²，已具备了稳定生产 4 万 t 粮食的生产能力。1991~2000 年是农业发展最快的时期，平均每年粮食总产量达 5.7 万 t，2000 年更是达到 8.1 万 t，创历史最高水平，粮食单产由不足 100 斤提高到 165 斤。其次，在市场经济的导向下，由传统的以小麦和莜麦种植为主，优化为以马铃薯、荞麦和玉米种植为主。1990 年，马铃薯、荞麦和玉米分别占粮食作物播种面积的 5%、18% 和 0%，到 2002 年，分别增加到 35%、25% 和 5%。"九五"计划期间，还增加了试种油葵，使全旗又增加了一种创收经济作物（见表3-9）。

表 3-9 1990~2002 年达尔罕茂明安联合旗农作物播种面积与产量变化

年份	总播种面积	总产量	小麦	马铃薯	莜麦	荞麦	豆类	玉米	油料	胡麻籽	其他
1991	705064	24533	409720	37383	100287	93710	62690	0	98612	5798	47024
1992	719297	29799	459300	36894	72194	67870	80859	0	78372	9429	36719
1993	717037	40479	415264	31984	33779	155767	80279	0	35492	4927	35874
1994	656314	30107	386575	44028	52679	69900	98518	0	92042	9031	16132
1995	639097	40040	298450	58125	44488	138998	98000	0	105453	9464	42837
1996	663715	50940	321202	75642	52488	148537	63417	0	111556	10274	30059
1997	674211	42905	306677	86181	48139	151945	75104	0	118197	7151	6396
1998	703884	62608	291444	128785	36532	150790	86512	0	10060	8124	27819
1999	713565	64397	211530	235995	23320	173325	50055	0	94425	16095	20340
2000	698970	80272	125325	301485	8865	200340	11820	51135	85200	13050	23760
2001	478455	18017	76875	228570	15555	120165	28275	9015	26175	5760	5175
2002	496305	73634	69300	200385	18060	169020	23550	15990	52065	7620	59085

资料来源：《达尔罕茂明安联合旗社会经济统计年鉴》（1990~2003 年）。

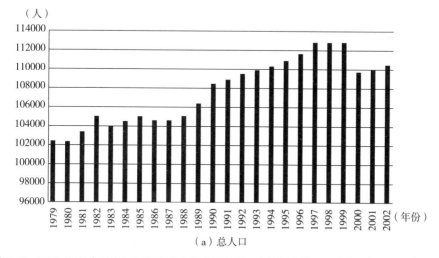

（a）总人口

图 3-11 1979~2002 年达尔罕茂明安联合旗人口数量、在校学生数、医院床位数、电话户数变化

资料来源：《达尔罕茂明安联合旗志》（1993 年版、2005 年版）、相关统计年鉴（1990~2002 年）。

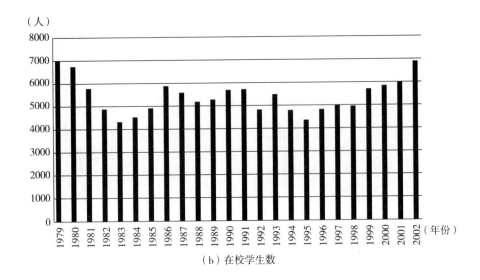

（b）在校学生数

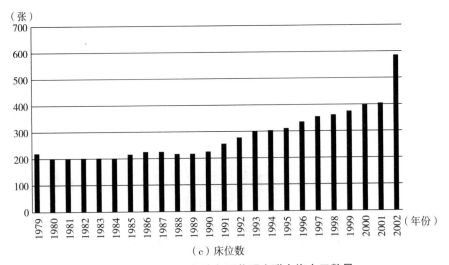

（c）床位数

图 3-11　1979～2002 年达尔罕茂明安联合旗人口数量、
在校学生数、医院床位数、电话户数变化（续）

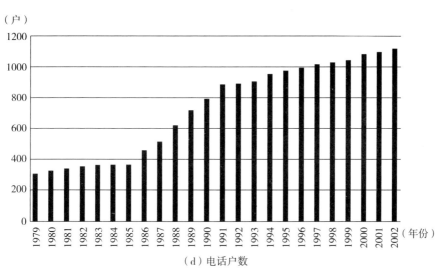

（d）电话户数

图 3-11　1979~2002 年达尔罕茂明安联合旗人口数量、在校学
生数、医院床位数、电话户数变化（续）

资料来源：《达尔罕茂明安联合旗志》（1993 年版、2005 年版）、相关统计年鉴
（1990~2002 年）。

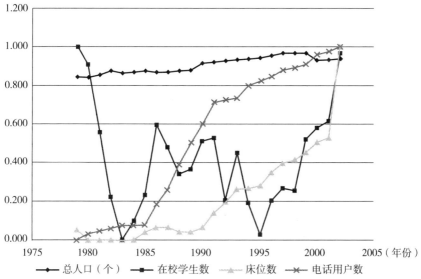

图 3-12　1979~2002 年达尔罕茂明安联合旗人口数量、在
校学生数、医院床位数、电话用户数变化趋势

牧业方面：首先，根据社会经济发展和市场的需求加以调整，确定在畜种比例上以羊为主，增加牛和骆驼的比重，马也要保留一定数量。全旗畜种结构如下：马属类 0.5%、骆驼 0.5%、牛 4%、绵羊 75%、山羊 20%，提高母畜比重，使大畜达到 55% 以上，小畜达到 65% 以上，繁殖成活率达到 85% 以上。牲畜出栏率和商品率分别达到 50% 和 40% 以上，使产品尽快转变为商品，增加当年收入，减轻冬春草场压力，缓解畜草矛盾，大牲畜数量由 1979 年的 106655 头减少到 1990 年的 37220 头，小牲畜数量由 1979 年的 739345 只（头）上升至 1990 年 1183236 只（头）（见表 3-10）。其次，加强草牧场建设，到 1995 年建成草库伦 7.47 万 hm^2，过冬畜平均 0.1hm^2 亩以上；建成"五配套"小草库伦 1339 处，共 0.35 万 hm^2，1/3 的牧户户均一处；建成饲草料基地 30 余处，共 0.4 万余 hm^2，年产饲草 6 万 t、饲料 0.3 万 t，饲草料基本实现自给；建成牲畜棚圈 3800 余处，基本上实现大畜有圈、小畜有棚、仔畜有舍，已具备了稳定饲养 120 万头（只）牲畜的能力；牲畜到 1999 年达 17.7 万头（只），创历史最高纪录；到 2000 年，虽然受灾严重，仍然达到 142.9 万头（只），进入内蒙古自治区牧业十强旗县。

表 3-10　1979~1990 年达尔罕茂明安联合旗牲畜数量变化

年份	大小牲畜合计	大牲畜合计	大牲畜（头）					牲畜合计	小牲畜（只、头）		
			牛	马	驴	骡	骆驼		绵羊	山羊	猪
1979	846000	106655	52335	43585	3327	1995	5413	739345	589092	150316	24860
1980	929369	110848	58331	41477	3684	1929	5427	818521	651894	166627	26777
1981	869244	104650	54990	38504	3567	1983	5606	764594	620422	144172	25959
1982	903927	103150	56224	35890	3385	2012	5639	800777	650444	150333	22139
1983	826846	97899	53046	33748	3350	2146	5609	728947	590522	138425	19041
1984	821201	92917	48568	33231	3677	2357	5084	728284	593518	134766	16192
1985	882983	89376	49725	29556	4205	2565	3325	793607	649686	143921	21073
1986	985169	88613	50570	27958	4590	2698	2797	896552	726266	170286	24997
1987	1042135	75575	41460	25020	4538	2734	2123	966560	773360	193200	20205
1988	973701	39389	18717	13312	3452	2355	1463	934312	729902	204410	10160
1989	1119715	37299	18727	11565	3541	2314	1152	1082416	816693	265723	14389
1990	1220456	37220	19400	10810	3500	2393	1117	1183236	869025	314211	16314

资料来源：《达尔罕茂明安联合旗志》、相关社会经济统计年鉴（1990 年）。

在科教兴农战略方面：实现田间耕作机械化逐步引丰进，推广试验适宜家庭作业的小型、经济、适用型机具，做到在耕耙、播种、收获生产环节上实现机械化，继而使场上作业、排灌、运输机械化，最终使节水灌溉、收割、烘干、植保、施肥等全部机械化。粮食总产量由 1979 年的 7.9 万 t 增加至 2002 年的 14.7 万 t，耕地数量由 1979 年的 90353hm² 下降到 2002 年的 53564 hm²，农民人均纯收入由 1979 年的 211 元上升到 2002 年的 2195 元，牧民人均纯收入由 1991 年的 330 元提升到 2002 年的 4095 元（见图 3-13）。

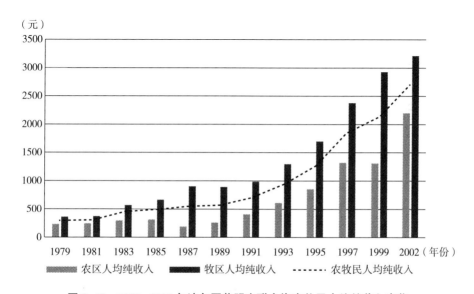

图 3-13　1979~2002 年达尔罕茂明安联合旗农牧民人均纯收入变化

资料来源：《达尔罕茂明安联合旗志》（1993 年版、2005 年版）、相关统计年鉴（1990~2003 年）。

在乡镇企业发展方面：初步形成了黄金、铁、稀土、水泥、砖瓦和皮毛肉乳开发加工的生产格局。1993 年全旗工业已形成年产 1 万两黄金、35 万 t 铁精粉、1 万 t 稀土精粉、600t 铜精粉、2 万 t 水泥、3500 万块机制砖、300t 洗净毛、80t 毛条的主要产品生产能力。到 1995 年底，全旗的工业产值增加到 2.2 亿元，5 年中年均递增 26.8%，在工农牧业总产值中所占的比重由 1990 年的 37.9% 提升到 1995 年的 62.8%；实现利税由 1990 年的 183 万元增加到 1995 年的 6031.5 万元，年均递增 26.9%。截至 1995 年底，乡镇企业总数已发展到 3159 个，从业人员达 8500 人，总产值达 3.65 亿元，比 1990 年增长 11 倍，5 年平均增长速度为 61.7%。到 2000 年底，全旗完成现价工业总产值 7.2 亿元，工业产品销售率为 99.5%，年产铁精粉 434 万 t、稀土精粉 1.7 万 t、碳酸稀土 7600t、黄金 0.275t、机制砖 435 万块、水泥 1.2 万 t、毛条 85t。1979～2002 年，全旗乡镇企业发展到 3904 个，其中，私营个体企业 3890 个，从业人员达 1.8 万人；全年完成现价总产值 17.9 亿元，实现入库税金 2858 万元（见图 3-14）。

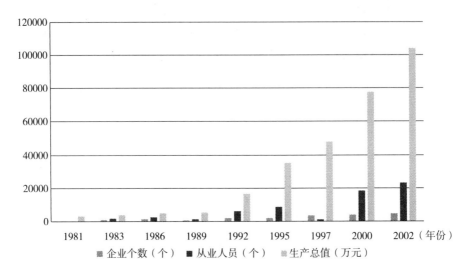

图 3-14　1981～2002 年达尔罕茂明安联合旗乡镇企业个数、从业人数、生产总值变化

资料来源：《达尔罕茂明安联合旗志》（1993 年版、2005 年版）、相关统计年鉴（1990～2003 年）。

3.2.3.3　乡村生态环境加速恶化

伴随着经济的快速发展，达尔罕茂明安联合旗乡村生态环境恶化加剧。草场退化面积急剧增长，退化面积由 1975 年的 622081hm^2 增加到 1996 年的 1008068 hm^2，植被覆盖度急剧下降（见图 3-15、图 3-16）。截至 2002 年，全旗草地总面积为 1642640hm^2，可利用草地面积为 1493180hm^2，与 1979 年相比减少了 6.33%；水土流失面积为 16176.3km^2，占土地总面积的 89%。

随着达尔罕茂明安联合旗工业的快速发展，地下水位急剧下降，水资源严重短缺。特别是距百灵庙镇 45km 西侧的白云鄂博铁矿区在 1992～2002 年快速发展，用水数量连年加大，日取水量 1.08 万 t，年取水量 384.2 万 t，年取水量占达尔罕茂明安联合旗工业取水量的 63%，致使艾不盖河流域地下水水位不断下降，水井水位平均下降 3m 左右，造成当地人畜用水困难，草场退化加剧。自然灾害加重，极端天气频发，1979～2002 年，干旱年份占总年份的 50%，特别是 1991～2001 年，干旱灾害日趋严重，干旱年份占总年份的 60%。

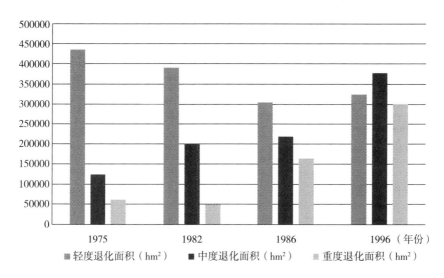

图3-15　1975~1996年达尔罕茂明安联合旗草地退化面积变化

资料来源:《达尔罕茂明安联合旗志》(1993年版、2005年版)、相关统计年鉴(1990~2003年)。

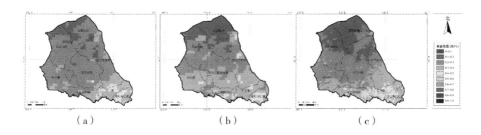

（a）　　　　　　（b）　　　　　　（c）

图3-16　1990年（a）、1995年（b）、2000年（c）达尔罕茂明安联合旗NDVI图

资料来源:从NASA（https://ecocast.arc.nasa.gov）获取1980~2016年GIMMS3g和MODIS-NDVI数据集,采用通用"像元二分模型"获取年、月植被覆盖度数据集。

其中,重旱3次,占20%,分别是1992年、1997年、2001年;轻旱6次,占40%,分别是1993年、1994年、1996年、1999年、2000年、2002年。2000~2003年,连续3年沙尘暴日数超过历史极值,尤其2001年出现沙尘暴天气12次（数据源自1991年《达尔罕茂明安联合旗志》）。

该时期生态环境呈现加速恶化的重要原因主要有两个方面:一方面,草场超载放牧愈加严重,1976~1996年,20年间载畜量增加了2.7倍,一只绵羊占有的草场面积由1976年的2.2hm²下降到1996年的1.2 hm²,实际载畜量是理论载畜量的 2.5 倍。另一方面，采矿业的发展提高了生态环境恶化的速度，1991 年以来达尔罕茂明安联合旗采矿产业为主导的工业经济发展迅速，截至 2002 年，全年工业产值为 9.08 亿元，同比增长 18.89%，实现工业增加值 3.21 亿元，其中规模以上企业完成产值 2.25 亿元，实现工业增加值 1.13 亿元。随着采矿业的发展，工业用地、用水数量剧增，达尔罕茂明安联合旗生态环境压力不断增大。总体来看，在气候暖干化与生态环境脆弱性的背景下，在草场超载放牧与工业快速发展的推动下，达尔罕茂明安联合旗土地利用强度不断加大（见图 3-17），生态环境不断恶化。

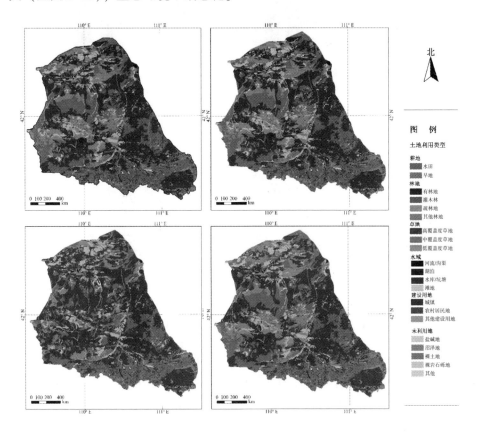

图 3-17　1980 年、1990 年、1995 年、2000 年达尔罕茂明安联合旗土地利用情况
资料来源：土地利用/覆盖数据源于中国科学院"全国土地利用数据库"。

3.2.4 乡村人地系统稳步发展阶段（2003~2016 年）

3.2.4.1 乡村生态环境综合治理

多年来由于干旱的气候环境、脆弱的生态环境背景以及人类大面积开垦荒地、超载放牧、采矿等因素的影响，达尔罕茂明安联合旗地表水体萎缩，地下水位下降，土壤侵蚀加重，草场退化、土地沙化和盐碱化面积扩大，继而导致本区生物多样性减少、土地生产力降低、草地载畜量下降、干旱等自然灾害日益加重以及农牧民贫困等问题。

当年英雄小姐妹龙梅、玉荣的家乡——内蒙古达尔罕茂明安联合旗，连续4 年大旱，使本来水草丰美的草原失去了往年的风姿；加上近几年当地牧民牲畜激增，超过了草原合理的载畜量，达茂草原草畜矛盾逐步加深。如今，全旗1.6 万 km² 的草场面临沙化威胁，当地生态环境急剧恶化。——2001 年 9 月 13日《新华每日电讯》头版

为构筑我国坚实的北方生态安全屏障与改善达尔罕茂明安联合旗的生态环境，2002 年，国家启动京津风沙源治理工程，达尔罕茂明安联合旗先以农区250 万亩草场为试点，实行了全面禁牧，从 2008 年开始，对全旗进行为期 10年的全面禁牧，涉及农牧民约 6620 户、近 2 万人，成为自治区最早实施阶段性禁牧的旗县，每年发放禁牧等补贴近 1 亿元，并依托京津风沙源治理等工程，加强草原生态保护，围栏草场保有面积已达到 52.8 万 hm²，完成人工草地建设任务 0.78 万 hm²，完成生态移民 895 户、3860 人。

在各项生态工程实施的作用下，近年来达尔罕茂明安联合旗天然牧草高度不断增加、植被覆盖度不断提高，草原生态环境质量得到改善，生态环境恶化趋势总体减缓，治理区明显好转。2010 年，全旗天然牧草平均高度达 25.6cm，草场植被覆盖率达 25.7%，天然草地"退化、沙化、盐渍化"总面积与 2000年相比下降了 10.68 个百分点。其中，沙化草地、盐渍化草地相比 2000 年分别下降了 3.68 个和 33.21 个百分点，种植水保生态林 565 hm²、柠条 733.3hm²，水面面积达到 66.5km²。但自 2015 年以来植被覆盖度与 2010 年相比呈现显著下降趋势，调查发现该段时间内由于农牧户生计转型受阻，返乡从事畜牧业生产的人数增加，偷牧现象愈加严重，草原植被覆盖度呈现下降趋势，生态环境压力逐年加大（见图 3-18）。

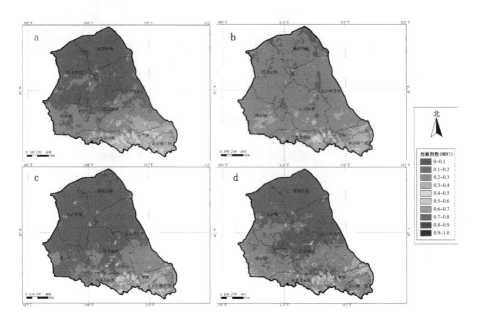

图 3-18 2005 年 (a)、2010 年 (b)、2015 年 (c)、2016 年 (d) 达尔罕茂明安联合旗 NDVI 图

资料来源：从 NASA (https://ecocast.arc.nasa.gov) 获取 1980～2016 年 GIMMS3g 和 MODIS-NDVI 数据集，采用通用"像元二分模型"获取年、月植被覆盖度数据集。

3.2.4.2 乡村经济发展方式转型

针对生态环境恶化现状与粗放式发展方式，达尔罕茂明安联合旗推进了农牧业供给侧结构性改革，保障草原生态保护建设力度，并加快转变农牧业发展方式。现阶段主要有以下举措：首先，走农畜产品品牌化道路，培养造种、养、加、销全产业链。近年来，达尔罕茂明安联合旗全力打造有机绿色农畜产品生产加工输出基地，以农畜产品品牌带动工程为抓手，全面实施品牌战略，打造"种、养、加、销"全产业链。其次，全面推动园区建设，打造农畜产业集群。高起点、高标准建设完善集观光、休闲、娱乐、餐饮为一体的绿色食品园区，整合现有的农畜产品生产加工企业、合作社和百灵庙商贸市场统一入驻园区，实现"三统一"，即统一规划、统一建设和统一管理，逐步形成达尔罕茂明安联合旗优质绿色农畜产品"大品牌"，提升品牌价值与市场竞争力。最后，以肉羊产业与马铃薯产业为重点，带动农畜产业发展。以北部牧区传统原生态草原畜牧业发展区域、中部现代草原畜牧业发展区域、南部农区高效畜牧业发展区域为依托，合理规划肉羊养殖产业带，不断完善肉羊产业体系，以

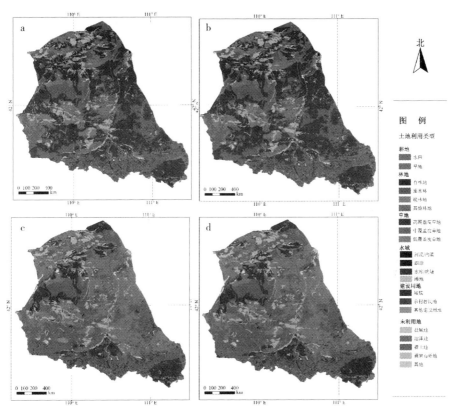

**图 3-19 2005 年（a）、2010 年（b）、2015 年（c）、2016 年（d）
达尔罕茂明安联合旗土地利用情况**

资料来源：土地利用/覆盖数据源于中国科学院"全国土地利用数据库"。

马铃薯产业转型升级工程为抓手，发展高产优质高效种薯产业。按照"南菜北薯""北繁南种"发展战略，健全马铃薯种薯繁育，健全种薯繁育体系，组织标准化生产，形成了年生产微型薯 1500 万粒、一级原种 1500 万斤、二级原种 2 亿斤的能力，可为 4 万 hm² 马铃薯生产田供种。马铃薯种植面积稳定在 2.3 万 hm² 左右，生产马铃薯 5.5 亿公斤，依托储窖项目整合提升现有的马铃薯加工企业，年加工转化马铃薯达到 1.3 亿公斤（数据源自内部相关资料）。

3.2.4.3 乡村社会发展与城镇化

该阶段达尔罕茂明安联合旗农牧民生活水平不断提高，基础设施日趋完善。2002 年以来，随着达尔罕茂明安联合旗经济的快速发展，农牧民生活水平逐年提高，农牧民人均纯收入由 2002 年的 2715 元增长到 2017 年的 13757

元，乡村居民人均支出不断增长（见图 3-19）。但受气候暖干化、城镇化以及政策的影响，特别是 2008 年全面禁牧政策的实施，乡村社会发生了快速变迁。乡村人口逐渐减少，2008 年达尔罕茂明安联合旗乡村人口有 82864 人，2015 年乡村人口有 51990 人，减少了 37.3%。乡村人口的急剧减少，乡村社会发展受到严重制约，基于 2017 年、2018 年什拉文更、呼格吉勒图等 41 个村、嘎查的入户调查发现：32.4% 的牧户搬离牧场，迁往城镇从事非畜牧业生产工作；22.3% 农户迁出农村，从事非农劳动；生态移民安置房入住率为 33.8%，较多房屋废弃，耕地荒漠化严重。达尔罕茂明安联合旗乡村社会在受干旱灾害、全面禁牧、城镇化等因素的影响下，正呈现快速"衰退"态势，乡村"衰退"甚至威胁着乡村传统文化的传承。调查发现，对于"您愿意离开家到城市寻找居住与工作机会吗？"这一问题，青年受访者中 85% 选择"很愿意或愿意"，只有 10% 选择"不太愿意或不愿意"，另有 5% 的人选择"无所谓"；对于"您能够从事农业、畜牧业生产吗"这一问题，83% 的农区青年回答"不能"，92% 的牧区青年回答"不能"。乡村青年与其父辈、祖辈们相比，乡土情感淡化，邻里的互助与家族的互助在不断消失；在乡村情感淡化与居民生产生活方式变迁的背景下，乡村文化认同感逐渐减弱，乡村社会网络薄弱，甚至呈现断裂态势。

3.3 达尔罕茂明安联合旗乡村人地系统发展特征

3.3.1 乡村人地系统发展阶段性特征显著

达尔罕茂明安联合旗乡村人地系统经历了重组阶段、快速发展阶段、稳步发展阶段。在重组阶段中，乡村人地系统各要素结构与功能从无序到有序，主要表现为社会系统快速变化，经济系统发展缓慢，生态环境逐步恶化；在快速发展阶段，系统要素快速变化，子系统间相互作用加强，主要表现为社会系统稳步发展，经济系统发展迅速，生态环境加速恶化；在稳步发展阶段，各系统要素变化速率降低，主要表现社会、经济系统稳步发展，生态环境恶化速度降低，且围绕治理生态环境问题，社会、经济发展寻求变迁与转型路径，在这个

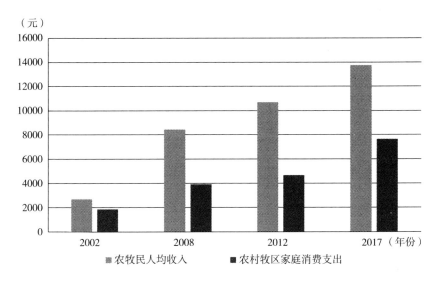

图 3-20　2002~2017 年达尔罕茂明安联合旗农牧民人均纯收入变化

资料来源：《达尔罕茂明安联合旗志》（1993 年版、2005 年版）、相关统计年鉴(1990~2018 年)。

阶段系统内部各要素间的联系更加紧密，其自身调节能力也在相应地增强，系统发展速率降低，对现行结构和系统过程的依赖程度增加。可以看出，系统在演化过程中呈现出了适应性循环中重组（α）、快速增长（r）、稳定守恒（k）的阶段特征，在人类的干预下未来系统的演化方向存在多种可能，如克服乡村人地系统崩溃趋势（乡村衰退），实现乡村振兴与可持续发展。调查发现，近年来，农牧户生计转型困难，导致生态环境压力增大，直接影响着乡村系统结构与功能，间接影响着乡村人地系统适应性演化过程与未来路径。由此可以看出，基于微观尺度的农牧户生计适应性对宏观尺度乡村人地系统适应性演化具有重要影响作用，乡村人地系统适应性演化的尺度效应明显。

3.3.2　气候暖干化在乡村人地系统发展过程中具有重要作用

干旱作为制约乡村人地系统可持续发展的重要因素，在乡村人地系统演化过程中具有重要的作用。首先，在乡村人地系统演化前两个阶段中，干旱环境是导致草场退化的一个主要诱导因素，特别是近三十年来，受气候暖干化影响，无霜期延长，土壤墒情下降，大风天数增多，大风、沙尘暴使大量肥沃土壤流失，土壤有机成分下降，加快了草场退化、沙化的速度；其次，在乡村人地系统演化的第三个阶段中，干旱环境成为乡村生态环境治理的重要阻力，制约着乡村人地系统可持续发展。

3.3.3 人类活动深刻影响着乡村人地系统发展动力与稳定状态

在达尔罕茂明安联合旗乡村人地系统演化的前两个阶段，人类活动通过影响乡村人地系统中的社会系统与经济系统，直接或间接地作用于生态环境系统，如伴随着人口数量激增、超载放牧、大量开垦土地与采矿，生态环境系统受到严重破坏，乡村人地系统结构呈现不稳定特征，系统功能减弱，导致乡村人地系统脆弱性大大提高，威胁着乡村人地系统可持续发展；在乡村人地系统演化的第三阶段，通过社会、经济转型发展，实施多项生态工程，乡村人地系统演化呈现和谐发展态势，系统稳定性得到提高。

3.3.4 乡村人地系统结构趋于复杂，功能不断完善

在乡村人地系统要素快速变化的过程中，社会、经济、生态环境系统间作用程度显著加强，系统结构由单一趋于复杂，系统由注重社会、经济功能转变为注重社会、经济、生态功能，系统功能不断完善。从现阶段来看，受气候暖干化和地理环境的影响，生态环境治理与恢复是达尔罕茂明安联合旗乡村人地系统协调发展的重点与难点。

4

达尔罕茂明安联合旗乡村人地系统脆弱性时空格局演变

在气候暖干化、城镇化与政策实施的作用下，达尔罕茂明安联合旗乡村人地系统演化呈现阶段性特征；受乡村人地系统发展阶段性、农牧交错的空间异质性等影响，系统结构与功能以及稳定状态时空差异性显著；不同产业主导的乡村人地系统受干旱制约、城镇化以及政策实施干扰的程度，系统对干扰的敏感性程度以及系统针对干扰的适应能力存在显著差异，导致达尔罕茂明安联合旗乡村人地系统脆弱性时空差异明显，因此，分析不同类型乡村人地系统脆弱性时空演变特征，对表征乡村人地系统适应性演化过程中系统结构与功能的演变、稳定状态变化规律以及演化机制的剖析具有重要作用，对于优化乡村结构与功能、降低系统脆弱性、促进乡村人地系统可持续发展具有重要意义。本章基于上一章达尔罕茂明安联合旗乡村人地系统演化阶段与特征的分析与总结，运用 VSD 脆弱性评估框架，将乡村人地系统脆弱性分解为暴露度、敏感性、适应能力三个维度，构建乡村人地系统脆弱性评价指标体系与评价模型，以达尔罕茂明安联合旗 8 个乡镇为研究单元，以 1990~2016 年社会经济统计数据、气象数据、遥感影像数据为研究基础，运用模糊层次分析、变异系数分析等方法，对 8 个乡镇乡村人地系统典型时期脆弱性时空演变特征进行分析与总结，旨在为后文运用定量分析、准确识别系统演化关键变量，深入分析乡村人地系统适应性演化机制，归纳乡村人地系统演化规律与特征奠定研究基础。

4.1　乡村人地系统脆弱性演变评价框架

4.1.1　乡村人地系统脆弱性演变评价意义

在定性分析达尔罕茂明安联合旗乡村人地系统发展阶段与总结乡村人地系统演化特征的基础上，定量研究达尔罕茂明安乡村人地系统脆弱性时空格局演变过程具有以下重要意义：

第一，通过对达尔罕茂明安联合旗乡村人地系统脆弱性的研究，可以有效地测度农牧交错型乡村人系统在不同时期、不同区域的脆弱性特征，解析系统结构与功能的演变过程，识别系统演变过程中的关键因素，提出有针对性的对策与建议，从而促进干旱环境下农牧交错型乡村人地系统可持续发展，这是研究乡村人地关系的最终目标，也是北方农牧交错型乡村人地关系研究的核心问题。

第二，通过对乡村人地系统脆弱性时空演变格局进行研究，时间上可以分析达尔罕茂明安联合旗乡村人地系统脆弱性演化的机制，以及在演化过程中系统结构与功能自适应变化状态，从而分析归纳系统演化规律，提出降低乡村人地系统脆弱性的对策建议；空间上通过对比分析不同产业主导的乡村人地系统脆弱性演化过程，可以揭示脆弱性空间演化规律与特征，即不同产业主导类型的乡村人地系统脆弱性的差异与成因，寻求乡村人地系统可持续发展的优化路径。

第三，乡村人地系统脆弱性研究与农牧户适应性研究密切相关：乡村人地系统发展是农牧户适应性的对象与背景，乡村人地系统脆弱性研究是农牧户适应性研究的基础与前提，农牧户适应性的提高是乡村人地系统降低脆弱性的重要手段。对农业主导型、畜牧业主导型、旅游业主导型、综合型乡村人地系统脆弱性演变的研究，对于深入了解农牧户适应结果、适应行为分异、适应能力、适应障碍，分析纯农户、纯牧户、农牧兼型农牧户、务工主导型农牧户、旅游参与型农牧户适应性差异特征，提出提高农牧户适应性的对策与建议具有重要作用。

4.1.2 乡村人地系统脆弱性演变评价过程

梳理乡村人地系统脆弱性演变的相关研究成果，结合达尔罕茂明安联合旗乡村人地系统脆弱性时空演变格局的评价目的，本书构建了达尔罕茂明安联合旗乡村人地系统脆弱性时空格局演变评价的过程图，具体包括 9 个步骤：①确定评价对象和研究目的；②分析研究对象发展的时空阶段性特征；③明确乡村人地系统的结构与功能；④选取评价指标，建立评价指标体系；⑤确定指标体系权重；⑥构建脆弱性评价模型，计算 1990 年、1995 年、2000 年、2005 年、2010 年、2016 年各空间单元脆弱性指数；⑦脆弱性时空分异特征分析；⑧脆弱性空间变异分析；⑨总结。

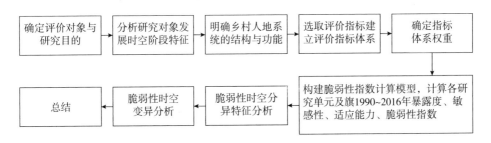

图 4-1 乡村人地系统脆弱性演变评价流程

4.1.3 乡村人地系统脆弱性演变评价内容

乡村人地系统脆弱性时间变化与空间差异是脆弱性评价内容的重点，两者评价虽侧重点不同，但互相补充。时间变化能够从宏观整体上反映达尔罕茂明安联合旗乡村人地系统脆弱性特征的变迁过程，重点分析脆弱性指数的分级与年际变化量，从而分析乡村人地系统在干旱环境背景下，受城镇化等因素扰动影响，系统组成要素所承受干扰强度、敏感性、适应能力等方面的变化，表征系统结构与功能变化、系统稳态变化，为乡村人地系统适应性演化机制剖析以及演化规律总结奠定基础。空间差异反映研究单元个体脆弱性差异特征，并着眼于低脆弱性研究单元与高脆弱性研究单元的成因、机制进行分析与对比，为达尔罕茂明安联合旗乡村人地系统脆弱性的降低提供有针对性的对策建议。乡村人地系统脆弱性时空格局演变研究，有助于深入分析乡村人地系统适应性演化特征、状态、过程与机理，并能为降低系统脆弱性提供科学的、具体的对策建议。

具体而言：

第一，在时间序列上，通过对各研究单元暴露度、敏感性、适应能力指数的计算得出各研究单元的脆弱性指数，将所有研究单元整体脆弱性指数进行加权平均，得出达尔罕茂明安联合旗乡村人地系统脆弱性指数，将近30年间的脆弱性指数进行分析与对比，揭示宏观上乡村人地系统脆弱性演化过程与影响因素，表征乡村人地系统适应性演化过程中系统结构与功能演变以及系统稳定性变化，具体使用的模型是函数模型法与变异系数方法。

第二，在空间格局上，通过对各研究单元脆弱性差异化的动态过程监测，分析达尔罕茂明安联合旗乡村人地系统脆弱性空间格局演变与特征，对不同类型乡村人地系统脆弱性演化进行对比分析，总结乡村人地系统脆弱性空间差异的原因，细化乡村人地系统演化的影响因素，深入探索乡村人地系统适应性演化的规律以及降低乡村人地系统脆弱性的具体手段。

4.2 乡村人地系统脆弱性演变评价

4.2.1 评价指标体系构建

4.2.1.1 指标选取原则

（1）系统性。乡村人地系统构成要素复杂，涉及社会、经济、生态环境等子系统与要素，且各系统间存在相互作用。因此，在指标选取时要充分考虑系统的复杂性、动态性等特征的基础上，尽量选取涵盖信息量大且各指标间重叠信息量小的综合性指标，对系统的暴露度、敏感性、适应能力和乡村人地系统脆弱性动态演化进行全面综合的分析与评价。

（2）科学性。构建乡村人地系统脆弱性时空演变评价指标体系，必须建立在分析乡村人地系统发展过程与特征的基础上，准确把握北方农牧交错区乡村人地系统概念内涵与乡村发展现实状况的基础上，从而客观反映乡村人地系统脆弱性内在本质，明确体现脆弱性评价的价值与目标，科学测度、表征乡村人地系统脆弱性演化过程与发展特征。

（3）主导性。在乡村人地系统脆弱性演化过程中，影响因素较多。因此，必须对乡村人地系统脆弱性演化的影响因素进行全面分析，在此基础之上，提取直接影响乡村人地系统结构与功能的关键因素，构建指标体系，既能客观真实地反映乡村人地系统脆弱性演化状态，又能防止指标体系繁杂。

（4）可操作性。乡村人地系统演化过程涉及气候、社会、经济、生态环境等多方因素的演化与变迁，因此，指标体系的建立要充分考虑指标数据的获取性与可靠性及其量化的难易程度，这是本书研究的重要前提与基础，与此同时，要考虑指标数据的代表性与可比性，以便于对不同乡镇乡村脆弱性演化进行对比与分析，保证研究结果的科学性。

（5）动态性。乡村人地系统是不断演化的动态系统，其功能与结构不断发生变化、调整，加之外部扰动的强度与频率也发生了巨大变化，从而使系统动态性特征明显，因此，在构建乡村人地系统脆弱性演化分析与评价指标体系时，应充分考虑乡村人地系统演化过程中脆弱性的特征，尽量选取能够反映乡村人地系统脆弱性动态演化的指标。

（6）针对性。乡村人地系统脆弱性时空格局演变过程中，在不同时段、不同区域影响因子存在显著差异，因此针对乡村人地系统演化存在时间、尺度效应，要避免构建繁杂的指标体系，分清指标的动态性变化特征，从不同阶段、不同区域特征构建指标评价指标体系，从而分析乡村人地系统脆弱性演化的时空过程与特征。

4.2.1.2 评价框架的建立

乡村人地系统脆弱性常被理解为与系统对扰动的暴露程度、人地系统的敏感性以及系统应对社会、经济、生态环境扰动的各种能力相关，是暴露度（Exposure）、敏感性（Sensitivity）和适应能力（Adaptive Capacity）三者相互作用的函数。本书研究干旱环境下农牧交错型乡村人地系统脆弱性演化，因此，将气候条件（降水、气温）与人类活动（城镇化、政策）作为乡村人地系统的主要干扰，基于暴露度、敏感性、适应能力三个维度构建乡村人地系统脆弱性评价框架（见图4-2），通过研究乡村人地系统演化过程中受干旱环境、城镇化以及政策影响的程度，呈现出的敏感性状态及面对气候暖干化、城镇化、政策实施复合作用干扰的适应能力的变化，进而对达尔罕茂明安联合旗乡村人地系统的演化机制进行研究。其中，暴露度变化反映在气候暖干化、城镇化以及政策实施作用下对乡村人地系统干扰的程度变化；敏感性是乡村人地系统对于气候暖干化、人类活动干扰是否容易受到影响的程度，敏感性变化表示系统结构与功能变化来加强或减弱容易受高干扰的程度变化；适应能力是乡村人地系统能够处理、应对和适应气候暖干化以及人类活动干扰的能力，多由社会、经济系统的应对能力和转型能力构成，适应能力的变化表明乡村人地系统对干扰的适应程度的变化。

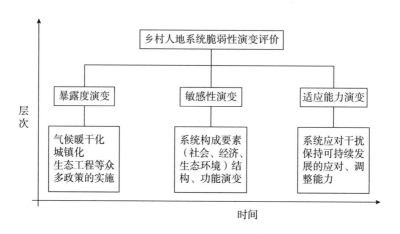

图4-2　乡村人地系统脆弱性评估框架

4.2.1.3　评价指标体系的建立

基于社会—生态系统脆弱性概念、构成维度的关联逻辑以及评价框架，参考乡村人地系统脆弱性相关研究成果，选择 VSD 脆弱性评估框架：VSD 脆弱性评估框架明确将系统脆弱性定义为暴露度、敏感性和适应能力的函数，因此，从以上三个方面构建北方农牧交错区乡村人地系统脆弱性评价指标体系，选取研究所涉及的指标，共计 15 个（见表4-2），为保证评价指标体系的可靠性，运用 SPSS19.0 软件信度系数法对评价指标体系的各指标进行信度分析，结果显示信度系数为 0.905，表明本书构建的北方农牧交错区乡村人地系统脆弱性评价指标体系信度较高，能够客观评价乡村人地系统脆弱性水平。各维度指标构成、含义和计算方式如下：

（1）暴露度是乡村人地系统受气候暖干化、城镇化以及政策实施共同影响的程度，可以通过对乡村人地系统受气候暖干化、城镇化以及政策实施共同胁迫时间序列的气候条件、土地利用强度、土地荒漠化指数等指标来测度与总结。达尔罕茂明安联合旗乡村人地系统在干旱背景下，受政策引导、产业主导、发展方式等多方面差异影响，各乡镇乡村受干扰的强度不同；梳理达尔罕茂明安联合旗乡村人地系统发展过程与特征，发现各类型乡村人地系统的共同干扰主要来源于干旱、沙漠化以及人类活动，因此，暴露度指标选取年降水量 E_1、年平均气温 E_2、土地利用强度 E_3、土地荒漠化指数 E_4，表征乡村人地系统受干旱环境与人类活动的干扰程度。其中，年降水量、年平均气温主要表征干旱环境对人地系统发展的胁迫，土地利用强度主要表征人类活动对人地系统的干扰，土地荒漠化指数表征系统在外部扰动下内部结构与功能演化对外部干扰产生的内在胁迫。

（2）敏感性是乡村人地系统在干旱环境和人类活动的影响下，系统结构与功能对干扰的敏感程度。由于不同产业主导的乡村人地系统结构与功能存在显著差异，在外部干扰下，不同类型乡村人地系统敏感性可能不同。一般而言，对于传统农牧业为主导的乡村人地系统，受暴露风险高，敏感性高；而对于旅游主导型或矿产业主导型乡镇，乡村人地系统对于暴露风险具有一定的吸收能力，敏感性较低。因此，选取水资源支出费用 S_1、粮食产量 S_2、出售牲畜数量 S_3、植被覆盖度 S_4，表征乡村人地系统的敏感性。通过农牧业生产相关指标衡量、表征不同产业主导的乡村人地系统面对干旱与人类活动扰动的敏感性状态。

（3）适应能力是乡村人地系统对干旱环境和人类活动胁迫的适应（Accommodate）和恢复（Recover）能力。乡村人地系统在应对气候暖干化与人类活动的扰动时，也在通过改变系统各要素的结构与功能提高系统弹性，促进乡村人地系统可持续发展。在此过程中，社会、经济系统适应能力的提高是乡村人地系统适应能力提升的原动力，对于系统整体适应能力的提升尤为重要。因此，选取有效灌溉面积 A_1、人均耕地面积 A_2、人均牲畜头数 A_3、农牧业机械总动力 A_4、农牧民人均收入 A_5、造林面积 A_6、生态服务价值 A_7，表征乡村人地系统的适应能力，其中，有效灌溉面积、人均耕地面积、农牧业机械年末拥有量表示农牧业生产能力，造林面积、生态服务价值表示生态环境改善能力，农牧民纯收入表示经济发展能力。

表4-1 乡村人地系统脆弱性评价指标体系

目标层	准则层	指标因素	指标权重	指标性质	数据主要来源	指标含义	文献依据
北方农牧交错区乡村人地系统脆弱性	暴露度 +	年降水量 E_1	0.106	−	气象数据共享网	系统受干旱扰动程度	Kim Y J；赵雪雁；陈佳；石育中；李文龙
		年平均温度 E_2	0.031	+			
		土地利用强度 E_3	0.111	+	土地利用强度公式赋值计算	系统受人类活动扰动程度	
		土地荒漠化指数 E_4	0.089	+	荒漠化土地面积（亩）	表征系统内部生态环境压力	
	敏感性 +	水资源费支出 S_1	0.098	+	旗、镇统计年鉴	系统中社会经济敏感性状态	Lindoso D P；Pei W；赵雪雁；
		粮食产量 S_2	0.108	−	旗、镇统计年鉴	系统中农牧业敏感性状态	
		出售牲畜数量 S_3	0.080	+	旗、镇统计年鉴		
		植被覆盖度 S_4	0.044	−	遥感影像数据建模计算	系统中生态环境敏感性状态	
	适应能力 −	有效灌溉面积 A_1	0.032	−	旗、镇统计年鉴	系统中农牧业适应能力	Kim Y J；Huang L；Lindoso D P；Pei W；陈佳；鲁大铭
		人均耕地面积 A_2	0.025	−	旗、镇统计年鉴		
		人均牲畜头数 A_3	0.040	−	旗、镇统计年鉴		
		农牧业机械总动力 A_4	0.035	−	旗、镇统计年鉴	系统中社会经济适应能力	
		农牧民人均收入 A_5	0.108	−	旗、镇统计年鉴		
		造林面积 A_6	0.026	−	旗、镇统计年鉴	系统中生态环境适应能力	
		生态服务价值 A_7	0.067	−	生态服务价值公式赋值计算		

注：①"+"表示指标与系统脆弱性呈正相关，"−"表示指标与系统脆弱性呈负相关；②土地利用强度 $E_2 = 100 \times \sum_{i=1}^{n} l_i \times c_i$，$L_i$ 为第 i 级土地利用强度分级指数值，C_i 是第 i 级土地利用强度分级的面积比；③生态服务价值 $A_7 = A_i \times VC_i$，A_i 为第 i 类土地类型面积，VC_i 为第 i 类土地单位面积服务价值，即生态价值系数。

4.2.2 数据处理与权重确定

4.2.2.1 数据标准化
选用极差标准化方法对原始数据进行处理：
功效性为正指标：

$$M_{ij} = (x_{ij} - x(i, min)) / (x(i, max) - x(i, min)) \tag{4-1}$$

功效性为负指标：

$$M_{ij} = (x(i, max) - x_{ij}) / (x(i, max) - x(i, min)) \tag{4-2}$$

式中，M_{ij}为各指标去量纲后的值；x_{ij}为去量纲前的指标的值；x（i, max）、x（i, min）分别为该指标的最大值与最小值。

4.2.2.2 确定指标权重
模糊层次分析法（FAHP）是考虑参与评价者思考模糊性的方法。计算步骤如下：

（1）构建矩阵。基于评价指标体系，选取 15 位从事人地系统脆弱性研究的专家使用 1~9 标度主观打分，根据打分结果建立模糊矩阵 K =（r_{ij}）$_{n×n}$。式中，r_{ij}表示两个指标间的相对重要程度，l_{ij}、m_{ij}和μ_{ij}则表示任意两个指标可能存在的最低、中等和最高相对重要程度。、

（2）模糊权重。对矩阵 K 运用归一化方法进行计算，得出各指标 i 的模糊权重 F_i。计算公式为

$$F_i = \sum_{j=1}^{n} r_{ij} \times (\sum_{i}^{n} \sum_{j}^{n} r_{ij})^{-1}, i = 1, 2, \cdots, n \tag{4-3}$$

（3）模糊权重去模糊化。运用可能度计算方法将模糊权重转变为精确值。若 M_1（l_1, m_1, u_1）和 M_2（l_2, m_2, u_2）是三角模糊数，$M_1 \geqslant M_2$ 的可能度 r（$M_1 \geqslant M_2$）的计算公式如下：

$$v(M_1 \geqslant M_2) = \frac{l_2 - u_1}{(m_1 - u_1) - (m_2 - u_2)}, m_1 \leqslant m_2, u_1 \geqslant l_2, 0 < v < 1 \tag{4-4}$$

$$A_i = min v(M \geqslant M_i), i = 1, 2, \cdots, k \tag{4-5}$$

再根据式（4-5）得到排序向量 A_i，并归一化得到指标 i 的权重 B_i。

4.2.3　脆弱性演变评价模型

4.2.3.1　脆弱性模型建立

脆弱地区不一定是暴露强区，SERV 模型关注了研究被忽视的要点，在区域制定适应性对策时，有利于分配有限的资源用于更加脆弱而不只是高度暴露的地区。SERV 模型改变了评估空间脆弱性水平的思维，有助于设计针对性的减灾策略并指导如何实现。

因此，本书采用 SERV 脆弱性模型进行计算：

$$V = E + S - AC \tag{4-6}$$

式中，V 为脆弱性；E 为暴露度；S 为敏感性；AC 为适应能力。暴露度、敏感性与干旱脆弱性呈正相关，适应能力与干旱脆弱性呈负相关。E、S、AC 分别通过加权求和法求取：

$$E = \sum_{i=1}^{4} 4_{i=1} W_{ej} \times Y_{eij} \quad S = \sum_{i=1}^{4} W_{sj} \times Y_{sij} \quad AC = \sum_{i=1}^{7} W_{aj} \times Y_{acij} \tag{4-7}$$

式中，E、S、AC 分别为暴露度指数、敏感性指数和适应能力指数，取值区间均为（0，1）；W_{ej}、W_{sj}、W_{aj} 分别为暴露度、敏感性与适应能力的指标权重；Y_{eij}、Y_{sij}、Y_{acij} 分别为暴露度、敏感性和适应能力指标的标准化值。以 Arc GIS 10.1 软件为技术平台，对已获取的系统脆弱性指数、暴露度指数、敏感性指数、适应能力指数采用自然断点法（Natural Breaks Jenks）分级。

4.2.3.2　变异系数分析法

采用变异系数分析法测算 1990~2016 年达尔罕茂明安联合旗及各乡镇暴露度、敏感性、适应能力及脆弱性指数变异幅度大小，从而将其空间可视化。计算公式如下：

$$C_v = \frac{1}{\overline{V}} \sqrt{\frac{\sum_{i=1}^{m} (V_i - \overline{V}_i)^2}{m-1}} \times 100\% \tag{4-8}$$

式中，C_v 为达尔罕茂明安联合旗乡村人地系统脆弱性、暴露度、敏感性、适应能力指数变异系数；$\overline{V}_i$ 为各研究单元 1990~2016 年指数的平均数；m 为年份数；V_i 为 i 年指数值；变异系数越大，说明该指数变异幅度越大。

4.2.4 脆弱性各维度时空分异评价结果

4.2.4.1 暴露度时空分异

运用暴露度指数模型计算 1990 年、1995 年、2000 年、2005 年、2010 年、2016 年暴露度指数（见表 4-2）。纵观 1990~2016 年达尔罕茂明安联合旗各镇、苏木暴露度指数变化过程，总体呈现小幅度波动变化态势（见图 4-3）。1990~1995 年，暴露指数降幅最大，由 0.139 下降到 0.073，该阶段气候条件暖干化不明显，且牲畜数量与耕地面积增长幅度较小，土地荒漠化程度较轻，因此暴露度降低；1995~2000 年，暴露度指数由 0.073 上升到 0.126，该阶段暴露度指数上升的主要原因是气候暖干化，其中，1998 年、1999 年平均气温达到近 30 年未见的极值，分别是 6.3℃、5.9℃，比 1990~1995 年平均气温增高了 1.8℃，平均降雨量减少了 30mm；2000~2005 年，暴露指数大幅度提高，由 0.126 增加到 0.169，主要原因有两个方面，一是受极端气候事件频发的影响，如 2005 年降雨量为 166.00mm，是 1991~2005 年降雨量最小的年份，二是土地沙漠化愈加严重；2005~2016 年，暴露度指数呈现下降趋势，由 2005 年的 0.169 下降到 2016 年的 0.126，该阶段主要受退耕还林还草、全面禁牧等因素的影响，土地利用强度显著减弱，土地沙化面积得到有效控制，暴露度指数有所降低。

表 4-2　达尔罕茂明安联合旗乡镇暴露度指数

镇/苏木	1990 年	1995 年	2000 年	2005 年	2010 年	2016 年
百灵庙镇	0.128	0.041	0.088	0.125	0.070	0.073
乌克忽洞镇	0.184	0.179	0.202	0.268	0.229	0.239
石宝镇	0.193	0.169	0.230	0.263	0.230	0.239
希拉穆仁镇	0.092	0.011	0.072	0.115	0.069	0.079
达尔罕苏木	0.123	0.035	0.087	0.129	0.088	0.083
明安镇	0.119	0.028	0.096	0.131	0.094	0.108
巴音花镇	0.131	0.048	0.113	0.156	0.119	0.130
满都拉镇	0.145	0.069	0.123	0.165	0.112	0.129
平均值	0.139	0.073	0.126	0.169	0.126	0.135

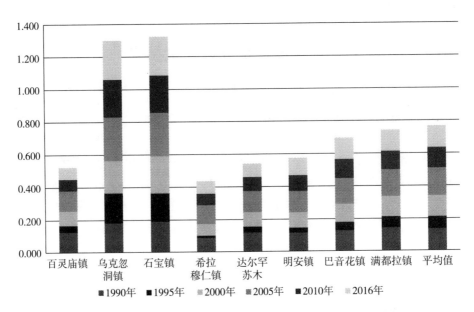

图4-3　1990~2016年达尔罕茂明安联合旗乡镇暴露度指数变化

运用 Arc GIS 10.2 采用自然断点法将 1990 年、1995 年、2000 年、2005 年、2010 年、2016 年达尔罕茂明安联合旗镇/苏木暴露度指数划分为"高暴露""较高暴露""一般暴露""较低暴露""低暴露"5 个类型，表征达尔罕茂明安联合旗镇、苏木暴露度空间分异格局演化特征（见图4-4）。1990 年，"高暴露"镇/苏木为乌克忽洞镇与石宝镇，占研究区总面积的 13.3%，"较高暴露"镇/苏木为满都拉镇，占研究区总面积的 14.6%，"一般暴露"镇/苏木为巴音花镇、百灵庙镇，占研究区总面积的 34.4%，"较低暴露"镇/苏木为明安镇和达尔罕苏木，占研究区总面积的 33.5%，"低暴露"镇/苏木为希拉穆仁镇，占研究区总面积的 3.9%；1995 年，各镇/苏木暴露度空间格局与1990 年暴露度空间格局相比，呈现相似性空间分异格局；2000 年，各镇/苏木暴露度空间格局中，巴音花镇由"一般暴露"转变为"较高暴露"，"较高暴露"面积增加 17.8%；明安镇由"较低暴露"转变为"一般暴露"，百灵庙镇由"一般暴露"镇转变为"较低暴露"，"较低暴露"面积增加 2.9%；2005 年，各镇/苏木暴露度空间格局与 2000 年呈现相似性特征；2010 年，百灵庙镇由"较低暴露"转为"低暴露"；2016 年，达尔罕茂明安联合旗暴露度空间格局呈现"南部高暴露、北部较高暴露、中部低暴露"的分异格局，其中，"高暴露"镇/苏木为乌克忽洞镇与石宝镇，占研究区总面积的 13.3%，"较高暴露"镇/苏木为满都拉镇和巴音花镇，占研究区总面积的32.4%，"一般暴露"镇/苏木为明安镇，占研究区总面积的13.7%，"较低暴露"镇/苏木为希拉穆仁镇和达尔罕苏木，占研究区总面积的23.7%，"低暴露"镇/苏木为百灵庙镇，占研究区总面积的16.6%。与2010年暴露度空间格局相比，希拉穆仁镇由"低暴露"镇转变为"较低暴露"镇，究其原因，近年来，希拉穆仁镇旅游业发展迅速，旅游基础设施建设用地不断扩张，土地利用强度不断加大，导致其暴露度不断上升。

总体来看，在气候暖干化、城镇化以及政策实施的共同作用下，各镇/苏木的暴露度在各阶段空间格局具有相似性，空间上分异越来越显著，时间上呈现波动式发展过程。空间上，由于南部为农区，土地利用强度较大，土壤流失、荒漠化严重，呈现高度暴露特征，如乌克忽洞镇与石宝镇；北部气温相对南部高，且降雨少，干旱灾害严重，导致其暴露度较高，因而呈现南部暴露度大于北部，北部暴露度大于中部的空间格局。时间上，由于20世纪90年代人口数量急剧增长、牲畜数量不断攀升、耕地面积不断扩张，导致土地沙化等环境问题愈加严重，进入2000年，随着各项生态工程的实施，生态环境得到有效改善，因此，暴露度呈现上下波动式发展过程。在系统暴露度上下波动的发展过程中可以看出，系统暴露度大小一方面受气候影响，另一方面受系统结构与功能变化影响，即在乡村人地系统可持续发展目标下社会系统、经济系统、生态环境系统发展协调程度，三者构成了乡村人地系统适应性演化重要的动力系统。

4.2.4.2 敏感性时空分异

运用敏感性指数模型计算1990年、1995年、2000年、2005年、2010年、2016年敏感性指数（见表4-3）。纵观1990~2016年达尔罕茂明安联合旗镇、苏木敏感性指数变化过程，总体呈现增长态势，其中，2000~2016年敏感性指数大幅度增长（见图4-3）。1990~1995年，敏感性指数由0.129降低到0.121，该阶段气候暖干化趋势不明显，粮食产量大幅度增长，存栏大小牲畜量不断增加，粮食产量由1990年的25751t增长到1995年的64687t，5年间粮食产量增长251%，大小牲畜数量由1990年的183060头（只）增长到1995年的258397头（只），系统敏感性降低；1995~2000年，敏感性指数由0.121增长到0.123，该阶段主要受科技兴农与畜种畜群内部结构优化等政策影响，系统敏感性呈现微量提升状态。2000~2005年，敏感性指数大幅度提高，由0.123增加到0.163，该阶段主要受退耕还林还草等生态工程影响，粮食产量、

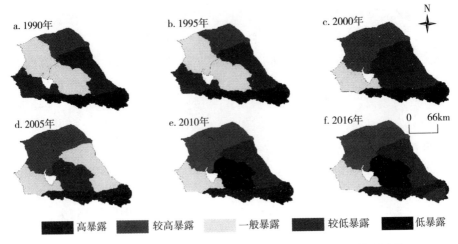

图 4-4　1990~2016 年达尔罕茂明安联合旗乡镇暴露度空间格局变化

大小牲畜数量逐年减少，系统敏感性提高。2010~2016 年，敏感性指数呈现增长趋势，敏感性指数由 0.165 增长到 2016 年的 0.177，主要原因在于：一方面气候暖干化造成草原植被覆盖度逐年下降；另一方面，随着十年"全面禁牧"政策即将到期，草原超载放牧问题逐年凸显，导致系统敏感性不断提高。

表 4-3　达尔罕茂明安联合旗乡镇敏感性指数

镇/苏木	1990 年	1995 年	2000 年	2005 年	2010 年	2016 年
百灵庙镇	0.125	0.130	0.136	0.161	0.157	0.184
乌克忽洞镇	0.109	0.092	0.048	0.143	0.145	0.169
石宝镇	0.098	0.043	0.048	0.105	0.126	0.129
希拉穆仁镇	0.135	0.132	0.141	0.160	0.148	0.168
达尔罕苏木	0.140	0.141	0.152	0.199	0.245	0.207
明安镇	0.137	0.132	0.142	0.178	0.154	0.162
巴音花镇	0.143	0.147	0.163	0.191	0.184	0.217
满都拉镇	0.143	0.149	0.156	0.171	0.163	0.179
平均值	0.129	0.121	0.123	0.163	0.165	0.177

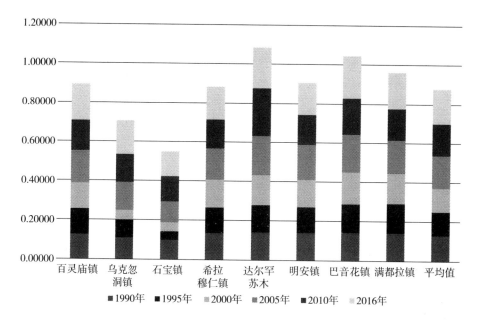

图 4-5 1990~2016 年达尔罕茂明安联合旗乡镇敏感性指数变化

运用 Arc GIS 10.2，采用自然断点法将 1990 年、1995 年、2000 年、2005 年、2010 年、2016 年达尔罕茂明安各镇/苏木敏感性指数划分为"高敏感""较高敏感""一般敏感""较低敏感""低敏感" 5 个类型，表征达尔罕茂明安联合旗各镇/苏木敏感性空间分异过程特征（见图 4-6）。1990 年，"高敏感"镇/苏木为满都拉镇与巴音花镇，占达尔罕茂明安联合旗辖区面积的 32.4%，"较高敏感"镇/苏木为达尔罕苏木，占达尔罕茂明安联合旗辖区面积的 19.8%，"一般敏感"镇/苏木为明安镇和希拉穆仁镇，占达尔罕茂明安联合旗辖区面积的 17.6%，"较低敏感"镇/苏木为百灵庙镇，占达尔罕茂明安联合旗辖区面积的 16.6%，"低敏感"镇/苏木为乌克忽洞镇与石宝镇，占达尔罕茂明安联合旗辖区面积的 13.3%，总体呈现"南部低敏感、中部一般敏感、北部高敏感"的敏感性空间分异格局；1995 年，各镇/苏木敏感性空间格局与 1990 年敏感性空间格局相比，百灵庙镇由"较低敏感"转变为"一般敏感"，乌克忽洞镇由"低敏感"转变为"较低敏感"，"一般敏感"面积增加 16.5%，"较低敏感"面积增加 7.2%；2000 年，各镇/苏木敏感性空间格局中，乌克忽洞镇由"较低敏感"转变为"低敏感"，"低敏感"面积增加 7.2%，百灵庙镇由"一般敏感"转变为"较低敏感"，满都拉镇由"高敏感"

转变为"较高敏感","一般敏感"面积减少16.6%,"较高敏感"面积增加
14.6%；2005年，达尔罕苏木由"较高敏感"转变为"高敏感"，百灵庙镇由
"较低敏感"转变为"一般敏感"，明安镇由"一般敏感"转变为"较高敏
感"，乌克忽洞镇由"低敏感"转变为"较低敏感"，"高敏感"面积增加
19.8%，"较低敏感"面积减少9.4%，"低敏感"面积减少7.2%。2010年，
各镇/苏木敏感性空间格局中，敏感性分异较小，其中，巴音花镇转变为"较
高敏感"，满都拉镇与明安镇转变为"一般敏感"，希拉穆仁镇转变为"较低
敏感"，"较低敏感"面积增加3.9%，"一般敏感"面积增加24.4%，"较高
敏感"面积较少10.6%；2016年各镇/苏木的敏感性空间格局与2010年相比，
分异显著，其中，巴音花镇由"较高敏感"转变为"高敏感"，百灵庙镇由
"一般敏感"转变为"较高敏感"，明安镇由"较低敏感"转变为"一般敏
感"，乌克忽洞镇与希拉穆仁镇由"较低敏感"转变为"一般敏感"，满都拉
镇与百灵庙镇由"一般敏感"转变为"较高敏感"，其中，"低敏感"面积占
研究区总面积的6.1%，"较低敏感"面积占研究区总面积的13.7%，"一般敏
感"面积占研究区总面积的11.1%，"较高敏感"面积占研究区总面积的
31.2%，"高敏感"面积占研究区总面积的37.6%。

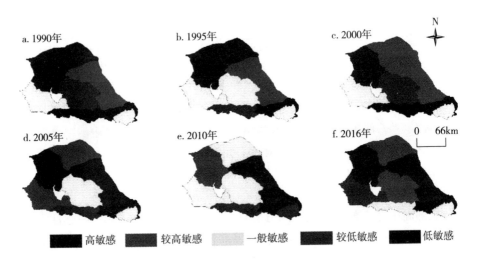

图4-6 1990~2016年达尔罕茂明安联合旗乡镇敏感性空间格局变化

总体来看，在气候暖干化、城镇化以及政策实施的共同作用下，达尔罕茂
明安乡村人地系统敏感性变化显著，时间上呈现逐渐提高的发展过程，空间上

呈现碎片化分异特征；究其原因，时间上，受气候暖干化明显，城镇化进程加快，采矿等产业发展迅速等影响，系统敏感性逐年提高；空间上，南部镇/苏木多为农业主导，粮食产量对人类活动敏感性较强，北部多为畜牧业主导镇/苏木，牲畜数量对干旱敏感性强，加之植被覆盖度异质性特征明显，呈现出敏感性破碎化空间格局。在达尔罕茂明安联合旗乡村人地系统敏感性演化过程中，系统结构与功能不断发生变化，不同产业主导类型乡村系统结构与功能变化存在显著时空差异。

4.2.4.3　适应能力时空分异

运用适应能力指数模型计算 1990 年、1995 年、2000 年、2005 年、2010 年、2016 年适应能力指数（见表 4-4）。纵观 1990~2016 年达尔罕茂明安联合旗镇/苏木乡村人地系统适应能力指数总体呈现增长态势，且各乡镇适应能力与暴露度、敏感性相较而言，差异性较小（见图 4-7）；1990~1995 年，适应能力指数增长幅度较小，由 0.052 增长到 0.061，该阶段乡村人地系统中，社会、经济系统发展缓慢，且随着生态环境不断恶化，因此适应能力指数呈现小幅度增长；1995~2000 年，适应能力指数大幅度提高，由 0.061 增长到 0.094，该段时间受农业技术改善，畜种结构改革等影响，社会、经济发展水平急剧提高，农牧民人均收入明显提高，适应能力显著提高；2000~2005 年，适应能力指数呈现微量降低，由 0.094 下降到 0.086，主要是受京津风沙源治理、退耕护还林还草等重大生态工程实施的影响，各乡镇人均粮食产量、人均牲畜数量大幅度减少，农牧民面临生产、生活方式的调整与转变，因此适应能力有所下降；2005~2010 年，适应能力指数由 0.086 增长到 0.115，适应能力大幅度提高，适应能力提升，一方面受快速城镇化影响，农牧民收入大幅度提高，另一方面生态环境治理工程作用初显效果，土地荒漠化面积逐渐减少，生态环境恶化得到有效防控，生态环境呈现转好发展态势；因此该阶段系统适应能力呈现大幅度提高态势；2010~2016 年，适应能力指数由 0.115 提高到 0.160，该阶段适应能力指数是自 1990 年以来提高幅度最大的阶段，主要受社会经济发展逐步提高与"全面禁牧"等政策影响，达尔罕茂明安联合旗发展方式，由片面追求经济快速发展，转变为社会、经济、生态环境协调发展，提高了系统适应能力。

表 4-4　1990~2016 年达尔罕茂明安联合旗乡镇适应能力指数变化

镇/苏木	1990 年	1995 年	2000 年	2005 年	2010 年	2016 年
百灵庙镇	0.077	0.087	0.125	0.105	0.115	0.127
乌克忽洞镇	0.036	0.046	0.076	0.091	0.176	0.204
石宝镇	0.034	0.043	0.079	0.095	0.153	0.201
希拉穆仁镇	0.055	0.053	0.093	0.072	0.095	0.135
达尔罕苏木	0.057	0.072	0.091	0.097	0.100	0.161
明安镇	0.046	0.060	0.098	0.081	0.087	0.129
巴音花镇	0.059	0.063	0.092	0.075	0.085	0.148
满都拉镇	0.052	0.066	0.095	0.073	0.110	0.171
平均值	0.052	0.061	0.094	0.086	0.115	0.160

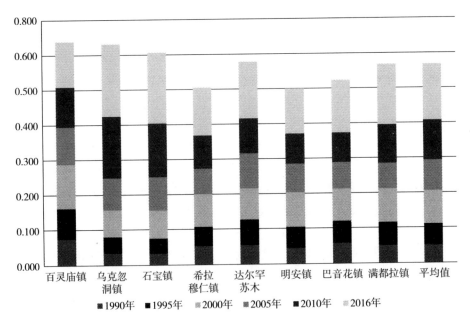

图 4-7　1990~2016 年达尔罕茂明安联合旗乡镇适应能力指数变化

　　运用 Arc GIS 10.2，采用自然断点法将 1990 年、1995 年、2000 年、2005 年、2010 年、2016 年达尔罕茂明安联合旗各镇/苏木敏感性指数划分为"高适应""较高适应""一般适应""较低适应""低适应"5个类型，表征达尔罕茂明安联合旗各镇/苏木适应性空间分异过程特征（见图4-8）。1990年，"高适应"镇/苏木为百灵庙镇，占达尔罕茂明安联合旗辖区面积的16.6%，"较高适应"镇/苏木为希拉穆仁镇、达尔罕苏木、巴音花镇，占达尔罕茂明安联合旗辖区面积的41.5%，"一般敏感"镇/苏木为明安镇，占达尔罕茂明安联合旗辖区面积的14.6%，"较低适应"镇/苏木为巴音花镇与明安镇，占达尔罕茂明安联合旗辖区面积的13.7%，"低适应"镇/苏木为乌克忽洞镇、石宝镇，占达尔罕茂明安联合旗辖区面积的13.3%，总体呈现"南部低适应、中部高适应、北部一般适应"的空间分异格局。1995年，各镇/苏木敏感性空间格局与1990年敏感性空间格局相比，满都拉镇由"一般适应"转变为"较高适应"，巴音花镇由"较高适应"转变为"一般适应"，明安镇由"较低适应"转变为"一般适应"，百灵庙镇由"较高适应"转变为"较低适应"，"较高适应"面积减少1%，"一般适应"面积增加16.8%，"较低适应"面积较少9.8%；2000年，各镇/苏木适应能力空间格局中，"较高适应"的达尔罕苏木、满都拉镇转变为"较低适应"与"一般适应"巴音花镇、明安镇由"一般适应"转变为"较低适应"与"较高适应"，百灵庙镇由"较低适应"转变为"一般适应"，其中，"较高适应"面积减少20.7%，"一般适应"面积减少16.8%，适应能力空间格局分异愈加显著；2005年，适应能力空间格局与2000年相比发生了较大变化，其中达尔罕苏木由"较低适应"转变为"较高适应"，乌克忽洞镇与石宝镇由"低适应"转变为"较高适应"，满都拉镇由"一般适应"转变为"低适应"，明安镇由"较高适应"转变为"一般适应"，希拉穆仁镇由"较高适应"转变为"一般适应"，"较高适应"面积增加19.3%，"较低适应"面积减少19.8%，"低适应"面积增加7.3%；2010年，各乡镇适应能力空间格局分异显著，其中，百灵庙镇由"高适应"转变为"较高适应"，乌克忽洞镇与石宝镇由"较高适应"转变为"高适应"，巴音花镇与明安镇由"较低适应"与"一般适应"转变为"低适应"，希拉穆仁镇由"低适应"转变为"较低适应"，"高适应"面积减少3.3%，"较高适应"面积减少2.0%，"一般适应"面积增加6.3%，"低适应"面积增加12.9%；2016年，适应能力空间格局与2010年相比变化较小，"高适应"面积占达尔罕茂明安辖区总面积的13.3%，"较高适应"面积占达尔罕茂明安辖区总面积的34.4%，"一般适应"面积占达尔罕茂明安辖区总面积的17.8%，"较低适应"面积占达尔罕茂明安辖区总面积的3.9%，"低适应"面积占达尔罕茂明安辖区总面积的 30.3%。

总体来看，在气候暖干化、城镇化以及政策实施的共同驱动下，达尔罕茂明安联合旗乡村人地系统适应能力呈现逐步提高的发展态势，但空间格局分异显著，表现为农业主导型乡镇适应能力提高快，而畜牧业主导乡镇适应能力提高较慢；主要原因是，牧区随着退耕还林还草、"全面禁牧"等众多生态工程实施，牧区乡村发展路径不清晰，加之城镇化的影响，牧区人口数量不断减少，乡村衰落显著。综观达尔罕茂明安联合乡村人地系统适应能力时空演化过程发现，乡村系统结构与功能协调性不断提高，系统自组织能力得到加强，这些成为降低系统脆弱性关键。

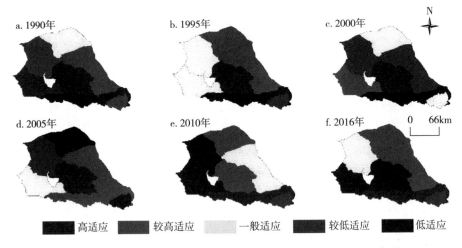

图 4-8　1990~2016 年达尔罕茂明安联合旗乡镇适应能力空间格局

4.3　乡村人地系统脆弱性时空格局演化特征

4.3.1　不同产业主导乡村人地系统脆弱性演化特征

以产业主导地位为达尔罕茂明安联合旗乡村人地系统划分依据，可以将其乡村人地系统分为农业主导型乡村人地系统、畜牧业主导型乡村人地系统、旅游主导型乡村人地系统、综合型（旗政府所在地镇）乡村人地系统四个类型（见图4-9）。由于生产、生活方式存在较大差异，不同类型乡村人地系统脆弱性及演化过程差异性特征显著，对于不同类型乡村人地系统脆弱性演化时空过程的分析与特征总结，有助于深入总结达尔罕茂明安联合旗乡村人地系统脆弱性演化的总体特征。

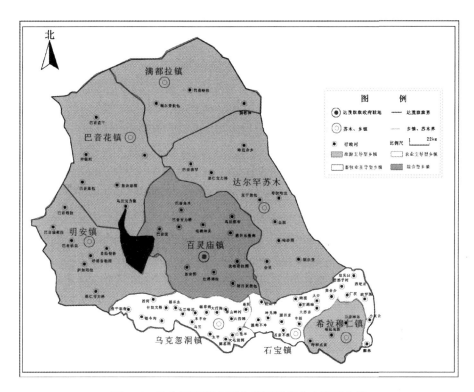

图4-9　达尔罕茂明安联合旗不同产业主导型乡镇

4.3.1.1　农业主导型乡村人地系统脆弱性演变特征

农业主导型镇/苏木包括乌克忽洞镇与石宝镇，占达尔罕茂明安联合旗辖区面积的13.3%；与其他类型乡村相比较，该类型乡村人口密度最大，人均耕地数量最多；干旱环境下乡村人地系统中乡村社会经济活动主要为农业生产，也是人类活动扰动系统的主要方式。1990~2016年，乌克忽洞镇与石宝镇脆弱性指数平均值分别为0.230、0.211，显著高于达尔罕茂明安联合旗乡镇脆弱性指数平均值（0.18），呈现出高脆弱特征；乌克忽洞镇与石宝镇脆弱性演变趋势呈现高度相似性特征，变化过程呈现"W"形发展态势。

1990~2000年，农业主导型乡村人地系统脆弱性指数显著下降，该段时间气候条件较好，农业发展迅速，粮食产量大幅度增长，乡村社会经济发展水平显著提高，因而脆弱性指数呈现显著下降趋势；2000~2005年，脆弱性显著提升，乌克忽洞镇与石宝镇脆弱性指数由0.174、0.198上升到0.319、0.273，达到整个区间最大值，该段时间在气候暖干化与土地沙漠化共同作用下，系统暴露度显著，敏感性增强，人均收入增幅不显著，适应能力提高较小，系统呈现出高度脆弱状态；2005~2016年，乌克忽洞镇与石宝镇脆弱性指数由0.319、0.273下降到0.204、0.166，下降幅度较大，该段时间由于种植结构调整、农业机械总动力大幅度提升、生态环境逐步改善，系统适应能力不断提高，敏感性降低，脆弱性呈现降低态势，其中，石宝镇由于其矿产资源的开发，社会经济发展水平得到飞速提高，因此暴露度下降幅度大于乌克忽洞镇。纵观达尔罕茂名安联合旗乡村人地系统脆弱性演变过程，农业主导型乡镇表现出高暴露、高敏感、高脆弱发展过程（见图4-10）。究其原因，一方面是该类型乡镇人口密度大、土地利用强度大、生态环境极易遭到快速破坏；另一方面是该类型乡镇农牧民人均收入低于其他类型乡镇农牧民收入，从而深刻制约着乡村人地系统的适应能力的提高。

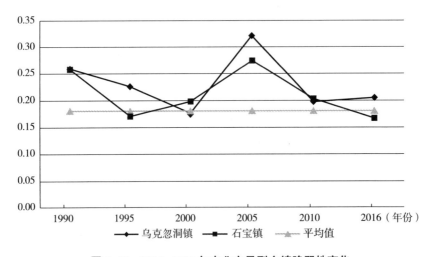

图4-10 1990~2016年农业主导型乡镇脆弱性变化

4.3.1.2　畜牧业主导型乡村人地系统脆弱性演变特征

畜牧业主导型镇/苏木包括明安镇、巴音花镇、满都拉镇、达尔罕苏木，占达尔罕茂明安联合旗辖区总面积的 65.9%；与其他类型乡村相比，该类型乡村人口密度最小，大小牲畜数量最多；干旱环境下乡村人地系统中乡村社会经济活动主要为畜牧业生产，畜牧业生产也是人类活动扰动系统的主要方式。1990~2016 年，明安镇、巴音花镇、满都拉镇、达尔罕苏木脆弱性指数平均值分别为 0.163、0.204、0.190、0.175，其中，明安镇与达尔罕苏木脆弱性指数平均值低于达尔罕茂明安联合旗乡镇脆弱性指数 0.18 的平均值，巴音花镇与满都拉镇脆弱性指数平均值高于 0.18 的平均值，呈现较高脆弱特征；各镇/苏木脆弱性演化趋势过程呈现相似性特征。1990~1995 年，畜牧业主导型乡村人地系统脆弱性显著下降，与农业主导型乡镇变化趋势呈现相似性特征，该段时间气候条件较好，大小牲畜数量发展迅速，乡村社会经济发展水平显著提高，因而脆弱性指数呈现显著下降趋势；1995~2005 年，脆弱性显著提升，明安镇、巴音花镇、满都拉镇、达尔罕苏木脆弱性指数达到整个区间峰值，分别为 0.227、0.272、0.263、0.231，该段时间气候暖干化影响加剧，系统暴露度显著，敏感性增强，因而系统呈现出高度脆弱状态；2005~2016 年，各镇/苏木脆弱性显著下降，明安镇、巴音花镇、满都拉镇、达尔罕苏木脆弱性指数分别为 0.129、0.199、0.136、0.180，该段时间受畜牧产业结构调整与"全面禁牧"补偿等政策的影响，畜牧业生产水平得到提高、生态环境逐步改善，脆弱性呈现降低态势（见图 4-11）。纵观达尔罕茂明安联合旗乡村人地系统脆弱性演变过程，畜牧业主导型乡村人地系统脆弱性水平低于农业主导型乡村人地系统脆弱性，但空间分异显著，中部地区畜牧主导型乡村人地系统脆弱性水平低于北部畜牧业主导型乡村人地系统。究其原因，随着纬度提高，暖干化趋势明显，暴露度逐渐增强，从而，表现出北部畜牧业主导型乡村人地系统脆弱性高于中部畜牧业主导型乡村人地系统脆弱性。

4.3.1.3　旅游业主导型乡村人地系统脆弱性演变特征

旅游业主导型乡镇是希拉穆仁镇，占达尔罕茂明安联合旗辖区总面积的 3.9%；与其他类型乡村相比，该类型乡镇人口密度小，乡村人地系统脆弱性低；干旱环境下乡村人地系统中乡村社会经济活动主要为草原旅游，旅游活动是人类活动扰动乡村人地系统的主要方式。1990~2016 年，希拉穆仁镇脆弱性指数平均值为 0.136，低于达尔罕茂明安联合旗乡村人地系统脆弱性指数平均值（0.18）。1990~1995 年，旅游业主导型乡村人地系统脆弱性显著下降，与

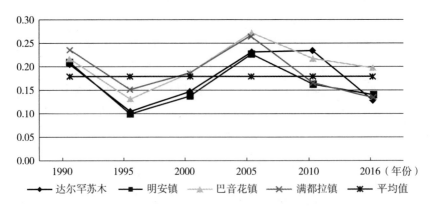

图 4-11 1990~2016 年畜牧业主导型乡镇脆弱性变化

其他类型乡镇脆弱性变化趋势呈现相似性特征；1995~2005 年，系统脆弱性显著提升，由 0.09 上升到 0.203，该段时间受全面禁牧、发展旅游业等政策影响，希拉穆仁镇处于产业转型期，由传统的农牧业生产转变为旅游业发展，并遭遇 2003 年"非典"，旅游市场低迷，系统脆弱性急剧提高；2005~2016 年，乡村人地系统脆弱性显著下降，由 0.203 下降到 0.122，该段时间旅游业发展迅速，乡村社会经济发展水平大幅度提高，农牧民人均收入较高，因而系统脆弱性降低（见图 4-12）。综观达尔罕茂明安联合旗乡村人地系统脆弱性演变过程，旅游主导型乡村人地系统脆弱性水平较低，仅高于综合型乡镇百灵庙镇——综合型乡村人地系统脆弱性。究其原因，借助区位与旅游资源等优势，加之气温低、降水多，人口密度小，人类活动对生态环境胁迫程度最小，且农牧民人均收入较高，从而系统脆弱性低。由此可以看出，草原旅游业发展是农牧交错区乡村人地系统脆弱性降低以及系统可持续发展的重要路径。

4.3.1.4 综合型乡镇脆弱性演变特征

百灵庙镇是达尔罕茂明安联合旗旗政府所在地，与其他镇/苏木相比，社会经济发展水平高，第三产业发达，其面积占达尔罕茂明安联合旗辖区总面积的 16.6%；乡村社会经济活动以服务业为主、以农牧业生产为辅，这也是人类活动扰动系统的主要方式。1990~2016 年，百灵庙镇脆弱性指数平均值为 0.130，是达尔罕茂明安联合旗各镇/苏木中脆弱性最低的乡村人地系统；1990~1995 年，综合型乡村人地系统与其他类型乡村人地系统变化趋势呈现相似性特征，脆弱性指数呈现显著下降趋势；1995~2005 年，脆弱性显著提升，脆弱性指数达到整个区间的最大值，为 0.181；2005~2016 年，脆弱性显著下

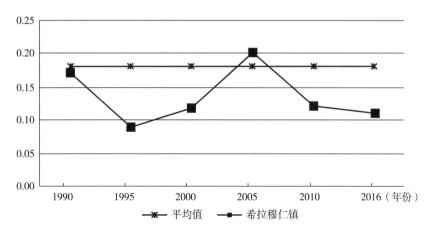

图 4-12　1990~2016 年旅游业主导型乡镇脆弱性变化

降，由 0.181 降低到 0.130，该段时间受城镇化快速发展影响，系统适应能力急剧提升，因而脆弱性水平逐年降低（见图 4-13）。纵观达尔罕茂明安联合旗乡村人地系统脆弱性演变过程，综合型乡村人地系统脆弱性水平显著低于其他类型乡村人地系统脆弱性，主要原因是产业多样化有效弥补产业单一的敏感性缺陷，进而有效地提高了系统适应能力。

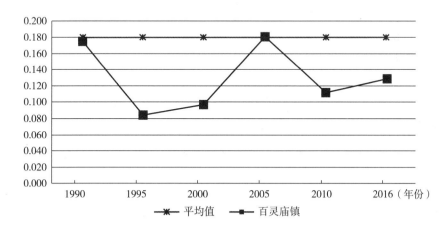

图 4-13　1990~2016 年综合型乡镇脆弱性变化

4.3.2　乡村人地系统脆弱性演变总体特征

运用脆弱性指数模型计算 1990 年、1995 年、2000 年、2005 年、2010 年、2016 年脆弱性指数（见表 4-5）。

表 4-5　1990~2016 年达尔罕茂明安联合旗乡镇脆弱性指数

镇/苏木	1990 年	1995 年	2000 年	2005 年	2010 年	2016 年
百灵庙镇	0.176	0.084	0.098	0.181	0.111	0.129
乌克忽洞镇	0.257	0.225	0.174	0.319	0.198	0.204
石宝镇	0.257	0.170	0.198	0.273	0.203	0.166
希拉穆仁镇	0.172	0.090	0.119	0.203	0.122	0.111
达尔罕苏木	0.206	0.105	0.148	0.231	0.233	0.129
明安镇	0.210	0.100	0.140	0.227	0.162	0.141
巴音花镇	0.216	0.132	0.184	0.272	0.218	0.199
满都拉镇	0.236	0.153	0.184	0.263	0.165	0.136
平均值	0.216	0.132	0.156	0.246	0.177	0.152

1990~2016 年，达尔罕茂明安联合旗镇/苏木脆弱性指数变化经历了急速下降、缓慢上升、缓慢下降的变化过程，其中，石宝镇与乌克忽洞镇表现出高度脆弱性特征（见图 4-14）。1990~1995 年，脆弱性指数降低幅度较大，由 0.216 降低到 0.132，该阶段受乡村人地系统暴露度较低、敏感性小，系统脆弱性大幅度降低；1995~2000 年，脆弱性指数由 0.132 增长到 0.156，该阶段主要受耕地面积、大小牲畜数量急剧增长，系统敏感性大大提高，因而系统脆弱性略微提高；2000~2005 年，系统脆弱性指数增长到最大值，由 0.156 增长到 0.246，该段期间内，在气候暖干化和人类活动强度不断增大的背景下，乡村生态环境系统遭到严重破坏，草原荒漠化面积最大，因而系统脆弱性最高。2005~2010 年，脆弱性指数下降幅度较大，由 0.246 下降到 0.177，该阶段脆弱性下降的原因有两个方面，一方面是社会经济发展较快，系统适应能力得到提高，另一方面是退耕还林还草、"全面禁牧"等一系列生态工程等措施对于

改善生态环境、提高系统生态服务功能的效果显著；2010~2016年，系统脆弱性指数由0.177下降到0.152，脆弱性逐步减小。

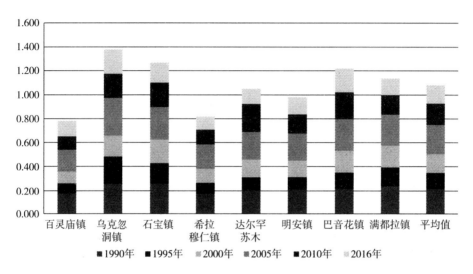

图4-14 1990~2016年达尔罕茂明安联合旗乡镇脆弱性指数变化

运用Arc GIS 10.2，采用自然断点法将1990年、1995年、2000年、2005年、2010年、2016年达尔罕茂明安联合旗各镇/苏木脆弱性指数划分为"高脆弱""较高脆弱""一般脆弱""较低脆弱""低脆弱"5个类型，表征达尔罕茂明安联合旗各镇/苏木脆弱性空间分异特征（见图4-15）。1990年，"高脆弱"镇/苏木为乌克忽洞镇与石宝镇，占达尔罕茂明安联合旗辖区面积的13.3%，"较高脆弱"镇/苏木为满都拉镇，占达尔罕茂明安联合旗辖区面积的14.6%，"一般脆弱"镇/苏木为巴音花镇，占达尔罕茂明安联合旗辖区面积的17.8%，"较低脆弱"镇/苏木为达尔罕苏木与明安镇，占达尔罕茂明安联合旗辖区面积的33.5%，"低脆弱"镇/苏木为百灵庙镇与希拉穆仁镇，占达尔罕茂明安联合旗辖区面积的20.5%，总体呈现"南部高脆弱、中部低脆弱、北部较高脆弱"的空间格局；1995年，各镇/苏木脆弱性空间格局与1990年脆弱性空间格局相比，空间差异性减小，其中，石宝镇与巴音花镇由"高脆弱"和"一般脆弱"转变为"较高脆弱"，"较高脆弱"面积增加24.9%，希拉穆仁镇由"低脆弱"转变为"较低脆弱"，低脆弱面积减少3.9%，明安镇与达尔罕苏木由"较低脆弱"转变为"一般脆弱"，较低脆弱面积较少29.6%；2000年，达尔罕茂明安联合旗各镇/苏木脆弱性空间格局与1995年呈现相似性特征，其中，乌克忽洞镇由"高脆弱"转变为"较高脆弱"，石宝镇由"较高脆弱"转变为"高脆弱"；2005～2010 年，达尔罕茂明安联合旗脆弱性空间格局发生较大变化，空间差异显著增大，"高脆弱"为达尔罕苏木与巴音花镇，占达尔罕茂明安联合旗辖区面积的 37.6%，"较高脆弱"镇/苏木为石宝镇与乌克忽洞镇，占达尔罕茂明安联合旗辖区总面积 13.2%，"一般脆弱"镇/苏木为满都拉镇，占达尔罕茂明安联合旗辖区面积的 14.6%，"较低脆弱"镇/苏木为明安镇，占达尔罕茂明安联合旗辖区面积的 13.7%，"低脆弱"镇/苏木为百灵庙镇和希拉穆仁镇，占达尔罕茂明安联合旗辖区面积的 20.5%；2016 年，各镇/苏木脆弱性空间格局与 2010 年相比，空间差异性减小，但各乡镇脆弱性指数变化剧烈，其中，达尔罕苏木由"高脆弱"转变为"较低脆弱"，百灵庙镇由"低脆弱"转变为"较低脆弱"，乌克忽洞镇由"较高脆弱"转变为"高脆弱"，总体呈现脆弱性分异程度减小趋势。纵观 1990～2016 年达尔罕茂明安联合旗乡村人地系统脆弱性时空演变过程，系统脆弱性演变过程时间上呈现出高幅度增长、缓慢降低的发展过程，空间上呈现"南部高脆弱、中部低脆弱、北部一般脆弱"的空间格局，但脆弱性空间碎片化趋势显著。

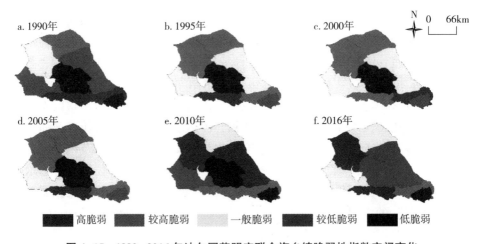

图 4-15　1990～2016 年达尔罕茂明安联合旗乡镇脆弱性指数空间变化

4.4　乡村人地系统脆弱性时空变异特征

4.4.1　不同产业主导乡村人地系统脆弱性变异特征分析

依据1990年、1995年、2000年、2005年、2010年、2016年达尔罕茂明安联合旗各镇/苏木乡村人地系统脆弱性指数、暴露度指数、敏感性指数、适应能力指数，利用变异系数分析法，进行各乡镇脆弱性指数、暴露度指数、敏感性指数、适应能力指数差异度分析（见表4-6）。

表 4-6　乡镇暴露度、敏感性、适应能力及脆弱性差异度

乡镇名称	暴露度差异度	敏感性差异度	适应能力差异度	脆弱性差异度
百灵庙镇	0.692	0.152	0.194	0.310
乌克忽洞镇	0.158	0.373	0.662	0.227
石宝镇	0.151	0.412	0.643	0.211
希拉穆仁镇	0.501	0.097	0.367	0.311
达尔罕苏木	0.409	0.238	0.372	0.315
明安镇	0.641	0.114	0.347	0.292
巴音花镇	0.324	0.164	0.375	0.226
满都拉镇	0.275	0.083	0.453	0.262

农业主导型乡村人地系统1990~2016年，在暴露度低幅度变化，敏感性、适应能力高幅度变化的作用下，脆弱性变化呈现低幅度变化态势（见图4-16a）。该段期间内，农业主导型乡村人地系统相对于其他类型乡村人地系统来说气候条件较好，土地利用强度稳定，表现为暴露度变化幅度较小；受众多生态工程等政策影响，粮食产量、大小牲畜出售数量、植被覆盖度等变化幅度大，表现为敏感性差异度大；随着农区社会经济快速发展，农牧民收入显著提高，适应能力变化幅度较大。

畜牧业主导型乡村人地系统 1990~2016 年，在暴露度一般幅度变化、敏感性低幅度变化、适应能力一般幅度变化的作用下，脆弱性变化呈现随着纬度提高变化幅度减小的趋势（见图 4-16b）。该段期间内，畜牧业主导型乡镇相对于其他类型乡镇，干扰主要来源于气候条件，干扰源类型单一，产业结构单一，农牧民人均收入变化较大，牧区社会经济发展水平缓慢提高，因此，表现出暴露度一般变化幅度、敏感性低幅度变化、适应能力一般幅度变化的发展过程。

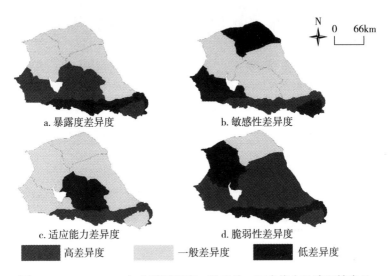

a. 暴露度差异度　　　　　　　　b. 敏感性差异度

c. 适应能力差异度　　　　　　　　d. 脆弱性差异度

■ 高差异度　　■ 一般差异度　　■ 低差异度

图 4-16　1990~2016 年乡镇暴露度、敏感性、适应能力及脆弱性变异

旅游业主导型乡村人地系统 1990~2016 年，在暴露度表现高差异变化、敏感性低差异变化、适应能力一般差异变化的作用下，脆弱性变化幅度呈现高差异变化态势（见图 4-16c）。该段期间内，希拉穆仁镇由农牧业主导型转变为旅游主导型，社会经济发展水平迅速提高，抵御扰动能力不断加强，因此，表现出暴露度大幅度变化、敏感性小幅度变化、适应能力一般幅度变化的发展过程。

综合型乡村人地系统 1990~2016 年在暴露度高差异变化、敏感性一般差异变化、适应能力低差异变化的作用下，脆弱性变化幅度呈现高幅度变化态势（见图 4-16d）。该段期间内百灵庙镇与其他类型镇相比，受城镇化影响凸显，土地利用强度增大，由传统农畜业逐步转变为工业、服务业，农牧民收入稳步提高，其乡村人地系统暴露度呈现高差异变化、敏感性呈现一般差异变化、适应能力呈现低差异变化发展过程。

4.4.2 乡村人地系统脆弱性变异总体特征

依据 1990 年、1995 年、2000 年、2005 年、2010 年、2016 年达尔罕茂明安联合旗乡村人地系统脆弱性指数、暴露度指数、敏感性指数、适应能力指数，利用变异系数分析法，进行各年份脆弱性指数、暴露度指数、敏感性指数、适应能力指数差异度分析（见表 4-7）。

表 4-7　1990 年、1995 年、2000 年、2005 年、2010 年、
2016 年脆弱性及各维度指数空间差异度

变异系数	1990 年	1995 年	2000 年	2005 年	2010 年	2016 年
暴露度差异度	0.771	0.866	1.374	1.183	1.58	1.660
敏感性差异度	0.490	0.552	0.363	0.194	0.332	0.309
适应能力差异度	1.807	0.311	1.06	3.28	0.869	0.279
脆弱性差异度	0.410	0.602	0.286	0.385	0.399	0.357

1990~1995 年，在暴露度差异与适应能力差异的巨大变化下，达尔罕茂明安联合旗乡村人地系统脆弱性差异性有所加强；1995~2000 年，在暴露度与适应能力差异性缓慢变化下，系统脆弱性差异性大幅度减小；2000~2005 年，系统敏感性差异性降低，适应能力差异性大幅度提高，系统脆弱性差异性逐渐增大；2005~2010 年，系统暴露度差异性增大，敏感性差异性小幅度提高，适应能力差异性大幅度减小，脆弱性差异性略微上升；2010~2016 年，系统暴露度差异性略微提升，敏感性差异小幅度减小，适应能力差异性大幅度降低，脆弱性差异性显著下降。

暴露度差异在 1990~2016 年呈现逐渐增长趋势，原因在于：一方面，系统受农牧交错区气候暖干化凸显的影响日趋严重；另一方面，人类活动对系统的扰动强度增大，扰动形式多样，暴露度驱动机制日趋复杂。敏感性差异性在1990~2016 年呈现逐年减小，这一阶段，系统结构趋于合理化，功能逐渐完善，系统面对外界扰动，敏感性逐渐降低。适应能力差异性在 1990~1995 年

大幅度降低，但到 2005 年呈现上升趋势，截至 2016 年呈现逐渐下降趋势。1995 年以前牧区农牧民人均收入远高于农区，1990 年以后，随着农区社会经济发展，农区与牧区经济社会发展差距逐渐减小；2000~2005 年，牧区受退耕还林还草等重大工程影响，适应能力差异逐渐拉大；2010 年以后受城镇化影响，适应能力差异呈现减小趋势。

4.5 乡村人地系统脆弱性演变中系统结构与功能变化特征

纵观达尔罕茂明安联合旗乡村人地系统脆弱性时空演化过程与变异特征可以发现：时间上，乡村人地系统在气候暖干化、城镇化与政策实施推动下，系统社会、经济、生态环境要素不断变化，系统结构由简单趋于复杂，系统功能不断完善，系统脆弱性整体在降低，但由于社会、经济、生态环境子系统间结构与功能的协调程度呈现波动状态，导致系统脆弱性呈现出波动式发展，系统稳定性差；空间上，由于达尔罕茂明安联合旗乡村人地系统构成要素异常复杂，乡村人地系统致脆因素多样，空间异质性特征显著，不同产业主导下的乡村农牧户生计活动发生分异，且农牧户生计活动的分异对不同类型乡村人地系统适应能力差异、系统结构与功能变化、脆弱性时空演化以及系统稳定状态产生重要影响，乡村人地系统适应性演化过程中尺度效应显著。因此，为了深入分析达尔罕茂明安联合旗乡村人地系统适应性演化过程及机制，需要对微观农牧户生计适应性进行分析与总结。

5

达尔罕茂明安联合旗农牧户
适应行为分异

在气候暖干化、城镇化与政策实施的作用下，分析农牧户生计特征与适应行为，调整农牧户生计策略，提高农牧户适应能力，是降低乡村人地系统脆弱性、促进乡村人地系统结构与功能优化的重要选择，也是乡村人地系统演化尺度效用与微观机理的深入解析，能够为乡村人地系统可持续发展提供切实可行的对策与建议。本章以农牧户适应性研究为重点，通过对农牧户适应性的研究，为降低系统脆弱性以及乡村人地系统结构与功能的优化提供具体、有效的路径与对策建议。一方面，农牧户适应性是乡村人地系统演化的重要影响因素，其适应性不仅关系到农牧户生计变化，更关系到乡村人地系统演化的过程与结果，农牧户基于家庭生计特征选择适应行为，从而影响乡村人地系统的结构与功能，并反馈政策作用的效果，政府依据政策效果不断调整政策、制度、规划等措施，为农牧户创造更好的生计环境，从而促进乡村人地系统可持续发展；另一方面，适应性中适应能力要素是连接宏观乡村人地系统脆弱性与微观农牧户适应性的重要路径，是国家、区域层面的适应性政策与计划最终落实到基层民众的途径，农牧户适应性研究对于地方适应性管理对策的制定具有重要的指导意义。

基于以上分析，本章构建了农牧户适应性分析框架（见图5-1），农牧户适应性是指在气候暖干化、城镇化与政策实施的作用下，面对乡村人地系统结构与功能转变的响应行为，是农牧户通过提高适应能力减轻气候暖干化、城镇化与政策实施对其生计的负面影响，并利用乡村人地系统变化的积极因素进行调整与适应的过程。在农牧户适应性演化的过程中，农牧户适应行为是在适应能力导向下为应对乡村结构与功能转变而采取的主动或被动的适应方式，它反映了农牧户面对气候变化、城镇化与政策实施的响应与演化过程，以及适应新环境的不同状态，适应行为的选择主要受农牧户适应能力的影响和制约，而适应行为的运行状态与适应效果的优劣，也可以通过适应能力评价作出判断。适应能力是农牧户适应性研究的核心，农牧户适应能力大小不仅与自身家庭特征（年龄结构、劳动力数量、劳动力受教育程度、生计资本富裕程度等）有关，而且与乡村人地系统整体环境（社会参与度、社会网络、社会信任、社会规范、共同愿景等）有关，还与政府的政策导向高度相关。适应结果是农牧户对适应行为选择的后果，可以通过农牧户主观感受与评价获得；另外，适应能力障碍分析对于农牧户适应能力的提高，适应行为的选择、适应结果的优化、适应机制的剖析，以及制定更有针对性的适应性管理对策提供重要依据。

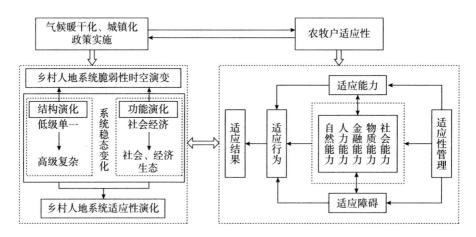

图 5-1　农牧户适应性分析框架

5.1　适应结果分析

5.1.1　农牧户生活满意度分析

农牧户适应结果是其适应行为产生的后果，可以通过农牧户对生活满意度的评价获得，生活满意度是近年来经济学界研究的一个热门话题，因为生活满意是人们追求的终极目标。Frey（2002）认为，人们追求财富、名望和社会地位，不是为了这些本身，而是为了提高生活满意度。在气候暖干化、城镇化与政策实施的影响下，在乡村人地系统适应性演化的过程中，农牧户适应能力与适应行为变化最终会影响其生活满意度水平变化（见图5-1）。本书基于调研数据的可获得性及可操作性的原则，选择农牧户生活满意度作为适应结果具体量化指标来表征。

研究结果显示，研究区农牧户生活满意度总体处于较低水平，且不同类型农牧户①生活满意度存在显著差异（见表5-1），其中，认为"非常满意与比较满意"的农牧户共220户，占样本总数的22.94%；认为"一般满意"的农牧户共271户，占样本总数的28.26%；认为"不太满意与不满意"的农牧户共445户，占样本总数的48.80%。以"非常满意与比较满意"农牧户总数占比为对比标准，不同类型农牧户生活满意度由高到低排序为纯牧户（24.77%）、纯农户（24.24%）、农牧兼型（22.58%）、务工主导型（19.85%）、旅游参与型（18.75%），表现出生计方式单一的农牧户生活满意度水平总体高于生计方式多样化的农牧户生活满意度水平（见图5-2）。

表5-1　不同类型农牧户生活满意度调查

生活满意程度	纯农型	纯牧型	农牧兼型	旅游参与型	务工主导型
不满意	81	32	23	12	19
不太满意	107	61	54	32	47
一般满意	87	68	43	34	39
比较满意	57	31	20	10	16
非常满意	31	22	15	8	10
合计	363	214	155	96	131

资料来源：调查问卷统计。

---

① 农牧户适应主体类型划分详见本章5.2.2小节适应主体类型划分。

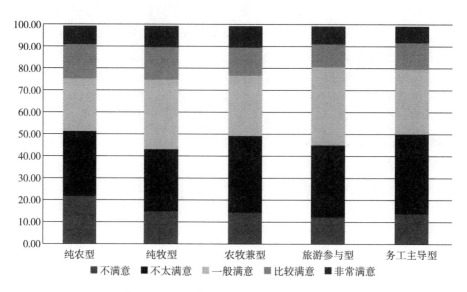

图5-2　不同类型农牧户生活满意度占比

5.1.2　社会资本对农牧户生活满意度影响

随着全球工业化、城镇化发展，乡村衰落日益成为世界多数国家面临的发展问题，乡村振兴已成为学术界关注的重要研究内容，而乡村发展转型与农牧户的生活质量提高是乡村振兴的核心命题。生活满意度（Life Satisfaction）能够相对稳定地反映人们对自身生活状况的认知和评价，逐渐得到经济学、社会学和心理学等学科的重视。在过去30年中，西方学术界的大量经验研究表明，尽管人格和其他心理因素解释了生活满意度的主要差异，但社会环境对其仍有极为重要的影响。早期对于农牧户生活质量的研究焦点主要集中于生产、生活的物质方面，自20世纪70年代后期开始，对农牧户生活质量的研究焦点逐渐转向主观方面（主观生活质量），其中，生活满意度作为衡量其主观生活质量的重要指标和参数，成为主观生活质量研究领域的热点问题。

5.1.2.1　社会资本影响农牧户生活满意度的理论分析

农牧户生活满意度受社会资本（个体与集体）的影响，对农牧户生活满意度贡献最大的因素是社会资本，但是探究农牧户生活满意度的影响因素时需要发现一些可能性的因素，从已有研究来看，苗珊珊（2014）、赵雪雁等

（2015）、王子侨等（2017）都重点关注了社区参与、社会网络、社会声望、社会信任、共同愿景等因素对生活满意度的影响，借鉴已有的研究基础，下面重点分析农牧户生活满意度的影响因素。

社区参与主要包括是否参加政府组织的生产生活相关活动、村干部选举参与频率、对村干部选举的重视程度。社会参与是一个行动过程，参与者会影响组织的发展方向，受益者也会在收入、福利、自我成长以及生活满意度方面有所体现。农牧户对政府组织的生产生活相关活动了解得越清晰、社区参与得越频繁、对村干部的选举越重视，农牧户的生活满意度越高。

社会网络包括与亲密朋友交流程度、与外地亲戚的交流程度、与村干部的联系程度、与农牧业技术部门的联系程度、家庭成员外出务工人数、本村可以经常串门的朋友数、可以提供资金帮助的村民数和每月手机话费等。作为深嵌农村牧区的个体与组织，基于种姓、地缘和农村政治权力的社会网络对农牧民生活满意度的影响同样不容忽视。社会网络关注的是人们之间的互动与联系，社会互动会影响人们的社会行为，行为的后果是为人们的生活带来满意。在调研访谈中发现，87.6%的社会网络大的农牧户生活满意度更高。

社会声望包括农忙时周围人愿意帮忙的频率、参与其他村民家喜事的频率、家族成员在当地的势力程度、别人闹矛盾找您帮忙的频率和村里人对您尊重的程度等。社会声望是农牧户受人尊重的重要体现。农牧户的社会声望越高，越受人尊重，参与村内事宜（喜事或矛盾）越多，越容易接受别人的帮助，表明农牧户在该村内的社会地位较高，进而影响农牧户的生活满意度。实际调研数据显示，79.4%的社会声望高的农牧户生活满意度较高。

社会信任包括您对亲戚朋友的信任程度，是否相信电视、网络上所说的国家政策，政府机关办事不需要关系，是否信任村委会和是否信任农业合作组织。社会信任是一切社会活动的基础，信任亲戚朋友、网络以及身边的社会组织是农牧户对生活充满希望的表现，从而使生活满意度有所改善。作为中国农村最重要和稳定的社会网络之一，这种"私人圈子"促进了农村内部信息共享，催生了人际间的信任。而信任是集体行动的润滑剂（Fukuyama，1995），表现为信任政府、村委会以及农业合作组织，愿意参与组织活动并获取更多荣誉和幸福感，从而提高生活满意度。

共同愿景包括大部分人愿意相互帮助、是否关心本村以及邻村发生的事情、希望本村发展越来越好、是否考虑过搬家和愿意为本村事业发展付出时间和金钱。共同愿景能够促进人员间相互合作（Barbara，2017）、愿意互帮互助，使集体或组织越来越好，有组织的人员的生活满意度也会随之变化。

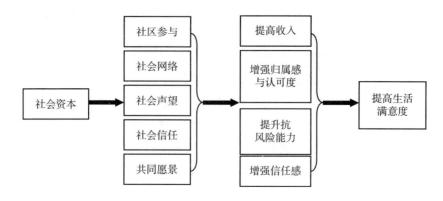

图 5-3　社会资本对农牧户生活满意度影响的理论框架

5.1.2.2　农牧户社会资本指标体系构建

社会资本具有多维度特征，可以分为个体社会资本与集体社会资本，两者对农牧户的生活满意度都具有重要影响，因此，本书基于个体社会资本与集体社会资本多维视角，借鉴苗珊珊（2014）、伍艳（2016）、张聪颖等（2017）关于多维社会资本的研究成果，结合农牧区生产生活背景与农牧户实际生计现状，将农牧户社会资本细化为社区参与、社会网络、社会声望、社会信任、共同愿景五个维度26个指标（见表5-2）。该指标的测量值均采用李克特五级量表的形式展开。

（1）指标设定的科学性检验。为验证社会资本五个维度测量指标间的不相关性，采用 KMO 统计量和 Bartlett 球形检验方法进行信度与效度检验。分析发现，农牧户社会资本测量量表的 Cronbach's α 系数为 0.778，五个维度资本分量表的 Cronbach's α 系数都大于 0.69；KMO 统计量为 0.762，Bartlett 球形检验的卡方值为 1942.65，相伴概率 p＝0.000，在 0.01 水平上显著，且 5 个公因子分别在社区参与、社会网络、社会声望、社会信任、共同愿景维度的相应测项上有较大载荷，说明该量表具有良好的信度与效度。

（2）社会资本指数计算。将社会资本不同维度的全部测项分值加总平均计算各维度指数，然后利用不同维度的贡献率（见表5-2）作权重，将各维度指数加权平均，计算农牧户社会资本指数，计算方法如下：

$$S_d = \frac{1}{n} \sum_{i=1}^{n} D_m \tag{5-1}$$

表5-2　社会资本存量测量指标均值与因子分析结果

	指标	赋值	均值	标准差	公因子					贡献率/%	系数
					1	2	3	4	5		
社团参与	是否参与政府组织的生产生活活动（A1）	1（不参加）～5（经常参加）	1.26	1.531	**0.930**	0.056	0.045	-0.028	0.032		
	村干部选举参与频率（A2）		2.37	1.620	**0.865**	0.048	0.059	-0.033	0.028	9.582	0.761
	对村干部选举的重视程度（A3）	1（不重视）～5（非常重视）	2.37	1.384	**0.930**	0.056	0.045	-0.028	0.032		
社会网络	与亲朋好友交流程度（B1）		3.29	0.973	0.035	**0.748**	0.121	0.063	0.040		
	与外地亲戚的交流程度（B2）		2.11	0.654	0.169	**0.697**	0.024	0.072	0.025		
	与村干部的联系程度（B3）		1.88	0.901	0.133	**0.612**	0.264	0.143	0.161		
	您家与农牧业技术部门的联系程度（B4）	1（很少）～5（很多）	1.60	0.857	0.027	**0.726**	0.143	0.122	-0.061	15.204	0.773
	家庭成员外出务工人数（B5）		2.55	1.026	0.099	**0.869**	0.144	0.084	0.082		
	本村可以经常串门的朋友数（B6）		3.58	1.021	0.017	**0.201**	0.054	0.054	0.030		
	可以提供资金帮助的村民数（B7）		4.01	1.641	-0.025	**0.701**	0.324	-0.042	-0.051		
社会声望	农忙时周围人愿意帮忙的频率（C1）		2.01	0.823	0.374	0.241	**0.645**	0.253	0.271		
	参与其他村民家喜事的频率（C2）	1（很少）～5（很多）	3.02	0.991	0.452	0.306	**0.751**	0.380	0.548		
	家族成员在当地的势力程度（C3）		2.37	1.546	0.082	0.259	**0.776**	0.102	0.096	11.247	0.722
	别人闹矛盾首找您帮忙的频率（C4）		1.68	1.547	0.024	0.154	**0.759**	0.082	0.054		
	村里人对您尊重的程度（C5）		1.82	1.783	0.057	0.210	**0.41**	0.359	0.066		

续表

指标		赋值	均值	标准差	公因子					贡献率/%	系数
					1	2	3	4	5		
社会信任	您对亲戚朋友的信任程度（D1）	1（完全不同意）~5（完全同意）	3.02	0.796	0.325	0.325	0.447	0.336	**0.452**	22.316	0.765
	是否相信电视、网络所说国家政策（D2）		4.05	1.265	0.168	0.065	0.127	0.093	**0.841**		
	政府机关办事不需要关系（D3）		2.88	1.248	0.108	0.084	0.082	0.063	**0.845**		
	是否信任村委会（D4）	1（极不信任）~5（非常信任）	3.26	1.035	0.032	-0.054	-0.025	0.021	**0.882**		
	是否信任农业合作组织（D5）		3.22	1.043	0.022	-0.065	-0.031	0.028	**0.864**		
共同愿景	大部分人愿意相互帮助（E1）		3.11	1.254	-0.058	0.235	0.021	**0.568**	0.036	16.587	0.690
	是否关心本村及邻村发生的事情（E2）	1（极不赞同）~5（非常赞同）	4.35	0.963	0.085	0.136	0.199	**0.567**	0.240		
	希望本村发展越来越好（E3）		3.55	1.569	-0.003	-0.031	0.162	**0.859**	0.054		
	是否考虑过搬家（E4）		4.65	0.908	-0.022	0.024	0.187	**0.687**	0.077		
	为本村事业发展付出时间和金钱（E5）		3.56	1.084	0.083	0.044	0.185	**0.785**	0.020		

$$S = \sum_{d=1}^{5} S_d \cdot W_d \qquad (5-2)$$

式中，S 为社会资本指数，S_d 为社会资本 d 维度的指数，D_m 为 d 维度第 m 个测项的得分，n 为 d 维度的测项个数，W_d 为 d 维度的权重。

5.1.2.3 社会资本对农户生活满意度影响的分析模型

采用多元有序 Logistic 模型，对社会资本与农牧户生活满意度关系进行研究，多元有序 Logistic 模型适用于有序的且是多分类的变量回归分析中，在生活满意度研究中得到广泛应用。具体模型如下：

$$\text{Logit}\left[P(Y \leq j)\right] = \ln\left[\frac{P(Y \leq j)}{1 - P(Y \leq j)}\right] = \alpha + \sum_{i=1}^{m} \beta_i X_i + \mu \qquad (5-3)$$

式中，Y 为被解释变量"生活满意度"，X_i 为解释变量，i 为解释变量个数，α 为常数项，β_i 为影响因素的回归系数，μ 为随机干扰项，$P(Y \leq j)$ 表示分类 j 及 j 以下类别的累积概率。其中，回归系数 β_i 表示其他自变量不变的情况下，某一自变量 X_i 每增加一个单位，Y>j 的优势将改变 $\exp(\beta_i)$ 倍。

已有研究显示，家庭成员文化水平、健康程度、固定资产、家庭人均收入、地域环境等因素对农牧户生活满意度的影响凸显（蔡起华等，2016；余丽燕和 Jerker Nilsson，2017；唐立强和周静，2017）。鉴于此，本书基于可持续生计框架中对生计资本的分类标准，借鉴王昌海（2017）、王子侨（2017）等学者的研究成果，以自然资本、人力资本、物质资本、金融资本、心理感知为控制变量，分析社会资本对农牧户生活满意的影响（见表 5-3）。

表 5-3 各变量及其说明

变量类型		变量名	变量定义及说明	均值	标准差
因变量（Y）		农户生活满意度	1=非常不满意，2=不满意，3=一般，4=比较满意，5=非常满意		
解释变量	社会资本	包含社区参与、社会网络、社会声望、社会信任、共同愿景	具体指标及评分标准参见表 5-2	2.81	0.495
控制变量（H）	人力资本（H）	家庭成人劳动力人数（H1）	5人（1）；4人（0.8）；3人（0.6）；2人（0.4）；1人（0.2）	0.58	0.698

续表

变量类型	变量名	变量定义及说明	均值	标准差
人力资本（H）	成人劳动力教育程度（H2）	文盲（0）；小学（0.25）；初中（0.5）；高中/技校（0.75）；大专/本科及以上（1）	0.43	0.193
	劳动力健康程度（H3）	非常健康（1）；比较健康（0.8）；一般健康（0.5）；差（0.2）；非常差（0）	0.60	0.993
自然资本（N）	人均耕地面积（亩）（N1）	N1>100亩（1）；70亩<N1≤100亩（0.8）；40亩<N1≤70亩（0.6）；20亩<N1≤40亩（0.4）；10亩<N1≤20亩（0.2）；N1<10亩（0.1）	1.74	1.336
	人均草场面积（亩）（N2）	N2>5000亩（1）；3000亩<N2≤5000亩（0.8）；1000亩<N2≤3000亩（0.6）；500亩<N2≤1000亩（0.4）；100亩<N2≤500亩（0.2）；N2<100亩（0）	0.77	0.882
物质资本（P）	房屋P1（人民币/元）	根据房屋质量与年限，折现值（P1）：P1>20万（1）；15万<P1≤20万（0.8）；10万<P1≤15万（0.6）；5万<P1≤10万（0.4）；1万<P1≤5万（0.2）；P1<1万（0）	0.22	0.148
	牲畜P2（人民币/元）	根据马、牛、羊、猪家畜数量，折现值（P2）：P2>1万（1）；0.5万<P2≤1万（0.8）；0.3万<P2≤0.5万（0.6）；0.1万<P2≤0.3万（0.4）；0.05万<P2≤0.1万（0.2）；P2<0.05万（0）	1.77	0.423
	生产生活设备P3（人民币/元）	把农牧户拥有的汽车、拖拉机、摩托车、播种机以及电器等设备，折现值（P3）：P3>4万（1）；3万<P3≤4万（0.8）；2万<P3≤3万（0.6）；1万<P3≤2万（0.4）；0.5万<P3≤1万（0.2）；0.1万<P3≤0.5万（0.1）；P3<0.1万（0）	0.86	1.226
金融资本（F）	家庭人均年收入F1（万元）	2016年农户家庭人均收入	1.24	0.799
	借贷状况F2	0=无，1=有	0.78	0.474

变量类型	变量名	变量定义及说明	均值	标准差
心理感知（S）	横向比较 S1	与同村人相比自家生活水平：1＝非常落后，2＝落后，3＝一般，4＝领先，5＝非常领先	2.72	0.921
	纵向比较 S2	五年来家庭生活水平变化：1＝富裕变贫穷，2＝富裕变一般；一般变贫穷，3＝没变化，4＝贫穷变一般；一般变富裕，5＝贫穷变富裕	3.78	0.842

5.1.2.4　实证检验结果与分析

运用 SPSS 20.0 软件进行多元有序 Logistic 模型回归分析，解析社会资本对农牧户生活满意度的影响。在实证分析之前对自然资本、人力资本、物质资本、金融资本和心理感知的控制变量以及社会资本变量进行了多重共线性、异方差的检验与处理。对于模型（1）检验自然资本、人力资本、物质资本、金融资本及心理感知五个变量对生活满意度的影响；模型（2）在模型（1）解释变量的基础上增加了社会资本指数；模型（3）在模型（1）的基础上引入了社会资本的五个维度（社区参与、社会网络、社会声望、社会信任、共同愿景）。从模型（1）到模型（3）的回归分析来看，若原假设 $\beta_i = 0$，统计量 LR＝771.229、772.008、773.013，作用类似于线性回归模型中的 F 检验，P 值非常小，近似于零。因此，可以拒绝原假设，多个变量都有显著的统计意义，表明该 Logistic 模型系数整体显著，R^2 统计量的值分别为 53.65%、55.88%、59.31%，表明该模型有较好的拟合效果（见表5-4）。

控制变量方面：模型分析结果中，Wald 统计量表示在模型中每个解释变量的相对权重，用来评价每个解释变量对事件预测的贡献力。本书各控制变量 Wald 值采用其子项 Wald 值求和平均所得。基于此，各维度对农户生活满意度影响由大到小依次是金融资本（9.967）＞物质资本（7.871）＞心理感知（6.132）＞自然资本（6.049）＞人力资本（3.208）。

自然资本中，受禁牧、退耕还林还草等生态环境保护措施的影响，草场补贴一直是农牧交错区农牧户家庭重要的生活经济来源，对牧户家庭经济收入尤为重要。据调查，牧户户均拥有草场面积 2344.25 亩，2016 年禁牧补贴是 6.5 元/亩，禁牧补贴收入约占牧户家庭收入的 28.7%，表明草场面积通过影响农牧户家庭经济收入直接影响着农牧户生活满意度水平的高低。人力资本中，家

表 5-4　农牧户生活满意度回归模型估计结果

分类	变量名称	模型（1）				模型（2）				模型（3）			
		B	S.E.	Wald	Sig.	B	S.E.	Wald	Sig.	B	S.E.	Wald	Sig.
自然资本（N）	人均耕地面积（亩）（N1）	0.038	0.088	0.181	0.132	—	—	—	—	—	—	—	—
	人均草场面积（亩）（N2）	0.472**	0.064	2.174	0.654	1.456***	0.366	9.658	0.875	1.151***	0.372	6.049	0.856
人力资本（H）	家庭成人劳动力人数（H1）	1.012**	0.685	2.131	0.636	1.021**	0.674	2.187	0.711	1.020**	0.671	3.882	0.693
	劳动力健康程度（H2）	-0.931**	0.594	2.456	0.705	-0.920**	0.588	2.496	0.687	-0.926**	0.593	2.701	0.761
	成人劳动力教育程度（H3）	-1.566***	0.609	3.126	0.891	-1.046***	0.599	3.046	0.896	-1.042***	0.590	3.040	0.912
物质资本（P）	房屋 P1	1.310**	0.938	5.948	0.602	1.584**	0.958	5.956	0.567	1.576**	0.950	8.659	0.582
	牲畜 P2	1.225*	0.872	4.448	0.513	1.321*	0.772	4.491	0.505	1.327*	0.273	8.501	0.531
	生产生活设备 P3	0.325*	0.270	3.448	0.508	0.321*	0.272	3.491	0.517	0.327*	0.266	6.455	0.512
金融资本（F）	家庭人均年收入 F1	0.895***	0.342	9.158	0.901	1.056***	0.347	9.650	0.976	1.051***	0.344	9.967	0.863
	借贷状况 F2	0.251	0.240	1.088	0.345	—	—	—	—	—	—	—	—
心理感知（S） 横向比较 S1	非常落后	-4.020***	0.906	14.304	0.832	-3.971***	0.931	13.327	0.765	-3.968***	0.930	11.312	0.896
	落后	-3.021***	0.807	13.304	0.893	-2.871***	0.833	12.426	0.892	-2.754***	0.825	10.334	0.891
	一般	-2.785***	0.778	12.120	0.897	-2.711***	0.799	11.523	0.854	-2.710***	0.797	9.520	0.872
	领先	-1.715**	0.725	5.303	0.671	-1.712**	0.749	4.848	0.632	-1.708**	0.745	2.841	0.693
	非常领先	-1.117**	0.765	2.029	0.704	-0.997**	0.791	1.591	0.654	-1.001**	0.811	1.691	0.674

续表

变量名称		模型 (1)				模型 (2)				模型 (3)			
		B	S.E.	Wald	Sig.	B	S.E.	Wald	Sig.	B	S.E.	Wald	Sig.
心理感知 (S) 纵向比较 S2	富裕变贫劳	-2.760***	0.829	8.745	0.901	-2.710***	0.831	8.726	0.890	-2.705***	0.828	6.721	0.834
	富裕变一般	-2.760***	0.829	8.745	0.695	-2.710***	0.831	8.726	0.945	-2.705***	0.828	4.320	0.891
	一般没变化	-1.769***	1.970	6.533	0.784	-1.830***	1.970	7.554	0.765	-1.835***	1.974	5.559	0.967
	一般变富裕	-1.978***	0.422	5.235	0.654	-2.161***	0.404	5.791	0.986	-2.167***	0.405	3.794	0.786
	贫劳变富裕	-0.823***	0.597	7.005	0.906	-0.871***	0.563	7.227	0.913	-0.870***	0.562	5.225	0.864
社会资本指数		—	—	—	—	0.758***	0.235	5.382	0.965	—	—	—	—
社会资本	社区参与	—	—	—	—	—	—	—	—	0.125***	0.033	3.006	0.841
	社会网络	—	—	—	—	—	—	—	—	0.262***	0.042	3.156	0.831
	社会声望	—	—	—	—	—	—	—	—	0.387**	0.051	1.312	0.704
	社会信任	—	—	—	—	—	—	—	—	0.632***	0.141	5.798	0.892
	共同愿景	—	—	—	—	—	—	—	—	0.398**	0.081	2.784	0.654
样本数		732				732				732			
LR statistic		771.229***				772.008***				773.013***			
Pseudo R²		53.65%				55.88%				59.31%			

注：***、**、*分别为在1%、5%和10%的水平上显著，Sig.值大于0.5表示拒绝原假设，Sig.值小于0.5表示接受原假设。

庭受教育程度系数为负，表明家庭受教育程度与生活满意度呈现负相关，即家庭受教育程度越高其满意度越低。究其原因，受教育程度高，就会对生活质量要求高，自我实现愿望强烈，但农村环境为其提供平台较低，往往不能够满足其愿望，因此对生活满意度造成负向影响。在物质资本中，房屋、机车等家庭固定资产越多，在面对干旱、市场等风险时，农户以固定资产为基础来应对生产、生活危机，越具有良好的效果，如抵押贷款等，牧户则以出售牲畜来应对干旱气候等。因此，物质资本对于农牧户生活满意度的提升具有重要的正向影响。在金融资本中，农牧户经济收入提高对生活满意度具有显著影响。当地农户家庭收入每提高一万元，生活满意度提高 $e^{1.051 \times 1} = 2.86$ 倍。心理感知方面，农牧户横向与纵向比较都与其生活满意度提高呈正相关。在横向比较调查过程中发现，农牧户生活满意度标准多参照邻居生产生活水平；在纵向比较调查中发现，农牧户表示生活满意度都有所提升，即生产生活水平在不断提高。由此可见，在心理感知方面横向比较与纵向比较的变化对于农牧户生活满意度主观判断具有重要作用，特别是横向比较作用凸显。

解释变量方面：模型（2）结果显示，社会资本指数在1%水平上显著，且系数为正，说明农牧户社会资本提升有助于生活满意度的提高。分析结果显示，社会资本五个维度对农牧户生活满意度影响由大到小依次是社会信任（5.798）>社会网络（3.156）>共同愿景（2.784）>社会声望（1.312）>社区参与（1.006）。

社区参与方面：以参与技术培训为主，在技术培训过程中种植、养殖与销售等经验成为主要内容，参与活动多，能够增强农牧民的共同愿景与相互信任，提高农牧民的生活满意度水平。社会网络方面，受农村、牧区传统文化与生产力水平较低的影响，农牧户生产、生活都根植于社会网络中，社会网络不仅为农牧户日常感情交流提供了平台，更是其乡村文化传承的重要工具。从分析结果来看，社会网络水平每提高一个单位，农牧户生活满意度将提高 $e^{0.262 \times 1} = 1.30$ 倍，可以看出，社会网络对于农牧户生活满意度的提高具有重要的作用与意义。社会声望方面，日常生产生活的互助、关心以及相互认可，是农牧户主观满意度的重要推力，其中，"家庭成员在当地的势力程度"对于社会声望具有重要影响，如同姓户数多少等，对于农牧户生活满意度影响较大。社会信任方面，在影响生活满意度的社会资本五维度中社会信任 Wald 贡献率最高，信任每增加一个单位，农户生活满意度提高 $e^{0.632 \times 1} = 1.88$ 倍。共同愿景方面，通过分析农村、牧区社会生态环境和谐的程度以及对未来的愿景，可以反映出该乡村的凝聚力与归属感。从调查结果来看，社区凝聚力与归属感越强，其获得发展的机会越多，对于提升农牧户生活水平越具有积极的作用，从而间接提升了农牧户的满意度水平。

基于前文分析结果，四种类型农牧户的社会资本及其生活满意度均有较大差异。运用多元有序 Logistic 回归模型，分析社会资本对四种类型农牧户生活满意度的影响，计量检验结果见表 5-5。

控制变量对四种类型农牧户生活满意度的影响与对全体农牧户影响趋势相一致：金融资本（7.945）>心理感知（6.019）>物质资本（5.505）>自然资本（5.489）>人力资本（3.862）。

社会资本方面：影响四种类型农牧户生活满意度的首要因子各不相同。首先，纯农户生产活动以粮食种植为主，其生产生活活动受村长领导、社员间互助、亲戚感情寄托及生产技术支持等影响深刻，乡村社区环境中社员的社会网络成为纯农户型满意度的首要因子；其次，纯牧户生产活动以放牧为主，主要收入来源是畜产品，因此，信息交流、牧民间资金拆借等社会声望对于纯牧户型农牧户生活满意度提升具有重要影响；最后，对于兼农牧型、非农牧型农牧户，其生计方式及社会网络出现多样化、外向型趋势，因此，对熟悉人或电视、网络信息信任的提升，有助于产生合作与就业机会，是提升其生活满意度的重要原因。

5.1.2.5 研究结果与政策启示

党的十九大报告提出的实施乡村振兴战略的总要求——"产业兴旺、生态宜居、乡风文明、治理有效、生活富裕"，顺应了农牧民对美好生活的向往，提高了农牧民生活幸福指数，是乡村振兴的重要目标。在此背景下研究如何提高不同类型的农牧户的生活满意度无疑具有重要的政策内涵。然而，由于研究视角的局限，当前学者们并未给出从个体社会资本与集体社会资本的多维视角，本书综合分析农牧户社会资本特征及差异，探讨其多维资本对不同类型生计农牧户生活满意度的影响，这也弥补了已有研究成果的局限性。具体来说，本书基于个体社会资本与集体社会资本多维度视角，探讨四种生计类型农牧户社会资本特征及生活满意度差异，并尝试研究了社会资本对四种生计类型农牧户生活满意度的影响，主要结论如下：①四种类型农牧户社会资本存量具有明显差异；②当地农牧户生活满意度水平整体偏低，以"生活满意度为非常满意"为对比标准，生活满意度由高到低排序为纯牧型>纯农型>非农牧型>农牧兼型；③影响农牧户生活满意度因子排序为金融资本>物质资本>心理感知>

表5-5 四种生计类型农牧户生活满意度分析

变量名称		纯农型			纯牧型			兼农牧型			非农牧型		
		B	Wald	Sig.	B	Wald	Sig.	B	Wald	Sig.	B	Wald	Sig.
自然资本(N)	人均耕地面积(亩)(N1)	0.846*	5.446	0.507	—	—	—	0.706*	4.870	0.506	—	—	—
	人均草场面积(亩)(N2)	—	—	—	1.336**	6.522	0.649	1.223**	5.803	0.675	1.003**	4.803	0.656
人力资本(H)	家庭成人劳动力人数(H1)	1.446**	4.553	0.652	1.165**	4.849	0.567	1.602**	4.997	0.598	1.702**	4.762	0.565
	劳动力健康程度(H2)	1.207**	3.817	0.675	1.139**	3.652	0.610	1.320**	3.741	0.632	1.412**	5.001	0.613
	成人劳动力教育程度(H3)	-2.260**	2.117	0.876	-1.907**	2.004	0.653	-1.855*	1.263	0.681	-1.959**	1.726	0.591
物质资本(P)	房屋P1	1.323**	6.817	0.732	1.189**	3.849	0.561	1.551**	6.841	0.605	1.002**	6.753	0.632
	牲畜P2	1.122**	4.817	0.639	1.289**	7.849	0.609	1.334**	5.943	0.701	1.113**	2.253	0.705
	生产生活设备P3	1.024**	5.817	0.587	1.001**	5.331	0.708	1.465**	6.340	0.650	1.054**	3.253	0.605
金融资本(F)	家庭人均年收入F1	1.776***	11.029	0.789	1.986***	10.221	0.804	1.845***	10.132	0.890	1.247***	9.586	0.741
	借贷状况F2	1.753***	4.029	0.764	1.986***	7.124	0.831	1.845***	6.856	0.876	1.247***	4.586	0.805
心理感知(S) 横向比较S1	非常落后	-2.785***	12.072	0.812	-2.897***	12.034	0.763	-2.653***	11.028	0.775	-3.201***	13.004	0.793
	落后	-2.701***	11.129	0.784	-3.012***	11.259	0.753	-1.956***	10.546	0.876	-2.954***	11.258	0.709
	一般	-1.504**	4.327	0.612	-1.756***	4.356	0.894	-1.455***	3.810	0.761	-3.057***	6.580	0.837
	领先	-0.181*	1.601	0.507	-0.589**	1.888	0.659	-1.008**	2.582	0.706	-1.014**	2.577	0.895
	非常领先	-0.172*	1.085	0.562	-0.447**	1.662	0.687	-1.223***	1.877	0.803	-1.001***	2.035	0.783

续表

变量名称		纯农型 B	纯农型 Wald	纯农型 Sig.	纯牧型 B	纯牧型 Wald	纯牧型 Sig.	兼农收型 B	兼农收型 Wald	兼农收型 Sig.	非农收型 B	非农收型 Wald	非农收型 Sig.
心理感知（S） 纵向比较 S2	富裕变贫劳	-3.188***	11.689	0.876	-2.856***	10.540	0.503	-2.120***	9.744	0.789	-2.988***	10.275	0.764
	富裕变一般	-2.907***	10.576	0.643	-2.114***	8.523	0.896	-2.007***	9.210	0.786	-2.744***	9.569	0.876
	一般没变化	-3.483***	7.194	0.675	-1.457***	4.109	0.895	-0.988***	5.745	0.704	-2.004***	6.581	0.791
	一般变富裕	-1.966***	3.240	0.749	-0.008***	0.774	0.903	-0.108***	1.041	0.707	-0.124***	0.801	0.865
	贫劳变富裕	-1.882***	2.225	0.781	-0.006***	0.558	0.867	-0.009***	1.002	0.876	-0.098***	0.677	0.764
社会资本	社区参与	0.107**	1.012	0.663	0.004***	1.001	0.891	0.088***	0.778	0.787	0.112***	0.668	0.782
	社会网络	0.364***	3.812	0.893	0.271***	1.205	0.671	0.278***	3.356	0.678	0.336***	4.017	0.891
	社会声望	0.210**	2.215	0.765	0.526**	4.899	0.602	0.176**	0.955	0.604	0.157**	0.811	0.609
	社会信任	0.332**	3.807	0.789	0.501***	4.617	0.503	0.401***	4.074	0.782	0.680***	5.017	0.795
	共同愿景	0.278**	1.609	0.643	0.291*	1.854	0.512	0.217*	1.447	0.501	0.198*	1.214	0.504
样本数		244			134			196			158		
LR Statistic		224.135**			667.224***			558.721***			48.235**		
Pseudo R²		55.46%			59.73%			54.68%			61.22%		

注：***、**、* 分别为在 1%、5% 和 10% 的水平上显著，Sig. 值大于 0.5 表示拒绝原假设，Sig. 值小于 0.5 表示接受原假设。

自然资本>人力资本；④社会资本对农牧户生活满意度水平具有促进作用，不同维度社会资本对不同类型农牧户生活满意度的促进程度具有明显差异，其中促进作用最明显的组合为社会网络（纯农型）、社会声望（纯牧型）、社会信任（农牧兼型与非农牧型）。

根据研究结论得出相应的政策启示：①多举行生产技术培训，鼓励农牧户参与农牧业合作组织，加强村委会的领导能力。社会资本的增加有助于提高农牧户生活满意度水平，因此，尤其是对于纯牧户应多进行农牧业生产技术方面的培训，进而增加牧户的收入，快速提高其生活满意度。②完善金融服务，拓宽信息渠道。对于纯牧户应提供完善的金融服务，如贷款，提高其理财水平，拓宽其买卖信息渠道，为牧户交流市场信息提供平台，从而提高其生活满意度。③加强政府制度建设，提高农牧户信任。对于农牧兼型和非农牧型农牧户，应加强以村委会、乡镇政府等为主的制度信任和以对同质人群与异质人群为主的普遍信任的建设，从而提高其生活满意度水平。④加大教育投入，提高个体社会资本与集体社会资本。要提高农牧户的生活满意度，不仅要提高其个体社会资本，如人均收入、受教育水平等，还要提高其集体社会资本，如互动、信任、交流平台等方面。因此，政府应多为农牧户提供合作与交流的平台和渠道，让农牧户在合作中实现"互信、互动和共赢"。努力尝试建立由具有共同愿景的农牧户组成的合作组织，在更大程度上提高社会资本对生活满意度的促进作用，进而提高生活满意度。另外，提高农牧户生活满意度也是政府实现乡村振兴的重要目标和政策导向。

5.1.3　农牧户社会资本可利用度分析

5.1.3.1　社会资本可利用度概念

基于以上农牧户社会资本存在差异的研究发现，个体在获得社会资本的经济活动与身心健康支撑的过程中，其获取社会网络中的资源并非均等，即社会网络中的资源对于不同个体来说，其可获取性、可利用性显然具有显著差异。那么，如何测量这种差异，其影响因素是什么？对该问题的回答不仅能够增加我们对社会资本内涵的认识，而且对提升居民的获得感和生活满意度具有重要意义，但迄今为止仅有很少的学者关注该问题。

社会资本植根于社会网络中，微观个体是构成社会网络的基本单元，但受个体结构位置、网络位置、行动目的以及集体特征差异的影响，微观个体在获取、使用社会网络中的社会资本时，其所获取的社会资本数量并非均等，即微观个体受自身条件约束，对于社会网络中的个体社会资本与集体社会资本的可利用性存在差异。吴宝（2017）指出，社会资本可利用度差异包括个体社会资本可利用度差异和集体社会资本可利用度差异，该差异则是造成社会资本不平等的重要原因。正如图5-4所示，个人社会资本可利用程度影响了社会资本对居民的回报率，影响了居民的物质回报和精神回报，从而导致了社会的不平等。

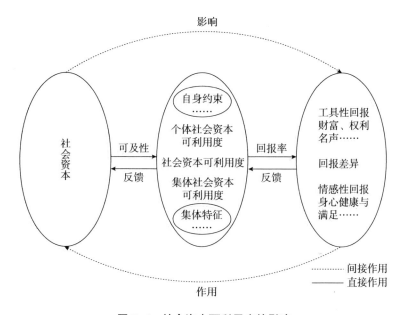

图5-4　社会资本可利用度的影响

可见，居民对社会网络中社会资本的利用程度，对其福利具有至关重要的影响，是值得学术界深入研究的重要课题。为了进一步探讨导致个体间社会资本可及性、可利用性不平等的程度及过程，本书提出了社会资本可利用度概念：行动者受自身条件与集体环境所限，获取社会网络中资源的程度，可以用行动者通过社会网络可获取的社会资本量与社会网络中社会资本总量的比值表示，社会资本可利用度指数越大，表明行动者对于社会网络中社会资本的获取性越大，对于社会网络中的资源的利用程度越高。

5.1.3.2 研究主题

为了进一步验证上述论断，本书将使用内蒙古地区的农牧民调查数据进行实证分析。选择内蒙古地区进行研究，是基于两点考虑：首先，内蒙古地区是我国北方农业区向牧业区的过渡区，在这个过渡区内种植业和草地畜牧业在空间上交错分布，农业和牧业生产方式并存，地域文化多样，提供了一个有关居民社会资本可利用度研究的绝佳范本。具体而言，内蒙古地区草原牧区面积约8666.7亿公顷，约占辖区总面积的60%，33个牧业县、21个半农半牧县，受地理环境复杂与地域文化多样影响，从事不同生产活动的农牧民个体特征与乡村社区环境差异性大（周广肃，2014）。例如，在牧区嘎查，受蒙古族共同的文化信仰与风俗习惯影响，农牧民间具有良好的信任和互惠关系，表现在诸如代管牲畜、财务，农忙时节为亲朋邻居提供接羊羔、剪羊毛等事务性帮助等活动，社会规范作用凸显；但牧区受居住聚落集聚度低、与中心城镇之间交通不便的影响，牧区乡村社会网络整体表现出封闭、内聚的特征，农牧民与外界沟通能力有限（赵雪雁，2011；史雨星，2018），因此社会网络规模小，农牧民社会资本获取机会少，可获取社会资本量少。对比而言，内蒙古地区农区乡村的社会层次结构、网络关系相对复杂，社会互动多、居住聚落集聚度高，与中心城镇之间交通较为便利，社会网络相对开放，农牧民社会资本获取机会多，可获取社会资本量较多。因此，通过对从事不同生产方式的农牧民的考察，有助于迅速发现真正影响社会资本可利用程度的变量。其次，内蒙古地区是少数民族人口的集中区、贫困区，也是乡村振兴战略实施的重点、难点区域（李文龙，2018；林海英，2019）。通过研究内蒙古地区居民的社会资本可利用度，有针对性地提出加快提升居民社会资本可利用度的政策建议，无疑对于回答新时期如何通过提升居民社会资本来实现乡村振兴具有重要的现实意义和政策价值。

基于以上分析，我们提出以下两个密切联系的研究主题：第一，居民的社会资本可利用程度是否会因为生产方式的不同而存在显著差异？特别地，对于我们所研究的内蒙古地区而言，从事农业生产与从事牧业生产的农牧户之间的社会资本可利用度是否存在差异？第二，如果居民之间存在社会资本可利用程度的差异，那么这种差异会受到何种因素的影响？下面，我们将使用数据对上述两个问题逐一进行回答。

5.1.3.3 数据、变量与描述

（1）研究数据。本书实地调研的地区为内蒙古自治区包头市达尔罕茂明

安联合旗，是内蒙古地区典型半农半牧型旗，年降雨量平均值约为 256.2 毫米，且由南向北逐渐减少（李文龙，2019）；辖区面积 18177 平方千米，其中，耕地面积 77007 公顷，草地面积 1597328 公顷；辖 12 个乡镇（苏木），其中，以畜牧业生产为主导产业的乡镇有查干哈达苏木、巴音敖包苏木、达尔罕苏木、明安镇、巴音花镇、满都拉镇，主要分布在达尔罕茂明安联合旗中部和北部，草场面积大，地势平坦，蒙古族居住聚落较多；以农业生产为主导产业的乡镇有乌克忽洞镇、西河乡、小文公乡，主要分布在达尔罕茂明安联合旗南部，耕地面积大，相对中部地区、北部地区地势坡度较大，汉族居住聚落较多，旗政府所在地位于百灵庙镇，截至 2017 年，辖区 41895 户、11.1586 万人（林海英，2019）。

基于研究需要，我们研究选择旗政府所在地百灵庙镇，农业产业主导的乌克忽洞镇、西河乡，畜牧业产业主导的达尔罕苏木、巴音敖包苏木为调查样点，采取分层随机抽样方式，对乡镇（苏木）的 32 个自然村（嘎查）的农牧民，运用参与性农牧户评估方法（PRA）进行问卷调查，并针对村支书、农牧业合作组织负责人等关键人物进行半结构式访谈。为了保证研究的科学性，我们于 2016 年 7 月至 2018 年 11 月共展开了三次乡村调研，具体包括：①预调研：2016 年 7~12 月，走访旗农牧业局、统计局、国土局等政府部门和典型乡镇，收集了旗气候、社会、经济以及典型乡村"三资"等相关背景资料，并对少量农牧户进行抽样访谈。②正式调研：2017 年 8 月至 2018 年 9 月，设计与发放问卷。正式调研以预调研获取的背景资料与农牧户抽样数据为基础，依据设计指标的选取原则，设计与完善调查问卷，采用问卷调查与半结构式访谈方法进行调研。③补充调研：2018 年 10 月，针对调查问卷中存在的数据不完善和案例地背景资料缺失等问题，进行了补充调研。共发放问卷 1377 份，其中有效问卷 1213 份，问卷有效率为 88.1%。

调查问卷内容较为丰富，包括对农牧民家庭基本情况的统计，比如家庭人口结构、年龄结构、劳动力状况、受教育程度、居住地距最近城镇距离、距最近邻居家距离等；农牧户生计资本情况，包括自然资本、人力资本、物质资本、金融资本、社会资本等；农牧户对社会发展的感知情况，包括经济社会发展对其生产生活的影响、对社会网络关系的影响等。正如前面我们所提到的，由于内蒙古各地地理条件迥异，农业、牧业等多种生产方式并存，从而对居民的社会资本及其可利用程度具有重要影响。因此，我们需要对农牧民的生产方式进行细致的考察。从大类上说，农牧户生产方式主要包括农业生产、畜牧业生产和非农牧业生产活动中的务工、稳定性工作及其他非农牧业生产活动。借鉴陈斌开（2018）、王昌海（2017）等研究中农户主体类型划分经验，本书以家庭经济主要来源方式为划分依据，将农牧户划分为纯农型（农业生产收入比重≥85%）、纯牧型（畜牧业生产收入比重≥85%）、农牧兼型［农牧业生产收入比重≥90%，且单项（农业生产、牧业生产）收入不小于30%］、非农牧型（非农牧收入比重≥85%）。统计结果显示，纯农型农牧户占总样本的38.9%，纯牧型农牧户占17.8%，农牧兼型农牧户占23.0%，非农牧型农牧户占20.3%。可见，在内蒙古地区各种生产方式均占有一定的比重，进一步验证了我们关于该地区多种生产方式并存的判断。

（2）社会资本可利用度测算体系。我们所考察的核心变量是农牧民的社会资本可利用度。已有文献表明，社会网络是社会资本发挥作用的媒介与存在的载体，而社会信任、社会规范是基于社会网络组织的非正式形式产生的结果。因此，社会资本可利用量测度指标的选取应聚焦于社会网络维度。以往研究结果也表明，个体越靠近网络中的桥梁，个体在工具性行动中获取的社会资本越好；社会网络关系越强，个体间信任度越高，越有助于居民社会资本的获取；社会网络规模越大，个体获取社会资本的机会越多；社会网络信息交换效率越高，非正式环境完善程度越高，越有助于在正式制度欠缺的农村、牧区农牧民、村集体间的交易成本降低，促使农牧民之间、村集体之间开展更多的有效经济活动与互惠活动，提高居民社会资本可获取量。因此，我们通过居民与社会网络桥梁的接近程度、社会网络关系强度、社会网络规模大小、社会网络信息交换效率和非正式环境完善程度五个维度来测算农牧民对于乡村社会网络中社会资本的可利用度，并结合案例区农牧户生产生活的实际状况，选择"剪羊毛、接羔子、作物收割时愿意帮忙的人数"测度农牧户靠近社会网络桥梁的位置程度，"出远门或遇到急事不在家时，将家里的牲畜、财务委托近邻保管放心的程度"测度农牧户社会网络关系强度，"手机上存有联系人户数"测度农牧户社会网络规模大小程度，"是否经常参加个体、集体组织的生产、生活相关活动"测度对社会网络信息交换效率，"大家遵守村规民约程度"测度社会网络发展的非正式环境完善程度。

为验证测量指标间的不相关性，我们采用常用的KMO统计量和Bartlett球形检验方法进行信度与效度检验，检验结果（见表5-6）。通过分析我们发现，农牧户社会资本测量量表的 Cronbach's α 系数为 0.801，各指标的 Cronbach's α 系数都大于 0.750；KMO 统计量为 0.802，Bartlett 检验的卡方值为 1988.04，相伴概率为 0.000，在 0.01 水平上显著，说明该量表具有良好的信度与效度。

表 5-6　社会资本可利用量测量指标描述统计分析

社会资本层次	维度	指标	赋值	均值	标准差	系数
农牧户社会本可利用量	社会网络地位	剪羊毛、接羔子、作物收割时愿意帮忙的人数	不足 3 人 =1，3~5 人 =2，5~7 人 =3，7~9 人 =4，超过 9 人 =5	2.48	1.06	0.983
	社会网络强度	出远门或遇到急事不在家时，将家里牲畜、财务委托近邻保管放心的程度	非常不放心 =1，比较不放心 =2，一般 =3，比较放心 =4，非常放心 =5	3.18	0.94	0.756
	社会网络规模	手机上存有联系人户数	不足 30 户 =1，30~50 户 =2，50~70 户 =3，70~90 户 =4，超过 90 户 =5	3.53	0.88	0.768
	社会网络信息交换效率	是否愿意参加政府组织的生产、生活相关活动	1（不参加）~5（经常参加）	3.01	0.92	0.772
	社会网络环境完善程度	大家遵守村规民约程度	非常不遵守 =1，比较不遵守 =2，一般 =3，比较遵守 =4，非常遵守 =5	3.50	1.12	0.775

（3）社会资本可利用度的测算公式。首先，我们将农牧民个体的社会网络地位、社会网络强度、社会网络规模、社会网络信息交换效率、社会网络环境完善程度 5 个维度测项分记为 K_{ij}，利用不同维度的贡献率作为权重 W_j，将 5 个维度社会资本指数加权求和，计算出每个农牧户从乡村社会网络中获取的社会资本量 S_i [式（5-5）]；其次，分别将所有农牧户社会资本获取量 S_i 求和，计算出乡村社会网络中社会资本总量 S；再次，将每一个农牧户从乡村社

会网络中获取的社会资本量 S_i 除以乡村社会网络中社会资本总量 S；最后，计算出农牧户个体在乡村社会网络社会资本中的社会资本可利用度 Z_i。具体计算公式如下：

$$S_i = \sum_{j=1}^{5} W_j K_{ij} \tag{5-4}$$

$$S = \sum_{i=1}^{n} S_i \tag{5-5}$$

$$SCA_i = \frac{S_i}{S} \tag{5-6}$$

式中，K_{ij} 为第 i 个农牧户第 j 维度的测项得分，W_j 为 j 维度的权重，S_i 为第 i 个农牧户从社会网络中获取的社会资本量（i=1，2，3，…，n，n 为农牧户样本个数），S 为乡村社会网络中社会资本总量，SCA_i 为农牧户个体在乡村社会网络社会资本中的社会资本可利用度。

（4）模型检验及相关变量说明。为检验本书提出的理论概念，我们使用下面的模型进行实证分析：

$$SCA_i = \beta_0 + \beta_1 Fc_i + \beta_2 Ac_i + \beta_3 Ra_i + \Gamma' X_i + \varepsilon_i \tag{5-7}$$

其中，模型的被解释变量为农牧户的社会资本可利用度 SCA_i，社会资本可利用度是本书中提出的新概念，结合公式计算所得。解释变量包括：民俗文化 Fc、中心城镇可达性 Ac 和居住集聚性 Ra。Fc 代表民俗文化，是因为社会资本往往在特定的地域表现出一定的独特性，因而被认为与民俗文化有关（陆铭，2008），而民族作为文化的重要表征，深刻影响着社会资本的效用（De Vroome and Thomas，2014），因此，使用民族代表民俗文化指标，蒙古族=1，汉族=0。借鉴赵雪雁（2011）、史雨星（2018）等的研究观点和内蒙古地区地理环境复杂的实际情况，发现内蒙古地区乡村（嘎查）社会网络规模、强度、信息交互频率等，深受中心城镇可达性、居住集聚性影响，因此，选择农牧户的中心城镇可达性与居住集聚性为解释变量，其中，中心城镇可达性 Ac：该指标用来解释中心城镇可达性对农牧户的社会资本可利用度的影响；居住集聚性 Ra：该指标用来解释农牧户居住集聚性对社会资本可利用度的影响。X 代表其他可能影响农牧户的社会资本可利用度的控制变量。结合李涛（2011）、李树（2012）、程欣炜（2017）等研究成果，我们将户主年龄（Age）、户主受教育程度（Educ）、家庭规模（FS）、劳动力比重（Labor）、人均年收入对数（Income）和农村牧区居住年限（Ly）作为模型的控制变量。

表 5-7 是模型主要变量的描述性统计。从表 5-7 中我们可以看出，社会资本可利用度的均值为 24.089，最大值为 55.012，最小值为 1.803，最大值是最小值的 30.51 倍，这表明农牧户之间的社会资本利用度确实存在很大差异。中心城镇可达性的均值为 0.221，最大值为 2.168，最小值为 0.055，最大值是最小值的 39.42 倍，这表明农牧户之间的距中心城镇距离确实存在很大差异。居住集聚性的均值为 1.816，最大值为 5.628，最小值为 0.162，最大值是最小值的 34.74 倍，这表明农牧户居住集聚程度差异性较大，尤其是牧户居住的集聚性偏小。

表 5-7 变量定义及描述性统计

变量名称	观测数量	均值	标准差	最大值	最小值
被解释变量					
社会资本可利用度 SCA（%）	1213	24.089	0.489	55.012	1.803
解释变量					
民俗文化（Fc）	1213	0.385	0.411	1	0
中心城镇可达性（Ac）	1213	0.221	0.618	2.168	0.055
居住集聚性（Ra）	1213	1.816	0.530	5.628	0.162
控制变量					
户主年龄（Age）	1213	2.384	0.605	4	1
户主受教育程度（Educ）	1213	0.584	0.275	1	0
家庭规模（Fs）	1213	3.724	1.380	7	1
劳动力比重（Labor）	1213	64.734	7.925	100	0
人均年收入对数（Income）	1213	9.753	0.777	10.126	7.602
农牧区居住年限（Ly）	1213	40.18	12.56	68	5

5.1.3.4 实证结果分析

（1）社会资本可利用度的计算结果。对纯农型、纯牧型、农牧兼型、非农牧型农牧户的社会资本可利用度进行多个独立样本卡方检验，社会网络地位、社会网络强度、社会网络规模、社会网络信息交换效率、社会网络环境完善程度、社会资本存量和社会资本可利用度的 Chi-Square 检验值分别为

24.056、31.321、29.221、41.352、50.128、101.16、118.19，对应的相伴概率 p 为 0.000，均小于显著性水平 0.01，说明四种生产方式农牧户的社会资本可利用度存在显著差异（见表 5-8）。

表 5-8 农牧户社会资本特征与可利用度计算结果

维度	纯农型		纯牧型		农牧兼型		非农牧型		系数
	均值	标准差	均值	标准差	均值	标准差	均值	标准差	
社会网络地位（P）	3.10	0.687	2.08	0.965	2.98	1.227	1.06	1.091	24.056***
社会网络强度（I）	3.01	0.842	3.66	0.621	3.32	0.727	2.93	0.869	31.321**
社会网络规模（S）	3.89	0.988	2.73	0.771	4.01	0.983	3.02	1.267	29.221***
社会网络信息交换效率（I）	3.77	0.754	2.07	0.509	3.26	1.024	2.11	1.038	41.352***
社会网络环境完善程度（E）	3.08	0.877	4.15	0.524	3.06	1.001	4.22	1.451	50.128***
社会资本可利用量（SC）	13.60	—	11.72	—	13.40	—	10.47	—	101.160***
社会资本可利用度（SCA%）	27.64	—	23.83	—	27.25	—	21.28	—	118.190***

注：***、** 分别为在 1% 和 5% 的水平上显著。

总体来看，不同生产方式农牧户的社会资本可利用度存在显著差异，社会资本可利用度由高到低排序为纯农型（27.64%）、农牧兼型（27.25%）、纯牧型（23.83%）、非农牧型（21.28%）。其中，纯农型农牧户社会资本可利用度高于平均值 2.64 个百分点，5 个维度中，社会网络规模与社会网络信息交换效率最高，分别高出平均值 0.52 个和 0.4 个百分点，表明纯农型农牧户社会网络规模大，社会网络信息交换效率最高。纯牧型农牧户社会资本可利用度低于平均值 1.17 个百分点，5 个维度中，社会网络非正式环境完善度和社会网络强度较高，分别高出平均值 1.21 个和 0.72 个百分点，表明纯牧型农牧户社会网络的非正式环境作用凸显，社会网络强度大。农牧兼型农牧户社会资本可利用度高于平均值 2.24 个百分点，5 个维度中，社会网络规模和社会网络强度较高，分别高出平均值 0.68 个和 0.02 百分点，表明农牧兼型农牧户因生产方式多样，社会网络规模较大，社会互助较多。非农牧型农牧户社会资本可利用度低于平均值 3.72 个百分点，5 个维度中，社会网络环境完善程度和社会网络规模较高，分别高出平均值 1.55 个和 0.35 个百分点，表明非农牧型农牧户社会网络规模发达，但受脱离农牧业生产影响，社会网络地位指数较小。以上分析可知，农牧户社会资本可利用度确实存在显著差异。下面，我们使用数据对回归模型进行分析。

（2）基准回归结果分析。在回归模型的变量中，家庭人均年收入、家庭规模、居住年限及社会资本可利用度间可能存在多重共线特征，本书采取方差膨胀因子法对所有自变量进行了多重共线性检验。检验结果表明，最大方差膨胀因子为2.67，平均方差膨胀因子为1.35，都小于10，故不存在多重共线性问题。

表5-9 基准回归结果

变量	（1）	（2）加入个人特征变量	（3）加入家庭特征变量
Fc	0.064 (1.06)	0.089 * (1.85)	0.102 ** (2.72)
Ac	0069 (1.59)	0.145 * (1.91)	0.179 ** (2.56)
Ra	0.158 (1.57)	0.202 * (2.01)	0.211 *** (3.40)
Age	—	0.205 ** (2.37)	0.274 ** (2.56)
Educ	—	0.297 ** (3.86)	0.308 *** (5.61)
Ly	—	0.206 ** (2.19)	0.254 *** (3.45)
Fs	—	—	0.264 ** (2.65)
Labor	—	—	0.146 ** (2.45)
Income	—	—	0.406 *** (3.69)

续表

变量	（1）	（2）加入个人特征变量	（3）加入家庭特征变量
R^2	0.301	0.367	0.403
N	1213	1213	1213
Year	2018	2018	2018

注：***、**、*分别为在1%、5%和10%的水平上显著。

表5-9报告的是基准回归结果。列（1）仅是民俗文化、中心城镇可达性与居住集聚性作为解释变量对农牧户社会资本可利用度影响的结果，三个影响因素的系数均为正，但不显著；列（2）加入了个人特征变量户主年龄（Age）、户主受教育程度（Educ）和农村牧区居住年限（Year）后，三个影响因素对农牧户社会资本可利用度的影响均显著为正，但影响程度偏低；而列（3）加入家庭特征变量家庭规模（Fs）、劳动力比重（Labor）和人均年收入（Income）后，三个影响因素对农牧户社会资本可利用度的影响程度明显增大，其影响程度由高到低排序为居住集聚性（Ra）（0.211）>中心城镇可达性（Ac）（0.179）>民俗文化（Fc）（0.102），分析结果表明，相对于民俗文化因素来说，地理因素对农牧户社会资本可利用度的影响更大。

控制变量方面，户主年龄（Age）、户主受教育程度（Educ）、家庭规模（Fs）、劳动力比重（Labor）、人均年收入（Income）和农村牧区居住年限（Year）对农牧户社会资本可利用度均具有显著影响，并呈现出显著正相关，即户主年龄（Age）、户主受教育程度（Educ）、家庭规模（Fs）、劳动力比重（Labor）、人均年收入（Income）和农村牧区居住年限（Year）对农牧户家庭社会资本量的获取具有正向的促进作用，其贡献度由高到低排序为人均年收入（Income）（0.406）>户主受教育程度（Educ）（0.308）>户主年龄（Age）（0.274）>家庭规模（Fs）（0.264）>农村牧区居住年限（Ly）（0.254）>劳动力比重（Labor）（0.146）。由于控制变量并不是本书着重介绍的内容，故其具体的作用机制就不再展开陈述。

（3）工具变量回归结果分析。从逻辑上讲，基准回归模型可能会受到一些内生性问题的困扰（陈强，2013）。首先，可能存在遗漏变量问题。例如，户主的人格特征可能既会影响他/她与其他居民的居住距离，也可能会对他/她的社会资本利用度造成影响。其次，可能存在反向因果的可能。即居民的社会资本可利用度可能反过来会影响居民的居住地选择。为了排除可能存在的内生性问题，我们使用工具变量法进行分析。我们所使用的工具变量是草场面积（Ga）、地形坡度（Slope）和降雨量（Rain）。显然，草场面积、地形坡度、降雨量与地区自然环境密切相关，基本上可以认为是外生的自然条件，而与农牧户社会资本可利用度没有直接的关系。此外，调研数据显示，降雨量越小、地形坡度越平缓、草场面积越大，蒙古族农牧户越多，蒙古族文化习俗越浓厚，距离城镇越远，居住集聚性越小；而降雨量越大、地形坡度越大、草场面积越小，汉族农牧户越多，汉族民俗文化氛围越浓厚，居住集聚性、中心城镇可达性越大。

表 5-10 工具变量回归结果

解释变量	被解释变量：SCA_i		
	IV_2SLS（1）	IV_2SLS（2）	IV_2SLS（3）
Fc	0.093 * （1.86）	0.135 ** （2.67）	0.202 *** （3.78）
Ac	0.116 * （1.97）	0.256 ** （2.75）	0.312 *** （3.69）
Ra	0.158 ** （2.36）	0.334 ** （3.01）	0.401 *** （4.84）
Age	—	0.225 ** （2.39）	0.287 ** （2.68）
Educ	—	0.301 ** （3.89）	0.315 *** （5.69）
Ly	—	0.217 ** （2.23）	0.261 *** （3.57）
Fs	—	—	0.278 ** （2.69）

续表

解释变量	被解释变量：SCA_i		
	IV_2SLS（1）	IV_2SLS（2）	IV_2SLS（3）
Labor	—	—	0.154 ** (2.53)
Income			0.412 *** (3.71)
R^2	0.382	0.408	0.426
N	1213	1213	1213
Year	2018	2018	2018
一阶段结果			
Ga	0.135 *** (3.71)	-0.103 ** (-2.05)	-0.112 ** (-2.16)
Slope	-0.102 ** (-2.56)	0.094 ** (2.34)	0.113 *** (3.35)
Rain	-0.114 *** (-3.12)	0.128 ** (2.65)	0.105 ** (2.38)
F 统计量	30.03	32.36	31.26
Hansen 检验（P 值）	0.16	0.17	0.19
N	1213	1213	1213
Year	2018	2018	2018

注：***、**、*分别为在1%、5%和10%的水平上显著。Hansen 检验报告了 p 值。

表5-10 报告了采用两阶段（2SLS）最小二乘法进行工具变量回归的结果。第一阶段回归结果显示：草场面积（Ga）、地形坡度（Slope）和降雨量（Rain）三个工具变量分别与居住集聚性、中心城镇可达性及民俗文化呈显著相关关系，表明草场面积（Ga）、地形坡度（Slope）和降雨量（Rain）确实与这三个内生变量密切相关，F 值大于10，拒绝了存在弱工具变量的原假设，且 Hansen 统计量检验结果也表明通过了3个工具变量的过度识别检验；第二

阶段工具变量回归结果显示：中心城镇可达性、居住集聚性与民俗文化对农牧户社会资本可利用度的影响均显著为正，对社会资本可利用度的影响由高到低排序为居住集聚性（Ra）（0.401）>中心城镇可达性（Ac）（0.312）>民俗文化（Fc）（0.202），分析结果表明基准回归分析结论与工具变量回归结论一致，同时发现使用工具变量草场面积（Ga）、地形坡度（Slope）和降雨量（Rain）控制内生性问题后，增大了社会资本可利用度的影响效应。此外，其他控制变量的估计系数与表5-9的结果基本一致，验证了工具变量回归结果对遗漏变量偏误的较好控制。

5.1.3.5 稳健性检验

（1）改变生产方式的定义。在基准回归中，我们以家庭经济主要来源方式为划分依据，将农牧户划分为纯农型（农业生产收入比重≥85%）、纯牧型（畜牧业生产收入比重≥85%）、农牧兼型［农牧业生产收入比重≥90%，且单项（农业生产、牧业生产）收入不小于30%］、非农牧型（非农牧收入比重≥80%）。但是，这种划分方式可能并不一定完全正确。为了排除划分方式对居民社会资本可利用度测算的影响，我们尝试使用以下几种划分标准重新进行测算。第一种，我们按照某一收入来源是否超过50%的方式，将所有农牧户划分为纯农型（农业生产收入比重≥50%）、纯牧型（畜牧业生产收入比重≥50%）、农牧兼型［农牧业生产收入比重≥70%，且单项（农业生产、牧业生产）收入不小于30%］、非农牧型（非农牧收入比重≥50%）；第二种，按照某种收入来源是否超过2/3（66%）的方式，将所有农牧户划分为纯农型（农业生产收入比重≥66%）、纯牧型（畜牧业生产收入比重≥66%）、农牧兼型［农牧业生产收入比重≥80%，且单项（农业生产、牧业生产）收入不小于30%］、非农牧型（非农牧收入比重≥66%）。基于这两种划分方式我们重新对农牧户的社会资本利用度进行了测算，结果如下：

表5-11 农牧户社会资本特征与可利用度计算结果：按照收入来源是否超过50%划分

维度	纯农型		纯牧型		农牧兼型		非农牧型		系数
	均值	标准差	均值	标准差	均值	标准差	均值	标准差	
社会网络地位（P）	3.13	0.553	2.11	0.836	2.90	1.218	1.00	1.101	26.034***
社会网络强度（I）	3.02	0.803	3.69	0.621	3.32	0.827	2.87	0.961	33.225**
社会网络规模（S）	3.86	0.889	2.79	0.692	4.21	0.101	3.12	1.366	28.347***

续表

维度	纯农型		纯牧型		农牧兼型		非农牧型		系数
	均值	标准差	均值	标准差	均值	标准差	均值	标准差	
社会网络信息交换效率（I）	3.69	0.362	2.05	0.408	3.30	1.135	2.16	1.044	40.253***
社会网络环境完善程度（E）	3.25	0.783	4.32	0.522	3.01	1.204	4.02	1.737	51.229***
社会资本可利用量（SC）	13.71	—	11.94	—	13.53	—	10.35	—	90.041***
社会资本可利用度（SCA%）	27.67	—	24.10	—	27.32	—	20.90	—	120.610***

注：***、** 分别为在1%和5%的水平上显著。

表5-11 中按照收入来源是否超过50%划分的结果显示：不同生产方式农牧户的社会资本可利用度存在显著差异，社会资本可利用度由高到低排序为纯农型（27.67%）、农牧兼型（27.32%）、纯牧型（24.10%）、非农牧型（20.90%）。其中，纯农型农牧户社会资本可利用度高于平均值2.67个百分点，5个维度中，社会网络规模与社会网络信息交换效率最高，分别高出平均值0.47个和0.3个百分点，表明纯农型农牧户社会网络规模大，社会网络信息交换效率最高。纯牧型农牧户社会资本可利用度低于平均值0.9个百分点，5个维度中，社会网络非正式环境完善度和社会网络强度较高，分别高出平均值1.33个和0.7个百分点，表明纯牧型农牧户社会网络的非正式环境作用凸显，社会网络连接强度大。农牧兼型农牧户社会资本可利用度高于平均值2.32个百分点，5个维度中，社会网络规模最高，分别高出平均值0.86个百分点，表明农牧兼型农牧户因生产方式多样，社会网络规模较大，社会互助较多。非农牧型农牧户社会资本可利用度低于平均值4.1个百分点，5个维度中，社会网络环境完善程度和社会网络规模较高，分别高出平均值1.39个和0.49个百分点，表明非农牧型农牧户社会网络规模发达，但受脱离农牧业生产影响，社会网络地位指数较小。

表5-12 农牧户社会资本特征与可利用度计算结果：按照收入来源是否超过66%划分

维度	纯农型		纯牧型		农牧兼型		非农牧型		系数
	均值	标准差	均值	标准差	均值	标准差	均值	标准差	
社会网络地位（P）	3.11	0.587	2.10	0.865	2.96	1.247	1.02	1.113	27.029***

续表

维度	纯农型		纯牧型		农牧兼型		非农牧型		系数
	均值	标准差	均值	标准差	均值	标准差	均值	标准差	
社会网络强度（I）	3.14	0.842	3.67	0.534	3.31	0.801	2.89	0.993	29.557**
社会网络规模（S）	3.81	0.977	2.81	0.688	4.19	0.924	3.16	1.221	30.226***
社会网络信息交换效率（I）	3.76	0.322	2.03	0.353	3.36	1.090	2.04	0.934	41.161***
社会网络环境完善程度（E）	3.2	0.883	4.33	0.622	2.99	1.101	3.88	1.863	58.223***
社会资本可利用量（SC）	13.74	—	11.92	—	13.54	—	10.20	—	110.364***
社会资本可利用度（SCA%）	27.81	—	24.17	—	27.46	—	20.57	—	132.589***

注：***、**分别为在1%和5%的水平上显著。

表5-12中按照收入来源是否超过66%划分的结果显示：不同生产方式农牧户的社会资本可利用度存在显著差异，社会资本可利用度由高到低排序为纯农型（27.81%）、农牧兼型（27.46%）、纯牧型（24.17%）、非农牧型（20.57%）。其中，纯农型农牧户社会资本可利用度高于平均值2.81个百分点，5个维度中，社会网络规模与社会网络信息交换效率最高，分别高出平均值0.41个和0.36个百分点，表明纯农型农牧户社会网络规模大，社会网络信息交换效率最高。纯牧型农牧户社会资本可利用度低于平均值0.83个百分点，5个维度中，社会网络非正式环境完善度和社会网络强度较高，分别高出平均值1.34个和0.68个百分点，表明纯牧型农牧户社会网络的非正式环境作用凸显，社会网络连接强度大。农牧兼型农牧户社会资本可利用度高于平均值2.46个百分点，5个维度中，社会网络规模最高，分别高出平均值0.83个百分点，表明农牧兼型农牧户生产方式多样，社会网络规模较大，社会互助较多。非农牧型农牧户社会资本可利用度低于平均值4.43个百分点，5个维度中，社会网络环境完善程度和社会网络规模较高，分别高出平均值1.28个和0.56个百分点，表明非农牧型农牧户社会网络规模发达，但受脱离农牧业生产影响，社会网络地位指数较小。

由上述分析结果可知，不论按照何种比例定义生产方式，农牧户之间的社会资本可利用度存在显著差异的结论都是一致的。此外，还发现不论如何划分生产方式都不会影响个体农牧户的社会资本可利用度得分，因此改变生产方式的定义并不影响回归结果。

（2）改变回归模型的设定方式。我们关心的被解释变量是农牧户的社会资本可利用度，而按照分析表的测算公式，它的取值只能在 0~1，即它是两端截断的（Truncted）。因此，我们也使用 Tobit 模型进行了回归分析。估计结果如下：

表 5-13　Tobit 模型回归结果

变量	（1）	（2）加入个人特征变量	（3）加入家庭特征变量
Fc	0.078 (1.41)	0.112 ** (2.06)	0.154 ** (2.27)
Ac	0.103 (1.20)	0.128 * (1.89)	0.168 ** (2.21)
Ra	0.121 * (1.79)	0.135 ** (2.21)	0.183 *** (3.05)
Age	—	0.205 ** (2.27)	0.233 ** (2.31)
Educ	—	0.212 ** (2.38)	0.267 *** (4.06)
Ly	—	0.211 ** (2.26)	0.223 ** (2.37)
Fs	—	—	0.231 ** (2.68)
Labor	—	—	0.105 ** (2.09)
Income	—	—	0.305 *** (3.36)
R^2	0.301	0.367	0.403
N	1213	1213	1213
Year	2018	2018	2018

注：***、**、*分别为在 1%、5% 和 10% 的水平上显著。

由表 5-13 可知，在 Tobit 模型回归结果中显示：中心城镇可达性、居住集聚性与民俗文化对农牧户社会资本可利用度的影响也呈现显著为正，对社会资本可利用度的影响由高到低顺序为居住集聚性（Ra）（0.183）>中心城镇可达性（Ac）（0.168）>民俗文化（Fc）（0.154）。Tobit 回归结果与基准回归结果是基本一致的，再次说明我们的基准回归结果可信。

5.1.3.6 研究结论

已有研究表明，社会资本对于居民福利和生活满意度具有重要影响（Elgar and Frank J, 2011; Chu and Y S, 2018; 刘建娥，2018; 林海英，2019）。但是，即使处于相同的社会资本环境中，居民由于其社会网络位置与关系的影响，呈现出对社会资本不同的利用能力，但学术界对于此现象并未给予足够的重视。本书基于社会网络视角，首次提出了社会资本可利用度概念及测算框架，并以内蒙古地区 1213 户农牧民作为研究样本，系统测算了农牧民社会资本可利用度，进而对农牧民社会资本可利用度差异的原因进行深入探讨。研究结果显示，首先，居民的社会资本利用程度确实存在很大差异，社会资本可利用度由高到低排序为纯农型、农牧兼型、纯牧型、非农牧型。其次，民俗文化、中心城镇可达性、居住集聚性对农牧民社会资本可利用度存在显著影响，其影响力由高到低排序为居住集聚性、中心城镇可达性、民俗文化，可以看出农牧民社会资本可利用度受地理条件约束显著。以上发现的政策含义在于，由于社会资本是影响群众获得感的重要因素，中国现阶段乡村振兴战略实施中，如何提高农牧户社会资本可利用度的确是不可回避的问题。因此，在中国乡村振兴战略实施过程中，不仅要考虑宏观的产业、基础设施等硬件环境的建设问题，还要通过政策引导、鼓励乡村环境建设，提升居民社会资本可利用度，这对于提高农牧民的生活满意度具有"事半功倍"的效果。在提升农牧民社会资本可利用度的过程中，应厘清农牧民社会资本可利用度的内涵与作用机理，关注不同生产方式农牧民社会资本可利用度的异质性特征以及影响因素。最后，针对社会资本可利用度的内涵、影响因素、作用机理，精准制定政策，以发挥社会资本的最大效用，从而服务于乡村振兴战略。

5.2 适应行为分析

5.2.1 适应行为

农牧户作为乡村人地系统中的活动主体，以及自然资源利用与环境保护的主要参与者，是气候暖干化、城镇化与政策实施影响的直接承受者，乡村结构与功能演变对其生计胁迫作用强烈。随着对农牧交错区乡村社会、经济、生态环境等方面研究的开展，农牧户适应性研究逐渐得到学者们的关注，焦点主要集中在农牧户对干旱的适应能力、适应行为和适应策略方面。国外学者：Duinen 分析干旱环境下农户对干旱的适应行为、动机；Habiba 建立了适应能力测度框架，对农户的适应能力与适应策略进行了测度与总结；Opiyo 以肯尼亚西北地区 302 位牧户为调查对象，运用调查问卷方式，获取了当地牧户应对干旱的适应经验；Agrawal 通过归纳总结认为牧民应对干旱的适应策略包括轮牧、储存、多样化生计、合作、出售牲畜；国内学者：赵雪雁等分析了在气候变化扰动下石羊河流域农户适应行为包括主动行为与被动行为；此外，尹莎等（2016）、王亚茹等（2016）、王成超等（2017）对农户应对气候变化的适应能力、适应行为、适应策略等内容进行了深入研究。国内外关于农牧户适应性的研究，研究成果较多，研究内容丰富，但缺乏对农牧户在气候变化、城镇化与政策实施多重扰动下适应性演化的探讨，以及将农牧户适应行为分异与乡村人地系统适应演化进行串联分析。

在乡村人地系统可持续发展的目标下，受气候暖干化、城镇化与政策实施的影响，农牧户适应性行为表现为以生计方式转变为主要内容的适应性变化。结合北方农牧交错区乡村人地系统演化的异质性特征与农牧户生产生活实际，将农牧户采取的适应性行为分为主动性适应行为和计划性适应行为两种。主动性适应行为是指农牧户借助乡村人地系统结构与功能转型中的政策优势与发展机遇，实现生计转型；农牧户基于个人特征、家庭生计资本存量以及乡村集体社会资本等，应对气候暖干化、城镇化与政策实施的干扰，该适应行为具有较高的自主性；主要包括改变经济作物种类、调整养殖牲畜结构、采取节水灌溉技术、向亲戚寻求帮助、银行贷款、外出务工等。计划性适应行为是指农牧户在退耕还林还草还牧补偿、风力发电机安装占地补偿、全面禁牧等政策性生活补偿与政府支持性的相关活动的基础上，进行的生计方式选择；计划性适应行为中政府为主动积极一方，目的是提高农牧民适应能力，或者为其提供便利服务。

通过入户调查数据，对农牧户具体适应行为进行统计（见表5-14）。主动性适应行为方面，选择最多的是向银行或亲戚借款，共864户，约占样本数的90.00%。调查中发现72.60%的牧户拥有借高利贷的经历，因此，农村牧区金融体系的建立与个人理财能力的提高对于提高农牧户适应能力具有重要意义。改变种植结构适应行为的适应主体以农户为主，以农牧兼型农牧户为辅，共428户，占样本数的44.58%。农户改变作物种植结构的根本原因是迎合市场，提高经济作物收入，但该做法对于提高其收入的效果并不显著，因此，提高农牧户市场变化的识别与判断能力对于增加农牧民收入、提高其适应能力具有重要作用。牧户主要以调整牲畜养殖结构和出售牲畜数量来适应气候变化与禁牧政策，分别为213户、175户，占比为22.20%、18.21%，调整牲畜养殖结构原因与农户调整作物种植结构相似，但效果不理想；出售牲畜数量主要是出于对禁牧政策与干旱造成的成本投入增加的考虑，如禁牧政策导致养殖成本增加，同时，干旱使草料价格上涨，从而使养殖成本更加增多，牧户出售牲畜换取养殖资本，以继续从事畜牧业养殖产业。选择本地、外出打工的农牧户有161户，占样本数的16.8%，但由于自身受教育程度低，所从事的行业多为低端服务业，收入较低，生计稳定性较差。选择利用节水技术、减少水资源费用支出行为的农牧户有302户，占样本数的31.47%，该行为在自主性适应行为中选择比例较低，其原因是农牧交错区人口密度小，基础设施不完善，造成节水灌溉成本远大于经济作物收入，因此，选择此行为的农牧户较少。

表5-14 达尔罕茂明安联合旗农牧户适应行为分类

类型	适应主体	适应行为	户数	比例（%）
	农户为主	利用节水技术，减少水资源费用支出	302	31.47
	农户为主	改变种植结构	428	44.58
	牧户为主	调整牲畜养殖结构	213	22.20

续表

类型	适应主体	适应行为	户数	比例（%）
主动性适应行为	牧户为主	出售牲畜	175	18.21
	农牧户	向亲戚、银行借款	864	90.00
	农牧户	本地打工、外出务工	161	16.80
	农牧户	开展旅游业服务	107	11.20
计划性适应行为	农牧护	政府为其办理失地养老保险	230	24.00
	牧户为主	风机占地补偿款，退耕还林、还草以及全面禁牧补贴	434	45.26
	农户为主	参与农牧业合作社，入股分红	91	9.46
	农牧户	生态移民相关政策	72	7.53

资料来源：调查问卷统计。

计划性适应行为方面，风机占地补偿、退耕还林还草还牧补贴、禁牧补贴最多，434户，占比45.26%。其中，风机占地补偿、禁牧补贴主要集中在牧户，退耕还林还草补贴主要集中在农户。调查中发现，禁牧补贴约占牧户人均收入的31.79%，退耕还林还草补贴约占农户收入的14.06%，可以看出，政府政策性补贴是农牧户适应能力的重要组成部分。政府为农牧户办理失地养老保险较少，共230户，占样本数的24.00%，农户办理失地养老保险的原因以修路占地为主，风机占地为辅；牧户办理失地养老保险的原因多数为风机占地。参与农牧业合作社与生态移民的农牧户较少，分别为91户与72户，占比为9.46%、7.53%，表明该适应行为对于较少部分农牧户具有重要作用，但对于多数农牧户影响效果较小。为深入剖析农牧户适应行为、适应能力、适应结果，以下对不同类型农牧户适应行为进行详细阐述。

5.2.2 适应主体类型划分

在农牧户适应行为分析的基础上可以看出，达尔罕茂明安联合旗农牧户生计活动主要包括：农牧业生产和非农畜牧业生产活动中的务工、稳定性工作及其他生产活动。借鉴 Nielsen N、Hwang 等、Parka 等、李佳等学者对农牧户生计类型划分的经验，结合第3、第4章的达尔罕茂明安联合旗社会、经济、生

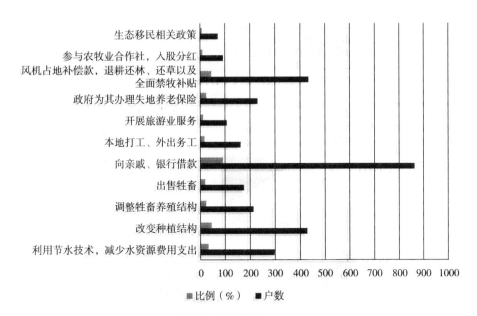

图 5-5 农牧户适应行为

态环境发展特征以及各乡镇脆弱性时空格局演变特征，本书以家庭经济主要来源方式，家庭现有谋生方式，主要劳动力投入方向为依据，将农牧户划分为纯农户、纯牧户、农牧兼型农牧户、务工主导型农牧户、旅游参与型农牧户5个生计类型。纯农户指种植业收入占家庭总收入85%以上的农户，兼有打工收入，调查户数363户，占样本数的37.9%，主要调查乡镇为乌克忽洞镇与石宝镇；纯牧户指传统畜牧业养殖收入占家庭总收入90%以上的牧户，兼有打工收入，调查户数214户，占样本数的22.3%，主要调查乡镇为达尔罕苏木、明安镇、巴音花镇。农牧兼型农牧户指种植业与畜牧业养殖收入总和占总收入80%以上，且种植业或畜牧业养殖单项收入不低家庭总收入的30%，调查户数155户，占样本数的16.2%；主要调查乡镇为百灵庙镇，调查中发现，该类型农牧户多由纯农户分异而来，其牲畜多为圈养。务工主导型农牧户指外出务工或本地打工，务工收入占家庭总收入75%以上，兼有畜牧业养殖收入，调查户数131户，占样本数的13.7%，主要调查乡镇为百灵庙镇、乌克忽洞镇、石宝镇，该类型农牧户由纯农户、纯牧户分异而来。旅游参与型农牧户指常年经营牧家乐或旺季经营牧家乐、淡季以打工为主，旅游收入比重70%以上的农牧户，调查户数96户，占样本数的10%；主要调查乡镇是希拉穆仁镇，该类型农牧户主要由纯牧户分异而来（见图5-6）。

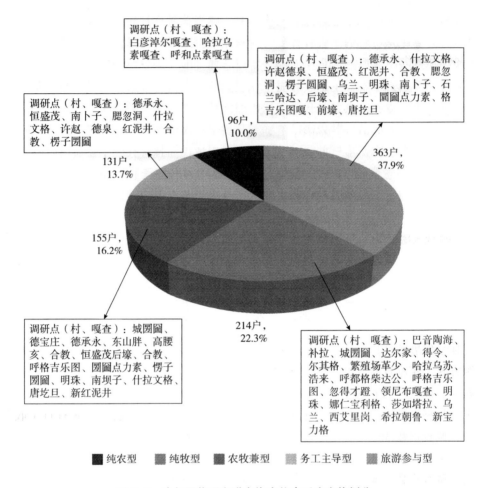

调研点（村、嘎查）：
白彦淖尔嘎查、哈拉乌
素嘎查、呼和点素嘎查

调研点（村、嘎查）：德承永、什拉文格、
许赵德泉、恒盛茂、红泥井、合教、腮忽
洞、楞子圙圙、乌兰、明珠、南卜子、石
兰哈达、后壕、南坝子、圙圙点力素、格
吉乐图嘎、前壕、唐扢旦

调研点（村、嘎查）：德承永、
恒盛茂、南卜子、腮忽洞、什拉
文格、许赵、德泉、红泥井、合
教、楞子圙圙

调研点（村、嘎查）：城圙圙、
德宝庄、德承永、东山胖、高腰
亥、合教、恒盛茂后壕、合教、
呼格吉乐图、圙圙点力素、愣子
圙圙、明珠、南坝子、什拉文格、
唐圪旦、新红泥井

调研点（村、嘎查）：巴音陶海、
补拉、城圙圙、达尔家、得令、
尔其格、繁殖场革少、哈拉乌苏、
浩来、呼都格柴达公、呼格吉乐
图、忽得才蹬、领尼布嘎查、明
珠、娜仁宝利格、莎如塔拉、乌
兰、西艾里岗、希拉朝鲁、新宝
力格

96户，
10.0%

363户，
37.9%

131户，
13.7%

155户，
16.2%

214户，
22.3%

■ 纯农型　■ 纯牧型　■ 农牧兼型　■ 务工主导型　■ 旅游参与型

图5-6　达尔罕茂明安联合旗农牧户适应主体划分

　　纯农户、纯牧户、农牧兼型农牧户、务工主导型农牧户、旅游参与型农牧户适应性研究，是农业主导型乡村人地系统、牧业主导型乡村人地系统、旅游主导型乡村人地系统、综合型乡村人地系统以及达尔罕茂明安联合旗乡村人地系统脆弱性演化及动力机制的微观尺度的剖析。

5.2.3　不同类型适应主体家庭基本特征

　　为分析不同类型适应主体家庭的基本特征，利用SPSS20.0软件检验5个类型牧户家庭情况表征指标发现，不同类型农牧户的户主年龄、成人劳动力受教育程度、家庭规模、劳动力比重、人均年收入、人均耕地面积、人均草场面积、宅基地面积、生产生活设备数等内容存在显著差异（见表 5-15）。

表 5-15 达尔罕茂明安联合旗五种类型农牧户描述性指标特征

农牧户家庭特征	纯农户		纯牧户		农牧兼型		务工主导型		旅游参与型	
	均值	标准差	均值	标准差	均值	标准差	均值	标准差	均值	标准差
户主年龄	60.19	11.7	52.97	9.54	57.55	10.70	40	14.15	50	16.08
成人劳动力受教育程度①	2.07	0.90	2.5	0.92	2.36	0.90	2.62	0.76	2.83	0.39
家庭规模（人/户）	3.04	1.83	3.30	1.15	3.09	1.32	2.83	1.07	3.50	2.07
劳动力比重（%）②	59%	0.38	78%	0.27	71%	0.34	79%	0.38	84%	0.15
人均年收入（人/万元）	1.28	1.11	2.80	2.13	2.08	2.11	3.05	6.81	3.65	4.11
旅游收入（人/万元）	0	0	0	0	0	0	0.316	0	3.65	4.11
务工收入（人/万元）	0	0	0	0	0	0	1.87	6.81	0	0
牧业收入（人/万元）	0	0	3.80	50.06	0.98	0.75	0.225	0.11	0	0
种植业收入（人/万元）	1.28	26.32	0	0	1.1	0.98	0.64	1.66	0	0
人均耕地面积（hm²）	1.38	1.15	0	0	1.27	1.05	0.55	0.53	0	0
人均草场面积（hm²）	0	0	69.19	47.97	0	0	21.33	11.25	15.23	5.59
宅基地面积（hm²）	0.04	3.61	0.07	5.86	0.04	3.3	0.03	2.39	0.08	5.55
家庭生产生活设备数（个）③	5.70	1.38	7.43	1.66	8.27	1.26	6.5	0.96	10.7	0.79
集聚性④	2.38	0.43	0.15	0.92	1.66	0.62	2.33	0.62	0.22	0.86

① 成人劳动力受教育程度：1=文盲，2=小学，3=初中或中专，4=高中或大专，5=大学本科及以上学历。

② 劳动力比重：家庭能从事全部劳动力的成人人数与家庭总人口数比值乘以100%。

③ 家庭生产生活设备数：主要包括家庭拥有的交通工具数量（机动车）和农畜牧业生产设备数量。

④ 集聚性：农牧户家庭地理位置距最近邻居家庭地理位置的距离的倒数，集聚指标值越大，表示农牧户与邻居家距离越近。

农牧户家庭特征	纯农户		纯牧户		农牧兼型		务工主导型		旅游参与型	
	均值	标准差	均值	标准差	均值	标准差	均值	标准差	均值	标准差
可达性①	0.038	0.65	0.014	0.91	0.039	0.54	0.044	0.39	0.43	0.11
样本数	363		214		155		131		96	

户主平均年龄由高到低排序为纯农户（60.19岁）、农牧兼型农牧户（57.55岁）、纯牧户（52.97岁）、旅游参与型农牧户（50岁）、务工主导型农牧户（40岁），可以看出，随着农牧户生产方式由传统农牧业生产转向非农牧业生产，其户主平均年龄逐渐减小，由60.19岁降至40岁。调查发现，农业主导型乡村人口老龄化情况最为严重，农牧兼型乡村人口老龄化情况较为严重，畜牧业主导型乡村人口老龄化情况相比农业主导型乡村较轻，究其原因在于：农业主导型生产方式人均耕地面积有限，种植业生产方式需要人力少，产出小，外出务工人员最多，且学生陪读人员多为年轻父母；农牧兼型与纯牧型生产方式人力投入相对较大，收入相对较多，务工人员较少，学生陪读人员多为年龄较大的老人。

成人劳动力受教育程度由高到低排序为旅游参与型农牧户（2.83）、务工主导型农牧户（2.62）、纯牧户（2.50）、农牧兼型农牧户（2.36）、纯农户（2.07），可以看出，成人受教育程度与户主年龄变化趋势相反，即随着农牧户生产方式由传统农牧业生产转向非农牧业生产，其成人受教育程度逐渐提高，由2.07岁增加至2.83岁。究其原因：一方面，纯农户、纯牧户、农牧兼型农牧户年龄较大，受教育程度较低；另一方面，旅游参与和本地或外出务工等生计方式需要农牧户具有较高的文化水平，因此，务工与参与旅游业发展的农牧户受教育程度较高。

家庭规模平均值由大到小排序为旅游参与型农牧户（3.50）、纯牧户（3.30）、农牧兼型农牧户（3.09）、纯农户（3.04）、务工主导型农牧户（2.83），可以看出，随着生产方式由农业转向畜牧业生产，家庭规模不断增加，由2.83增加到3.50。究其原因：从事畜牧业生产与旅游参与的农牧户多

---

① 可达性：农牧户家庭地理位置距最近城镇间距离的倒数，可达性指标值越大，表示农牧户家庭距离城镇越近。

为少数民族（蒙古族），家庭人口规模较大，而从事农业生产与外出务工人员多为汉族，家庭规模较小。

劳动力比重由大到小排序为旅游参与型农牧户（84%）、务工主导型农牧户（79%）、纯牧户（78%）、农牧兼型农牧户（71%）、纯农户（59%），可以看出，随着生产方式由传统农牧业生产转向非农牧业生产，家庭劳动力比重逐渐增加，由59%增加到84%。究其原因：一方面，受生产方式需求影响，农牧业生产所需劳动力相对较少，家庭劳动力所占比重较低；另一方面，受城镇化影响，传统农牧业生产家庭劳动力流失相对于务工型与旅游参与型农牧户更为严重，传统农牧户成年劳动力流失是造成农村、牧区"空心村"、人口老龄化等乡村衰落的重要原因。

人均年收入由高到低排序为旅游参与型农牧户（3.65万元）、务工主导型农牧户（3.05万元）、纯牧户（2.80万元）、农牧兼型农牧户（2.08万元）、纯农户（1.28万元），呈现出从事非农牧业生产的农牧户收入多于从事传统农牧业生产的农牧户，且纯牧户收入多于纯农户。究其原因：在生态旅游得到大众认可后，近年来，草原旅游迅猛发展，旅游业对于提高农牧户收入具有显著作用，与传统农牧业生产收入相比具有很大优势，间接提高了农牧户务工报酬标准。纯牧户具有"禁牧补贴"① 收入，导致其人均年收入高于农牧兼型农牧户②与纯农户，调查中发现，禁牧补贴收入占纯牧户总收入的31.79%。

人均耕地面积由大到小排序为：纯农户（1.38 hm²）、农牧兼型农牧户（1.27 hm²）、务工主导型农牧户（0.55 hm²）、纯牧户（0 hm²）、旅游参与型农牧户（0 hm²）；总体来看，耕地资源数量多少对纯农户、农牧兼型农牧户、部分务工主导型农牧户（家里主要从事农业生产的本地或外地务工农牧户）生产方式的选择具有重要作用；随着耕地面积的减少，农牧户生计方式不断发生转变，以适应干旱环境、城镇化与退耕还林还草等政策的变化，农牧兼型与部分务工主导型农牧户是由纯农户转变而来，特别是农牧兼型农牧户由于其耕地面积数量少，收入较低，因此，选择丰富生计多样性，增加生计来源，提高自身生计适应能力，来抵御生计遇到的风险。

人均草场面积由大到小排序为纯牧户（69.19 hm²）、务工主导型农牧户（21.33 hm²）、旅游参与型农牧户（15.23hm²）、农牧兼型农牧户（0 hm²）、

---

① 禁牧补贴：每年按照每亩草场7.5元给予牧户家庭生活补助。
② 农牧兼型农牧户多为种植业与圈养用户，没有草场，没有禁牧补贴收入。

纯农户（0 hm²）。总体来看，草地资源数量大小对于纯牧户、旅游参与型农牧户、务工主导型农牧户（家里主要从事牧业生产的本地或外地务工农牧户）的生计方式具有重要影响，随着草地面积的减少，农牧户生计方式不断发生转变，以适应干旱环境、城镇化与全面禁牧等政策的变化。特别是旅游参与型农牧户借助区位优势，逐步将草地畜牧生产功能转变为观光旅游功能，实现了生计转型，相对于其他类型农牧户，生计水平提高较快，生计转型相对成功。但调查中发现，由于缺乏相关管理规定，草原旅游出现了众多问题，例如，全民搞旅游、盲目扩大景区面积、同质化发展日益严重、恶性竞争愈演愈烈等带来了草原环境问题，牧户在旅游开发中没有获得公平的利益分配，从而引发了诸多社会问题，这些问题都成为制约草原旅游发展的瓶颈，也是旅游参与型农牧户面临的重要问题。

宅基地面积由大到小排序为旅游参与型农牧户（0.08 hm²）、纯牧户（0.07 hm²）、纯农户（0.04 hm²）、农牧兼型农牧户（0.04 hm²）、务工主导型农牧户（0.03hm²），总体来看，从事畜牧业生产的农牧户宅基地面积大于从事农业生产农牧户的宅基地面积。从事畜牧业生产需要为牲畜搭建暖棚，宅基地面积相对较大；旅游参与型农牧户为了提高接待能力，搭建较多游客接待场所，宅基地面积最大；务工主导型农牧户由于其生产方式在一定程度上脱离了传统的农牧业生产，所需宅基地面积较小，因而宅基地面积最小。调查中发现，相对于纯农户、农牧兼型农牧户聚落宅基地的使用率，纯牧户聚落使用率更高。

家庭生产、生活设备数量由多到少排序为旅游参与型农牧户（10.7个）、农牧兼型农牧户（8.27个）、纯牧户（7.43个）、纯农户（6.5个）、务工主导型农牧户（5.7个），总体来看，从事畜牧业生产的农牧户家庭拥有生产、生活设备数量多于从事农业生产的农牧户生产、生活设备数量，主要原因是从事畜牧业生产的农牧户需要打草机、放牧机动车、交通工具、风光发电等设备。另外，旅游参与型农牧户为了提高接待能力，大量购置旅游活动相关设备，其家庭生产、生活设备拥有量最多；农牧兼型农牧户由于其生产方式多样，对生产生活设备需求较多；纯农户与务工主导型农牧户家庭拥有生产、生活设备数量最少，其中，由于务工主导型农牧户在一定程度上脱离了传统的农牧业生产、生活，其拥有生产生活设备数量最小。

集聚性由高到低排序为纯农户（2.38）、务工主导型农牧户（2.33）、农牧兼型农牧户（1.66）、旅游参与型农牧户（0.22）、纯牧户（0.15），总体来看，从事农业生产的农户聚落集聚性高于从事畜牧业生产的牧户聚落集聚性，其中，纯农户与务工主导型农牧户聚落集聚性最高，农牧兼型农牧户聚落集聚性较高，旅游参与型农牧户与纯农户集聚性最低。究其原因：纯牧户与旅游参与型农牧户受生产方式特殊性影响，如人均草场面积远大于人均耕地面积，以及便于区分羊群生产方式需要等原因，其聚落集聚性较小，而纯农户以及农牧兼型、部分务工主导型农牧户的生产生活背景为从事农业生产、生活，故集聚性较高。

可达性由高到低排序为旅游参与型农牧户（0.076）、务工主导型农牧户（0.044）、农牧兼型农牧户（0.039）、纯农户（0.038）、纯牧户（0.014），总体来看，从事农业生产农户可达性高于从事畜牧业生产的牧户可达性，其中，旅游参与型农牧户可达性最高，原因是旅游参与型农牧户家庭区位条件（距离城镇间的距离）对于能否参与到草原旅游活动具有非常重要的作用。调查结果显示，参与旅游的家庭数量随着距离希拉穆仁镇的距离增加而逐渐减少；务工主导型农牧户相对于农牧兼型农牧户、纯农户可达性较高；受传统畜牧业生产方式的影响，纯牧户可达性最低。

5.3 适应能力评价

5.3.1 适应能力评估理论框架与指标体系构建

5.3.1.1 适应能力评估框架

适应能力是农牧户适应性研究的核心内容，对于农牧户适应行为以及适应结果具有重要的影响，通过对农牧户适应能力的测算与评价，有利于研究农牧户对于干旱环境变化与政策实施扰动的响应。Pandey 等（2011）提出了适应能力评估框架，即人文能力（HC）、金融能力（EC）、自然能力（NC）和物质能力（PC），该框架能代表可持续状态的三大支柱——社会、经济、环境，通过三大维度与各方面指标的联系，增加了适应能力评估框架的实用性。近年来，随着农牧户适应能力研究成果逐渐增多，农牧户适应能力评估框架不断完善，但多以可持续生计分析框架为基础，即农牧户拥有生计资本越多，其适应

能力越强。因此，本书依据农牧户适应能力的基本内涵与可持续生计框架
（DFID），建立农牧户适应能力评价框架（见图5-7）。

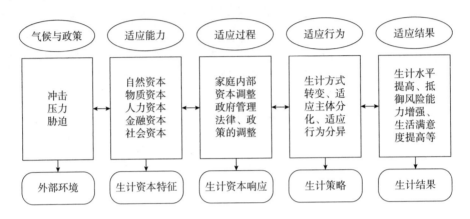

图 5-7 农牧户适应能力分析框架

资料来源：石育中，杨新军，王婷. 陕南秦巴山区可持续生计安全评价及鲁棒性分析［J］. 地理
研究，2016，35（12）：2309-2321.

借鉴赵雪雁、史玉丁等、陈佳等、张瑞英等学者关于适应能力指标体系构
建的经验，本书构建了农牧户适应能力评价指标体系，其中，将适应能力分解
为劳动能力、自然能力、物质能力、金融能力、社会能力 5 个维度、18 个指
标（见表5-16）。

劳动能力（H）是农牧户适应能力的根本能力，体现在农牧户通过体力与
智力劳动来应对乡村人地系统演变带来的干扰与冲击；劳动能力对于农牧
户适应环境变化、选择适应行为以及形成适应模式，都具有重要的作用与
特征。因此，选择成人劳动力比重（H1）、劳动力受教育程度（H2）、劳
动力健康程度（H3）3 个指标表征农牧户家庭劳动能力。家庭成人劳动力
人数决定着投入到农牧业生产的劳动力，进而影响着农牧业的产量、产值；
受教育程度影响着农牧业生产水平的高低，对于农牧业生产活动具有重要影
响；劳动力健康程度一方面可以表征农牧户家庭劳动力的质量，另一方面可以
表征农牧户家庭由于健康原因所承受的压力程度，劳动力健康程度越高，农牧
户适应能力越强。

表 5-16 农牧户适应能力测量指标体系与赋值

维度	指标	变量定义及说明	文献依据
劳动能力（H）	成人劳动力比重（H1）	家庭成人劳动力人数与总人数之比	Bruggeman（1986）；Piya（2016）；尹莎（2016）
	劳动力受教育程度（H2）	大学及以上（1.0）；高中/技校（0.75）；初中（0.5）；小学（0.25）；文盲（0）	
	劳动力健康程度（H3）	非常健康（1.0）；比较健康（0.8）；一般健康（0.5）；差（0.2）；非常差（0）	
自然能力（N）	人均草场面积（N1）	家庭实际草场总面积与总人数之比	Bruggeman（1986）；Piya（2016）；赵雪雁（2016）
	人均耕地面积（N2）	家庭实际耕地总面积与总人数之比	
	水资源状况（N3）	用水便利程度：非常便利（1.0）、便利（0.75）、不太便利（0.5）、不便利（0.25）、非常不便利（0）	
物质能力（P）	房屋质量（P1）	根据房屋质量与年限，折现值（P1）:P1>20万元（1.0）；15万元<P1≤20万元（0.8）；10万元<P1≤15万元（0.6）；5万元<P1≤10万元（0.4）；1万元<P1≤5万元（0.2）；P1<1万元（0）	Pei（2016）；史玉丁（2016）；王昌海（2016）；陈佳（2016）
	牲畜数量（P2）	根据马、牛、羊家畜数量，折现值（P2）：P2>15万元（1.0）；12万元<P2≤15万元（0.8）；9万元<P2≤12万元（0.6）；6万元<P2≤9万元（0.4）；3万元<P2≤6万元（0.2）；1<P2≤3万元（0.1）；P2≤1万元（0）	
	生产、生活设备（P3）	把牧户拥有的汽车、摩托车、电器、蒙古包等设备，折现值（P3）：P3>12万元（1.0）；10万元<P3≤12万元（0.8）；8万元<P3≤10万元（0.6）；6万元<P3≤8万元（0.4）；4万元<P3≤6万元（0.2）；2万元<P3≤4万元（0.1）；P3<2万元（0）	

续表

维度	指标	变量定义及说明	文献依据
金融能力（F）	家庭人均年收入 F1	家庭总收入与总人口比值	Pei（2016）；张瑞英（2016）；赵雪雁（2016）
	家庭存款 F2	家庭存款数额	
	家庭负债 F3	家庭负债额	
	生计多样性 F4	家庭生计收入来源总数	
社会能力（S）	社会参与 S1	经常参加（1.0）；参加较多（0.75）；一般（0.5）；偶尔参加（0.25）；不参加（0）	Fukuyama（2011）；胡安安（2017）；刘建娥（2018）；清海（2018）；王子侨（2018）
	社会网络 S2	很多（1.0）；较多（0.75）；一般（0.5）；较少（0.25）；很少（0）	
	社会声望 S3	很大（1.0）；较大（0.75）；一般（0.5）；较小（0.25）；很小（0）	
	社会信任 S4	非常信任（1.0）；信任（0.75）；一般信任（0.5）；不信任（0.25）；极不信任（0）	
	共同愿景 S5	非常赞同（1.0）；赞同（0.75）；一般赞同（0.5）；不赞同（0.25）；极不赞同（0）	

自然能力（N）是农牧户适应能力的基础能力，代表着农牧户依靠自然资本面对气候暖干化、城镇化、生态环境变化以及政策实施效果的适应能力，在选取农牧户家庭自然能力表征因子时，既要考虑农户自然能力与牧户自然能力差异性特征，还应考虑气候条件特征。因此，主要选取了人均耕地面积（N1）、人均草场面积（N2）、水资源状况（N3）3个指标表征农牧户自然能力。人均耕地面积影响着家庭的粮食产量，人均草场面积影响着牧业家庭收入，水资源利用状况对于缓解、适应干旱环境以及生产、生活投入都具有重要的作用。

物质能力（P）是农牧户适应能力的重要基础能力之一，是农牧户适应环境变化，用于生产、生活的硬件能力，农牧户物质能力主要包括房屋、牲畜以及生产生活设备，因此，选取农牧户房屋质量（P1）、牲畜数量（P2），以及生产生活设备数量（P3）3个指标表征农牧户家庭物质能力。房屋是农牧户生产生活的基础，牲畜是农牧户重要的生产资料与经济来源，生产生活设备是农牧户用于生产生活的重要工具，因此，房屋质量越好，牲畜数量越多，生产生活设备越完备，表明农牧户物质能力越大，适应能力越强。

金融能力（F）是农牧户适应环境变化的重要核心能力之一，借鉴学者关于农户金融资本的相关研究成果，结合农牧户生产生活实践，本书选取家庭人均年收入（F1）、家庭存款（F2）、家庭负债（F3）、生计多样性（F4）4 个指标表征农牧户金融能力。家庭人均年收入、家庭存款、家庭负债体现农牧户家庭经济实力，生计多样性体现农牧户面临生计风险后分担风险的能力，从而有利于农牧户适应能力的提高，因此，家庭人均年收入越高，储蓄越多，生计多样性越丰富，农牧户家庭经济实力越强，农牧户对于气候暖干化、生态环境变化以及政策作用的适应能力越强。

社会能力（S）是农牧户适应能力中不可或缺的能力，是农牧户获取社会网络中的资源，从而实现经济回报与身心健康回报的能力，本书主要选取社会参与情况（S1）、社会网络发达程度（S2）、社会声望大小（S3）、社会信任程度（S4）、共同愿景度（S5）5 个指标表征农牧户社会能力。社会参与是一个行动过程，参与者会影响组织的发展方向，受益者也会在收入、福利、自我成长以及生活满意度方面有所体现；社会网络深嵌在农村、牧区的个体与组织中，基于宗族、地缘和农村政治权力的社会网络对农牧户的影响深刻；在农村和牧区，农牧户的社会声望以及农牧民受人尊重的程度，直接影响农牧户的适应能力；社会信任是一切社会活动的基础，对亲戚朋友、网络以及对身边的社会组织信任是农牧户生产、生活顺利进行的重要支撑；共同愿景能够促进人员间相互合作，愿意互帮互助，使集体或组织越来越好，组织间人员的适应能力也会随之变化。

5.3.2 权重计算与指标科学性检验

由于农牧户干旱适应能力指标众多且指标间存在一定相关性，考虑到指标间的共线性问题，选择主成分分析法确定指标权重，且将主成分分析结果的方差贡献率作为指标权重。为验证牧户生计资本 5 个维度测量指标间的不相关性，运用统计分析软件 SPSS20.0，采用 KMO 统计量和 Bartlett 球形检验方法进行信度与效度检验，根据检验结果，剔除 H3、F2、F3 因子，对修正后的量表进行信度与效度分析，结果显示 5 个公因子分别在劳动能力、自然能力、物质能力、金融能力、社会能力维度的相应测项上有较大载荷，说明该量表具有良好的信度与效度（见表5-17）。

表 5-17 农牧户生计资本存量测量指标均值与因子分析结果

指标		实测均值	标准差	公因子					贡献率	系数
				1	2	3	4	5		
劳动能力（H）	成人劳动力比重（H1）	74.20	0.304	0.930	0.056	0.045	0.028	0.032	22.316	0.761
	劳动力教育程度（H2）	2.47	0.774	0.865	0.048	0.059	0.033	0.028		
自然能力（N）	人均草地面积（N1）	21.25	1.227	0.035	0.748	0.121	0.063	0.040	11.204	0.773
	人均耕种面积（N2）	1.38	1.821	0.169	0.697	0.024	0.072	0.025		
	水资源状况（N3）	0.41	0.996	0.108	0.084	0.082	0.063	0.845		
物质能力（P）	房屋（P1）	0.47	0.552	0.374	0.241	0.645	0.253	0.271	16.247	0.722
	牲畜（P2）	0.36	2.386	0.452	0.306	0.751	0.380	0.548		
	生产生活设备（P3）	0.46	1.027	0.082	0.259	0.776	0.102	0.096		
金融能力（F）	家庭人均年收入（F1）	2.52	2.035	0.168	0.065	0.127	0.093	0.841	15.316	0.765
	生计多样性指数（F2）	1.17	2.180	0.067	0.052	0.041	0.032	0.022		
社会能力（S）	社团参与（S1）	0.44	0.663	-0.058	0.235	0.021	0.568	0.036	9.587	0.700
	社会网络（S2）	0.51	0.541	0.085	0.136	0.199	0.567	0.240		
	社会声望（S3）	0.39	0.368	-0.003	-0.031	0.162	0.859	0.054		
	社会信任（S4）	0.77	0.401	-0.022	0.024	0.187	0.687	0.077		
	共同愿景（S5）	0.66	0.665	0.083	0.044	0.185	0.785	0.020		

5.3.3 农牧户生计资本指数计算

运用公式（5-8）、式（5-9）对数据进行标准化，将不同维度测项分值加总平均，计算各维度指数；然后，利用上文贡献度作为权重，将各维度指数加权平均，计算各类型农牧户生计资本指数，计算方法如下：

$$S_d = \frac{1}{n} \sum_{i=1}^{n} D_m \qquad (5-8)$$

$$S = \sum_{1}^{5} S_d \times W_d \tag{5-9}$$

式中，S 为生计资本指数，S_d 为生计资本 d 维度的指数，D_m 为 d 维度第 m 个测项的得分，n 为 d 维度的测项个数，W_d 为 d 维度的权重。

5.3.4　评价结果分析

基于以上构建的农牧户适应能力指标评价体系，通过综合指数法 ［式（5-9）、式（5-10）］ 计算农牧户劳动能力、自然能力、物质能力、金融能力、社会能力以及适应能力指数，然后运用 SPSS20.0 软件进行 ANOVA 分析（见表 5-18），结果纯农户、纯牧户、农牧兼型农牧户、旅游参与型农牧户、务工主导型农牧户的劳动能力、自然能力、物质能力、金融能力、社会能力以及适应能力存在显著差异。

表 5-18　不同类型农牧户适应能力均值及多因素方差分析 （ANOVA） 结果

农牧户	劳动能力	自然能力	物质能力	金融能力	社会能力	适应能力
纯农户	0.104	0.020	0.352	0.012	0.069	0.557
纯牧户	0.144	0.044	0.388	0.040	0.056	0.672
农牧兼农牧户	0.13	0.021	0.360	0.022	0.068	0.601
旅游参与农牧户	0.177	0.009	0.370	0.066	0.070	0.692
务工主导农牧户	0.151	0.007	0.341	0.049	0.046	0.594
平均值	0.1412	0.0202	0.3622	0.0378	0.0618	0.6232
F 值	6.765	4.385	3.687	5.769	7.612	8.102
P 值	0.001 ***	0.031 **	0.000 ***	0.002 ***	0.006 ***	0.000 ***

注：**、*** 分别表示在 5%、10% 的水平上显著。

纯农户共 363 个样本，劳动能力、自然能力、物质能力、金融能力、社会能力以及适应能力指数一致性较强，差异性较小；5 个维度能力由高到低排序为物质能力 （0.352）、劳动能力 （0.104）、社会能力 （0.054）、自然能力 （0.020）、金融能力 （0.012） （见图 5-8）。

纯牧户共 214 个样本，劳动能力、自然能力、物质能力、金融能力、社会

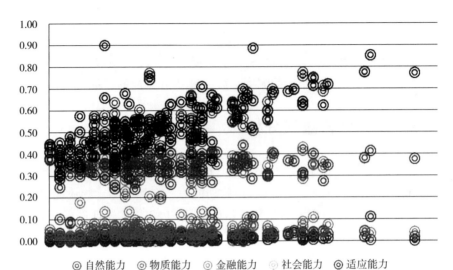

图 5-8　纯农户各维度能力及适应能力指数趋势

注：以劳动能力为横坐标值，以自然能力、物质能力、金融能力、社会能力以及适应能力为纵坐标值。

能力以及适应能力指数与纯农户各维度能力一致性较差，差异度较大，特别是各样本间物质能力差距最大，导致样本间适应能力差距较大（见图 5-8），5 个维度能力由高到低排序为物质能力（0.388）、劳动能力（0.154）、社会能力（0.074）、自然能力（0.044）、金融能力（0.040）（见图 5-9）。

农牧兼型农牧户（155）、旅游参与型农牧户（96）、务工主导型农牧户（131）劳动能力、自然能力、物质能力、金融能力、社会能力以及适应能力与纯农户适应能力特征相似，差异度较小，农牧兼型农牧户 5 个维度能力由高到低排序为：物质能力（0.388）、劳动能力（0.154）、社会能力（0.074）、自然能力（0.044）、金融能力（0.040）；旅游参与型农牧户 5 个维度能力由高到低排序为：物质能力（0.388）、劳动能力（0.154）、社会能力（0.074）、自然能力（0.044）、金融能力（0.040）；务工主导型农牧户 5 个维度能力由高到低排序为物质能力（0.388）、劳动能力（0.154）、社会能力（0.074）、自然能力（0.044）、金融能力（0.040）（见图 5-10）。

第一，劳动能力。不同类型农牧户的劳动能力差异性显著，其中，旅游参与型农牧户表现出最高的劳动能力（0.177）。旅游参与型农牧户的平均年龄为 50 岁，与其他类型相比年龄具有一定的优势，劳动力受教育程度较高，因

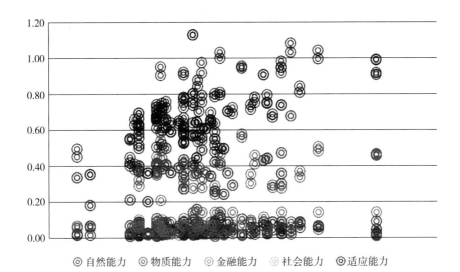

图 5-9 纯牧户各维度能力及适应能力指数趋势

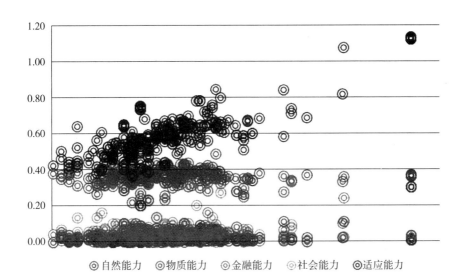

图 5-10 农牧兼型、务工主导型、旅游主导型农牧户各维度能力及适应能力指数趋势

而表现出较高的劳动能力。纯农户劳动能力最低，究其原因，其平均年龄为
60.19 岁，高于其他类型的农牧户，且纯农户的劳动能力偏低。务工主导型农
牧户的劳动能力略低于旅游参与型农牧户，务工主导型农牧户的平均年龄为

40 岁，受教育程度较高，劳动能力较高。

第二，自然能力。不同类型农牧户的自然能力呈现较大差异。自然能力主要表现在家庭拥有草地面积、家庭拥有耕种面积和水资源状况三部分，其中，纯牧户自然能力最高，该种类型农牧户的人均草场面积最大（69.19 hm²），而人均草场面积数值远远高于人均耕地面积（1.38 hm²）；纯农户和农牧兼型农牧户的自然能力较为相近，由前面分析中发现，由于农牧兼型农牧户是纯农户随着政策变化转变成农牧兼型农牧户的，两种类型农牧户在人均草场面积、人均耕地面积和水资源状况方面较为相近，因而两者的自然能力也是相近的（0.20 与 0.21）。务工主导型农牧户和旅游参与型农牧户的自然能力都很小，主要原因是两种类型农牧户拥有的自然资源较少，主要以务工收入和旅游服务收入为主要收入来源，但是这些收入也能够弥补其整体适应能力。

第三，物质能力。不同类型农牧户的物质能力差异性显著，其中，纯牧户物质能力最大（0.388），其原因是纯牧户家庭生产生活设备个数的均值最大（8.27），调研中也发现，对于纯牧户来说牲畜数量远比其他种类型要多，因此，纯牧户的物质能力是最大的。旅游参与型农牧户的物质能力是 0.370，仅次于纯牧户，旅游参与型农牧户家庭生产生活设备个数均值也较高（7.7），旅游参与型农牧户多为纯牧户转变而来，马匹是草原旅游景点的主要活动工具，旅游参与型农牧户的牲畜数量较多。在调研样本区，农牧户的物质能力对适应能力起到了主导作用。

第四，金融能力。不同类型农牧户的金融能力差异性显著。旅游参与型农牧户的金融能力最高（0.066），原因是旅游参与型农牧户的人均年收入最高（3.65 万元），相较其他类型农牧户来说，旅游参与型农牧户收入来源多样，生计多样性指数较高，正如本章中描述统计分析中显示：近年来草原旅游迅猛发展，旅游业对于提高农牧户收入具有显著作用，与传统农牧业生产收入相比具有很大优势，间接性地提高了旅游参与型农牧户的金融能力；务工主导型农牧户的人均年收入（3.05 万元）较旅游参与型农牧户次之，由于外出或本地务工农牧户家庭生计多样性指数较高，金融能力较强；纯农户金融能力最差，虽然数据显示纯农户人均年收入并不是很低（2.80 万元），但由于纯农户只是以务农为主，生计多样性指数很低，而目前调研中发现，农户的种植投资成本较大，容易产生较高的家庭负债，因此大大降低了纯农户的金融能力。

第五，社会能力。不同类型农牧户的社会能力差异性显著。旅游参与型农牧户的社会能力最高（0.070），其次是纯农户的社会能力（0.069）。究其原因：旅游参与型农牧户社会网络较大、社会参与较高；纯农户由于居住较为密集，集聚性较高，社会参与和社会信任均较高；农牧兼型农牧户的社会能力（0.068），社会网络、社会信任和共同愿景均很高；社会能力最低是务工主导型农牧户（0.046），主要归因于务工型农牧户的社会参与、社会信任和共同愿景均较低。

第六，适应能力。不同类型农牧户适应能力存在显著差异。由图5-9可知，不同类型农牧户的适应能力的评价结果为旅游参与型农牧户（0.692）>纯牧户（0.672）>农牧兼型农牧户（0.601）>务工主导型农牧户（0.594）>纯农户（0.557）。其中，旅游参与型农牧户在劳动能力、金融能力和社会能力方面都表现出最大优势，适应能力最大；纯牧户的适应能力次之，主要得益于物质能力和自然能力的优势；农牧兼型农牧户适应能力居中；务工主导型农牧户适应能力较低，但其金融能力和劳动能力具有一定的优势；纯农户适应能力最低，其金融能力和劳动能力是其显著制约因素。究其原因：一方面，纯农户的生计多样性较差，生计方式单一，农业种植的保障度较低，"靠天吃饭"的现象比较常见；另一方面，纯农户劳动力年龄较低，受教育程度较低，因而其劳动能力降低，适应能力明显不足。

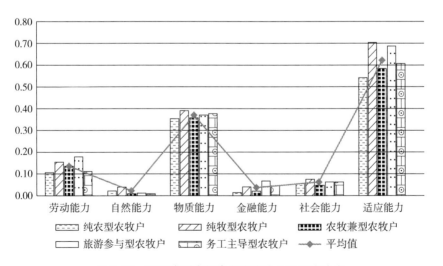

图 5-11 不同类型农牧户各维度能力及适应能力

5.4 适应能力对适应行为选择的影响

5.4.1 数据分析模型

农牧户的适应行为选择是一个多项无序型变量，受到个体特征、家庭因素以及外部援助等多种因素的影响和制约，因此，为分析影响农牧户适应行为选择的关键因素，本书运用多元 Logistic 回归模型测度适应能力指标对农牧户适应行为的影响。多元 Logistic 回归模型是一种用于分析无序分类型因变量 Y（被解释变量）与自变量 Xn（解释变量）之间关系的多元统计分析方法。本书将农牧户的适应行为定义为无序多分类因变量 y，纯农型、纯牧型、农牧兼型、务工主导型、旅游参与型分别赋值 1、2、3、4、5，自变量为 x =（x_1，x_2，…，x_p）。

y 的条件概率为

$$P = \frac{\exp(\beta_0 + \beta_1 x_1 + \cdots + \beta_i x_i)}{1 + \exp(\beta_0 + \beta_1 x_1 + \cdots + \beta_i x_i)} \tag{5-10}$$

相应的 Logistic 回归模型为：

$$y_k = \ln\left[\frac{p}{1-p}\right] = \beta_0 + \beta_1 x_1 + \beta_2 x_2 + \cdots + \beta_i x_i \tag{5-11}$$

式中，p 为选择某种适应行为的概率，x_1，x_2，…，x_i 为自变量，参数 β_0，β_1，…，β_i 为回归待定系数。

5.4.2 数据分析结果

本书通过多元 Logistic 回归分析研究农牧户具体的适应能力，并深入探究各种能力的具体指标对不同种类型的农牧户适应行为影响的内在作用。将劳动能力、自然能力、物质能力、金融能力和社会能力 5 个维度指标作为回归模型的自变量，以纯农型、纯牧型、农牧兼型、务工主导型、旅游参与型 5 种类型农牧户作为因变量，同时将因变量中纯农户型作为模型的参考水平。模型的对数似然值为 1018.906，卡方检验值为 273.896，显著性水平（Sig.）为 0.000，模型具有显著性意义。该模型的拟合优度较好（P = 0.982>0.05），具体分析结果如表 5-19 所示。

第一，劳动能力（H）。选用户主年龄、成人劳动力受教育程度来表示劳动能力。劳动能力中的户主年龄与适应行为选择呈显著负相关关系，户主年龄越大，农牧户选择旅游参与型、务工主导型、兼业型的适应行为的可能性就越小，而选择纯农型适应行为的可能性就越大。户主年龄与农牧兼型、务工型、旅游参与型的适应行为均显著负相关，相关系数分别为 -0.280、-0.493、-0.482。相对于纯农户，户主年龄每减少一个单位，农牧户为兼业型的机会就增加 21.5%，为务工型的机会就会增加 49.3%，为旅游参与型的机会就增加 48.2%。劳动能力中的成人劳动力受教育程度与适应行为选择呈正显著相关关系，成人劳动力受教育程度越大，农牧户选择旅游参与性、务工主导型、兼业型的适应行为的可能性就越大，而选择纯农型适应行为的可能性就越小。成人劳动力受教育程度与农牧兼型、务工型、旅游参与型的适应行为均显著正相关，相关系数分别为 0.496、0.581、0.612。相对于纯农户适应类型，成人劳动力受教育程度每增加一个单位，农牧户为兼业型的机会就会增加 49.6%，为务工型的机会就会增加 58.1%，为旅游参与型的机会就会增加 61.2%。户主年龄和成人劳动力受教育程度与选择多样化的适应行为相互影响。适应行为的多样化会使农牧户广泛参与社会学习和培训，进而提高受教育程度，因此，这两者在一定程度上相互促进，抵御生计变化带来的风险。

第二，自然能力（N）。选用人均耕地面积、人均草场面积来表示自然能力。自然能力中的人均耕地面积越大，农牧户选择兼业型、务工主导型与旅游参与型适应行为的可能性就越小，而选择纯农型适应行为的可能性就越大。人均耕地面积与农牧兼型、务工型、旅游参与型的适应行为均显著负相关，相关系数分别为 -0.235、-0.468、-0.603。相对于纯农户，人均耕地面积每增加一个单位，农牧户为兼业型的机会就会减少 23.5%，为务工型的机会就会减少 46.8%，为旅游参与型的机会就会减少 60.3%。自然能力中的人均草场面积越大，农牧户选择纯牧型、旅游参与型、务工主导型、兼业型的适应行为的可能性就越大，而选择纯农型适应行为的可能性就越小。人均草场面积与纯牧型、农牧兼型、务工型、旅游参与型的适应行为均显著正相关，相关系数分别为 0.478、0.405、0.208、0.671。相对于纯农户，人均草场面积每增加一个单位，农牧户为纯牧型的机会就会增加 47.8%，农牧户为兼业型的机会就会增加

表5-19 农牧户适应行为的多元 Logistic 回归分析

解释变量	纯农型		纯牧型		兼业型		务工主导型		旅游参与型	
	B	exp(B)	B	exp(B)	B	exp(B)	B	exp(B)	B	exp(B)
户主年龄	0.215**	0.682	-0.270	0.715	-0.280**	0.812	-0.493***	0.825	-0.482***	0.867
成人劳动力受教育程度	0.415	1.068	0.473	1.162	0.496**	1.620	0.581***	1.837	0.612***	1.965
人均年收入	0.407**	2.354	0.478***	2.965	0.465	3.015	0.491***	2.681	0.621***	3.602
人均耕地面积	0.201**	2.002	0.508	3.065	-0.235***	3.415	-0.468***	3.987	-0.603**	3.012
人均草场面积	0.108	1.065	0.478***	2.965	0.405***	3.762	0.208**	1.369	0.671***	3.902
家庭生产生活设备数	0.018**	3.935	0.415***	2.456	0.068	1.036	-0.108	1.123	0.528***	1.369
社团参与	0.224**	1.603	0.083	0.632	0.213	0.786	0.251**	1.702	0.358**	1.621
社会网络	0.301	1.003	0.367	1.236	0.405**	1.436	0.156	1.036	0.503***	2.705
社会声望	0.089	0.801	0.057	0.705	0.206	0.757	0.189**	0.602	0.292**	0.806
社会信任	0.312**	1.721	0.801***	2.587	0.405**	1.214	0.367***	2.396	0.605***	3.405
共同愿景	0.124	0.631	0.208**	1.256	0.956	0.786	0.189**	1.305	0.108	0.621

注：***、**、*分别表示1%、5%、10%的水平上显著，S为自变量回归系数。

40.5%，为务工型的机会就会增加 20.8%，为旅游参与型的机会就增加 67.1%。

第三，物质能力（P）。选用家庭生产生活设备数表示物质能力。物质能力中的家庭生产生活设备数越大，农牧户选择纯牧型与旅游参与型适应行为的可能性就越大，而选择纯农型适应行为的可能性就越小。家庭生产生活设备数与纯牧型、旅游参与型适应行为均显著正相关，相关系数分别为 0.415、0.528。相对于纯农户，家庭生产生活设备数每增加一个单位，农牧户为纯牧型的机会就会增加41.5%，为旅游参与型的机会就会增加52.8%。物质能力对农牧户适应行为的选择具有一定的促进作用，尤其是对旅游参与型农牧户来说，物质能力对其生计多样化产生一定的正向影响。

第四，金融能力（F）。选用家庭人均年收入表示金融能力。金融能力中的人均年收入越大，农牧户选择纯牧型、务工主导型与旅游参与型适应行为的可能性就越大，而选择纯农型适应行为的可能性就越小。人均年收入与纯牧型、务工主导型与旅游参与型适应行为均显著正相关，相关系数分别为 0.478、0.491、0.621。相对于纯农适应类型，人均年收入每增加一个单位，农牧户为纯牧型的机会就会增加 47.8%，为务工主导型的机会就会增加 49.1%，为旅游参与型的机会就会增加 62.1%。金融能力与选择多样化的适应行为相互影响，适应行为的多样化会使农牧户的人均年收入增加、金融能力提高，进而提高农牧民的生计多样化选择，两者在一定程度上相互促进，共同促进农牧户的适应能力和适应行为选择。

第五，社会能力（S）。选用社会参与、社会网络、社会声望、社会信任、共同愿景表示社会能力。社会能力中的社会参与越大，农牧户选择务工主导型与旅游参与型适应行为的可能性就越大。社会参与和务工型、旅游参与型的适应行为均显著正相关，相关系数分别为 0.251、0.358，即社会参与每增加一个单位，农牧户为务工型的机会就会增加25.1%，为旅游参与型的机会就会增加35.8%。社会能力中的社会网络越大，农牧户选择兼业型与旅游参与型适应行为的可能性就越大。社会网络对兼业型、旅游参与型的适应行为均显著正相关，相关系数分别为 0.405、0.503，即社会网络每增加一个单位，农牧户为兼业型的机会就会增加40.5%，为旅游参与型的机会就会增加50.3%。社会能力中的社会声望越大，农牧户选择务工主导型与旅游参与型适应行为的可能性就越大。社会声望与务工主导型、旅游参与型的适应行为均显著正相关，相关系数分别为 0.189、0.292，即社会声望每增加一个单位，农牧户为务工主导型的机会就会增加 18.9%，为旅游参与型的机会就会增加 29.2%。社会能力中的社会信任越大，农牧户选择纯牧型、兼业型、务工主导型与旅游参与型适应行为的可能性就越大。社会信任与纯牧型、兼业型、务工主导型与旅游参与型的适应行为均显著正相关，相关系数分别为 0.801、0.405、0.367、0.605，即社会信任每增加一个单位，农牧户为纯牧型的机会就会增加 80.1%，为兼业型的机会就会增加 40.5%，为务工主导型的机会就会增加 36.7%，为旅游参与型的机会就会增加 60.5%。社会能力中的共同愿景越大，农牧户选择纯牧型与务工主导型适应行为的可能性就越大。共同愿景与纯牧型、务工主导型的适应行为均显著正相关，相关系数分别为 0.208、0.189，即共同愿景每增加一个单位，农牧户为纯牧型的机会就会增加 20.8%，为务工主导型的机会就会增加 18.9%。社会能力是农牧户适应能力中非常重要的能力之一，社会能力的强弱取决于农牧户社会资本可利用的多少，农牧户可利用的社会资本越多，社会能力越强，农牧户的适应能力就越强，农牧户适应行为选择越多样化，生计越多元化，越能够促进农牧户适应行为的有效选择。

5.5　适应能力对适应结果的影响

5.5.1　模型检验及相关变量说明

本书为检验适应能力对适应结果的影响，适应能力主要包括劳动能力、自然能力、物质能力、金融能力和社会能力，适应结果用农牧户生活满意度指标作为替代变量，据此构建了基本检验模型：

$$\text{Life S}_i = \alpha + \beta_1 H + \beta_2 H + \beta_3 P + \beta_4 F + \beta_5 S + \varepsilon \qquad (5-12)$$

该模型是检验劳动能力、自然能力、物质能力、金融能力和社会能力对农牧户生活满意度是否有显著影响。其中，作为被解释变量，LifeS_i 表示不同种类型的农牧户生活满意度，利用李克特五级量表进行变量赋值，1 = 非常不满意，2 = 不满意，3 = 一般，4 = 比较满意，5 = 非常满意；i = 1，2，3，4，5 分别表示纯农型、纯牧型、农牧兼型、务工主导型和旅游参与型农牧户。解释变量为劳动能力（H）、自然能力（N）、物质能力（P）、金融能力（F）和社会能力（S）；α为常数项，ε为模型的随机干扰项，具体变量定义及赋值数值见表5-17。该模型不设置控制变量，主要是由于在本书中涉及的5种能力全部是由相应的二级指标计算出来，主要包括了跟生活满意度相关的指标。模型中相关变量及解释见表5-20。

表 5-20　变量定义及赋值

变量含义	变量解释	均值	标准差
因变量			
不同类型农牧户生活满意度 Life S	1＝非常不满意，2＝不满意，3＝一般，4＝比较满意，5＝非常满意	2.89	0.468
自变量			
劳动能力 H	户主年龄 H1、成人劳动力受教育程度 H2	0.1412	0.472
自然能力 N	家庭拥有草地面积（N1）、家庭拥有耕种面积（N2）、水资源状况（N3）	0.0202	0.458
物质能力 P	房屋（P1）、牲畜数量（P2）、生产生活设备数量（P3）	0.3622	0.369
金融能力 F	家庭人均年收入（F1）、生计多样性指数（F2）	0.0378	0.398
社会能力 S	社团参与（S1）、社会网络（S2）、社会声望（S3）、社会信任（S4）、共同愿景（S5）	0.0618	0.401

5.5.2　实证结果分析

本书中运用 Stata14.0 软件进行 Order Logistic 模型回归分析。以生活满意度作为因变量，虽然离散但存在一定的排序（从非常不满意到非常满意），此时若使用最小二乘回归分析以及二元或多元 Logistic 回归分析不能获得较好的效果，因此，本书选择 Order Logistic 模型进行回归分析。具体模型方法在本章 5.4 适应能力对适应行为影响［式（5-5）、式（5-6）］中有所体现，本书通过建立农牧户生活满意度（1＝非常不满意，2＝不满意，3＝一般，4＝比较满意，5＝非常满意）似然函数，采用极大似然法估计本节所关注的待估计参数β。

表 5-21　Order Logistic 模型回归结果

变量名	纯农型		纯牧型		农牧兼型		务工主导型		旅游参与型	
	统计量	β	统计量	β	统计量	β	统计量	β	统计量	β
H	0.321 （1.08）	0.326	0.102 （1.37）	0.526	0.005 *** （3.98）	0.467	0.006 *** （4.65）	0.603	0.008 *** （3.08）	0.532
N	0.005 *** （4.61）	0.589	0.009 *** （4.52）	0.601	0.006 *** （3.86）	0.409	0.228 （0.91）	0.051	0.011 ** （2.28）	0.451
P	0.019 ** （3.76）	0.401	0.007 *** （5.14）	0.575	0.005 *** （5.08）	0.428	0.358 （0.67）	0.006	0.005 *** （5.09）	0.612
F	0.004 ** （3.86）	0.801	0.009 *** （4.03）	0.751	0.015 ** （3.04）	0.605	0.009 *** （4.47）	0.502	0.009 *** （5.48）	0.356
S	0.008 *** （3.98）	0.605	0.052 ** （2.78）	0.508	0.049 ** （2.65）	0.526	0.038 ** （2.67）	0.308	0.004 *** （5.54）	0.634
Year	2018		2018		2018		2018		2018	
Observations	363		214		155		131		96	
Pseudo R²	0.658		0.509		0.648		0.538		0.567	

注：***、**、*分别为在 1%、5% 和 10% 的水平上显著，且系数底下的括号中报告了 T 统计量。

Logistic 模型边际分析结果显示，模型的 Pseudo R^2 分别为 0.658、0.509、0.648、0.538 和 0.567，说明模型拟合优度较好，各解释变量对不同类型农牧户的生活满意度的作用在总体上具有统计意义。表 5-21 检验了农牧户 5 种不同适应能力对不同类型的农牧户生活满意度的影响。结果显示：

劳动能力（H）对五种不同类型农牧户的生活满意度影响显著程度存在差异，其中劳动能力对务工主导型、旅游参与型和农牧兼型农牧户生活满意度呈显著正向影响，影响程度由高到低为务工主导型（0.603）、旅游参与型（0.532）、农牧兼型（0.467）。其中，在其他条件不变的情况下，务工主导型农牧户每增加一单位劳动能力，生活满意度提高 60.3%，旅游参与型农牧户每增加一单位劳动能力，生活满意度提高 53.2%，农牧兼型农牧户每增加一单位劳动能力，生活满意度提高46.7%，该结论与预期一致。究其原因，劳动能力是这三种类型农牧户适应能力的主要决定因素，起到了关键作用。调研数据显示，对于旅游参与型、务工主导型和农牧兼型农牧户来说，户主年龄越小和受教育程度越高，生活满意度就越高。而模型结果也显示，劳动能力对纯农型和纯牧户的生活满意度影响并不显著，主要原因是，调研数据显示纯农型和纯牧户的年龄均值分别是60.19岁和52.97岁，在这5种类型农牧户中年龄最大，受教育程度最低，因而劳动能力就越小，即使能够改善现状，由于人均耕地面积和人均草场面积较大，务农（牧）是其主要生产方式，农村牧区就业机会很少，对其生活满意度也不产生显著影响，因此，劳动能力并不能影响农牧户生活满意度。

自然能力（N）对五种不同类型农牧户的生活满意度影响显著程度存在差异，其中自然能力对纯牧型、纯农型、旅游参与型和农牧兼型农牧户生活满意度呈显著正向影响，影响程度由高到低为纯牧型（0.601）、纯农型（0.589）、旅游参与型（0.451）、农牧兼型（0.409）。其中，在其他条件不变情况下，纯牧户每增加一单位自然能力，生活满意度提高60.1%，纯农户每增加一单位自然能力，生活满意度提高58.9%，旅游参与型农牧户每增加一单位自然能力，生活满意度提高45.1%，农牧兼型农牧户每增加一单位自然能力，生活满意度提高40.9%，该结论与实际是相吻合的。究其原因，自然能力对于适应行为越单一的农牧户来说越重要，也就是对于纯牧户和纯农户来说，自然能力增加，如耕地面积和草场面积增加，会抵御纯牧户和纯农户收入降低带来的风险和变故，从而会大大提高生活满意度。而模型结果也显示，自然能力对务工主导型农牧户的生活满意度影响并不显著，主要原因是，务工主导型农牧户主要是以外出务工或者本地务工为主，自身的自然能力增加并不能增加其生活满意度，自然能力减少也并不能显著影响其生活满意度，因此，自然能力对务工主导型农牧户生活满意度的影响并不显著。

物质能力（P）对五种不同类型农牧户的生活满意度影响显著程度存在差异，其中物质能力对纯牧型、纯农型、旅游参与型和农牧兼型农牧户生活满意度呈显著正向影响，影响程度由高到低为旅游参与型（0.612）、纯牧型（0.575）、农牧兼型（0.428）、纯农型（0.401）。其中，在其他条件不变情况下，旅游参与型农牧户每增加一单位物质能力，生活满意度提高61.2%，纯牧户每增加一单位物质能力，生活满意度提高57.5%，农牧兼型农牧户每增加一单位物质能力，生活满意度提高42.8%，纯农户每增加一单位物质能力，生活满意度提高 40.1%，该结论与实际是相吻合的。究其原因，物质能力主要表现在房屋、牲畜和生产生活设备，这些对于纯牧户和旅游参与型农牧户来说非常重要，因为这两种类型的农牧户的适应行为选择主要取决于物质能力，物质能力对这两种类型农牧户的生计多样化影响显著，进而对农牧户生活满意度影响显著，而纯农户物质能力的增加，并不能较大地增加生活满意度，主要原因是，纯农户受地理位置及天然草场优势的限制，物质能力对生活满意度的影响程度小于纯牧户。而模型结果也显示，物质能力对务工主导型农牧户的生活满意度的影响并不显著，其原因与务工主导型农牧户的自然能力对生活满意度的影响不显著的解释相似。

金融能力（F）对五种不同类型农牧户的生活满意度影响显著程度存在差异，其中金融能力对纯牧型、纯农型、旅游参与型、农牧兼型和务工主导型农牧户生活满意度呈显著正向影响，影响程度由高到低为纯农型（0.801）、纯牧型（0.751）、农牧兼型（0.605）、务工主导型（0.502）、旅游参与型（0.356）。其中，在其他条件不变情况下，纯农户每增加一单位金融能力，生活满意度提高 80.1%，纯牧户每增加一单位金融能力，生活满意度提高 75.1%，农牧兼型农牧户每增加一单位金融能力，生活满意度提高 60.5%，务工主导型农牧户每增加一单位金融能力，生活满意度提高 50.2%，旅游参与型农牧户每增加一单位金融能力，生活满意度提高 35.6%，该结论与实际相符。究其原因，金融能力主要表现在人均年收入，对于适应行为单一的农牧户来说，金融能力越大，对其生活满意度的影响就越大。调研中数据也显示，对于纯农户或纯牧户，当人均年收入大于 15000 元时，90.1% 的农牧户生活满意度是"非常满意"和"比较满意"。而对于务工主导型和旅游参与型农牧户来说，金融能力对其生活满意度的影响程度较前两种类型低，因为这两种类型的农牧户的适应行为选择并非取决于金融能力，因此，金融能力的变化并不能大幅度影响其生活满意度的变化。

社会能力（S）对五种不同类型农牧户的生活满意度影响显著程度存在差异，其中社会能力对纯牧型、纯农型、旅游参与型、农牧兼型和务工主导型农牧户生活满意度呈显著正向影响，影响程度由高到低为旅游参与型（0.634）、纯农型（0.605）、农牧兼型（0.526）、纯牧型（0.508）、务工主导型（0.308）。其中，在其他条件不变情况下，旅游参与型农牧户每增加一单位社会能力，生活满意度提高 63.4%，纯农户每增加一单位社会能力，生活满意度提高 60.5%，农牧兼型农牧户每增加一单位社会能力，生活满意度提高

52.6%，纯牧户每增加一单位社会能力，生活满意度提高 50.8%，务工主导型农牧户每增加一单位社会能力，生活满意度提高 30.8%，该结论与实际相符。对农牧户生活满意度贡献度最大的因素是社会资本（赵雪雁，2011），社会资本包含社会参与、社会网络、社会信任、社会声望和共同愿景，而这五个因素又决定了农牧户的社会能力，因此社会能力也是对农牧户生活满意度影响程度较大的因素。社会参与与务工主导型、旅游参与型适应行为均显著正相关，对其生活满意度的影响也是显著的；社会网络越大，农牧户选择兼业型与旅游参与型适应行为的可能性就越大，社会网络与兼业型、旅游参与型的适应行为均显著正相关，对其生活满意度的影响也是显著的。社会声望与务工主导型、旅游参与型的适应行为均显著正相关，对其生活满意度的影响也是显著的；社会信任与纯牧型、兼业型、务工主导型与旅游参与型的适应行为均显著正相关，对其生活满意度的影响也是显著的；共同愿景与纯牧型、务工主导型的适应行为均显著正相关，对其生活满意度的影响也是显著的。

5.6　适应机制分析

基于以上农牧户适应能力、适应行为、适应结果及其之间作用关系的定量分析与总结可以发现，劳动能力、自然能力、物质能力、金融能力、社会能力及适应能力对农牧户适应行为、适应结果具有显著影响，因此，识别农牧户适应能力的影响因素，梳理农牧户适应机理，对于农牧户提高适应能力，理性选择适应行为，优化农牧户适应效果，具有重要的作用与意义。

5.6.1　适应障碍分析

5.6.1.1　数据处理与方法

农牧户适应能力由劳动能力、自然能力、物质能力、金融能力、社会能力 5 个维度和 15 个指标共同作用形成，但这 5 个维度和 15 个指标在不同类型农牧户适应能力中贡献程度存在一定差异，很难明确农牧户的具体影响因素，因此，通过引入因子贡献度（U_j）、指标偏离度（V_j）和障碍度（M_j）3 个指标进行障碍因子诊断，对农牧户适应能力的关键影响因素进行识别，并对其影响机制进行分析与归纳。

障碍度模型为

$$U_i = w_i \tag{5-13}$$

$$V_i = 1 - p_{ij} \tag{5-14}$$

$$M_j = (U_j \times V_j) / \sum_{1}^{18} (U_j \times V_j) \tag{5-15}$$

式中，因子贡献度（U_j）代表单项指标对总目标的影响程度，即单项指标的权重（w_j）；指标偏离度（V_j）表示单项指标与系统适应能力之间的差距，即单项指标标准化值（p_{ij}）与100%之差；M_j代表指标的障碍度，M_j越大，表明该指标对农牧户适应能力提升的阻碍越大，该指标是农牧户适应性的主要影响因素。

5.6.1.2　农牧户适应能力障碍因子分析结果

从准则层看，障碍度指数由高到低排序为劳动能力（29.83%）、金融能力（22.94%）、自然能力（17.09%）、物质能力（16.13%）、社会能力（14.00%）；从指标层障碍度看，位于前6名的单项指标是成人劳动力比重（22.51%）、家庭人均年收入（16.71%）、人均草场面积（13.48%）、社会网络（11.71%）、牲畜数量（11.17%）、人均耕地面积（9.10%）（见表5-22）。

表5-22　农牧户适应能力准则层、指标层障碍度

准则层	劳动能力	金融能力	自然能力	物质能力	社会能力
	（29.83%）	（22.94%）	（17.09%）	（16.13%）	（14.00%）
指标层	成人劳动力比重	家庭人均年收入	人均草场面积	社会网络	牲畜数量	人均耕地面积
	（22.51%）	（16.71%）	（13.48%）	（11.71%）	（11.17%）	（9.10%）

从以上分析可以看出，准则层中阻碍农牧户适应能力提升的首要障碍因素是劳动能力与金融能力，其中，家庭成人劳动力短缺是阻碍农牧户适应能力提升的首要障碍因素，调查中发现62.7%的农牧户家庭劳动力存在严重短缺，且随着城镇化发展与"禁牧"政策的实施，情况愈加严重。另外，农村、牧区缺乏完善的金融组织体系与农牧户缺少金融知识和理财能力是阻碍农牧户适应能力提升的另一重要因素。自然能力中人均草场面积少成为阻碍农牧户适应能力提升的重要因素，一方面，草场面积越大，禁牧补贴金额越多，影响着农牧

户直接收入；另一方面，草场由生产、生活功能向观光旅游功能转变的过程中，其价值不断提高，对农牧户生产、生活的影响越来越大。物质能力与社会能力中的牲畜数量与社会网络成为阻碍农牧户适应能力提升的重要因素：牲畜作为农牧户物质资产的重要组成部分，对于农牧户抵御生计风险具有重要的作用，如面临干旱、家庭重大支出等情况，可以通过卖牲畜来缓解生计压力，因此，在"全面禁牧"政策实施下探索养殖业发展路径，是农牧户适应能力提升面临的重要问题；社会网络作为农牧户社会资本重要的组成部分，对于农牧户生产、生活的影响作用逐渐增强，调查中发现，农牧户家庭人均手机数量为 0.73 台，以手机为代表的电子通信设备的快速增长，大幅度提升了农牧户社会网络，但与城镇相比由于基础设施不完善，社会网络发达度较低。

5.6.1.3 不同类型农牧户适应能力障碍度分析

从准则层来看，适应能力各维度对 5 个类型农牧户适应能力提升的影响程度差异显著（见表 5-23）。劳动能力对不同类型农牧户适应能力提升的障碍作用由大到小排序为纯牧型（30.07%）、农牧兼型（30.01%）、务工主导型（29.38%）、旅游参与型（29.19%）、纯农型（22.31%），劳动能力维度障碍是所有农牧户适应能力提升的最大障碍，这与调研中发现乡村劳动力流失严重现状相符。自然能力对不同类型农牧户适应能力提升的障碍作用由大到小排序为旅游参与型（17.65%）、务工主导型（17.25%）、农牧兼型（16.95%）、纯牧型（16.87%）、纯农型（11.20%），自然能力维度对旅游参与型农牧户适应能力提升障碍最大，对于旅游参与型农牧户，自然能力不仅仅是经济来源，也是参与旅游业发展的重要资本，且其自然能力相对较小，因而成为最大障碍因素。

表 5-23　不同类型农牧户准则层指标及障碍度　　单位:%

	劳动能力	自然能力	物质能力	金融能力	社会能力
纯农型	22.31	11.20	16.24	15.31	9.58
纯牧型	30.07	16.87	15.66	23.15	14.25
农牧兼型	30.01	16.95	16.07	23.16	13.81
旅游参与型	29.19	17.65	16.27	22.74	14.17

续表

	劳动能力	自然能力	物质能力	金融能力	社会能力
务工主导型	29.38	17.25	16.60	22.59	14.18

物质能力对不同类型农牧户适应能力提升的障碍作用由大到小排序为务工主导型（16.60%）、旅游参与型（16.27%）、纯农型（16.24%）、农牧兼型（16.07%）、纯牧型（15.66%）。物质能力维度对务工主导型农牧户提升适应能力的障碍作用最大，与其他类型农牧户相比，务工主导型农牧户因缺乏物质资本而在本地或外出务工，但由于受教育程度较低，多从事低端服务业，报酬较少，适应能力较低。金融能力对不同类型农牧户适应能力提升的障碍作用由大到小排序为农牧兼型（23.16%）、纯牧型（23.15%）、旅游参与型（22.74%）、务工主导型（22.59%）、纯农型（15.31%）。社会能力对不同类型农牧户适应能力提升的障碍作用由大到小排序为纯牧型（14.25%）、务工主导型（14.18%）、旅游参与型（14.17%）、农牧兼型（13.81%）、纯农型（9.58%），调查中发现，纯牧户聚落集聚度小，距离城镇较远，社会参与少，社会网络小，社会资本成为纯牧户适应能力提升的最大障碍。

从指标层来看（见表5-24），本书列出了排名前4位的障碍因子，对于纯农户适应能力提升的障碍因子，按照障碍度由大到小排序为家庭人均年收入（28.66%）、人均耕地面积（16.70%）、牲畜数量（12.26%）、成人劳动力比重（11.83%）。调查中发现，纯农户收入最低，家庭人均收入较低的原因是农村牧区生产资料（人均耕地面积较少）有限，就业机会较少，收入很难维持家庭生计，导致青年劳动力大量流失，从而降低了农牧户的适应能力。对于纯牧户适应能力提升的障碍因子，按照障碍度由大到小排序为社会网络（27.35%）、家庭人均年收入（12.40%）、人均草场面积（11.17%）、成人劳动力比重（10.09%）。究其原因，一方面，纯牧户居住分散，距离城镇较远，基础设施不完善，导致其参与农牧业培训等活动较少，社会网络不发达，社会资本低，制约着畜牧业规模化生产，降低了农牧户低于市场风险的能力；另一方面，由于人口密度小，导致其生活成本、教育成本较高，也深深制约着农牧户适应能力的提高。

表 5-24 不同类型农牧户指标层主要障碍因素与障碍度

	障碍度诊断	指标排序			
		1	2	3	4
纯农型	障碍因素	F1	N2	P2	H1
	障碍度	28.66%	16.70%	12.26	11.83%
纯牧型	障碍因素	S2	F1	N1	H1
	障碍度	27.35%	12.40%	11.17%	10.09%
农牧兼型	障碍因素	F1	H1	S2	N2
	障碍度	23.40%	16.23%	10.55%	8.33%
旅游参与型	障碍因素	S2	H2	P3	N1
	障碍度	30.44%	14.70%	13.22%	9.98%
务工主导型	障碍因素	H2	N1	F1	P3
	障碍度	32.85%	18.65%	13.43%	10.22%

对于农牧兼型农牧户适应能力提升的障碍因子，按照障碍度由大到小排序为家庭人均年收入（23.40%）、成人劳动力比重（16.23%）、社会网络（10.55%）、人均耕地面积（8.33%）。农牧兼型农牧户出现的根本原因是农牧户家庭人均耕地面积较少，种植业收入很难维持家庭生计。因此，农牧户一方面种植经济作物，另一方面圈养牲畜，以增加生计来源，丰富生计多样性，提高家庭人均收入，从而提高适应能力。对于该类型农牧户，家庭人均收入是其适应能力提升的重要制约因素。

对于旅游参与型农牧户适应能力提升的障碍因子，按照障碍度由大到小排序为社会网络（30.44%）、劳动力受教育程度（14.70%）、生产生活设备（13.22%）、人均草场面积（9.98%）。调研中发现，对于旅游参与型农牧户，在纯农牧户向旅游参与型农牧户转变的过程中，熟人间相互介绍或者相互帮忙，因而从事旅游行业较多；在从事旅游行业的过程中，人们普遍认为受教育程度对于农牧户更好地适应旅游行业发展具有重要的促进作用。

对于务工主导型农牧户适应能力提升的障碍因子，按照障碍度由大到小排序为受教育程度（32.85%）、人均耕地面积（18.65%）、家庭人均年收入（13.42%）、成人劳动力比重（10.22%）。务工主导型农牧户由于其自身受教育程度低，掌握的技能有限，在城镇务工过程中，多从事低端的服务业工作，收入较低，适应能力低。调查中发现，近两年返乡农牧户人数逐渐增加，所从事行业多为畜牧业，导致草场压力呈现逐年增大趋势，生态环境保护又面临着新问题。

5.6.2 适应机制分析

宏观层面的乡村人地系统演化可以用微观农牧户家庭适应能力高低、适应行为选择以及适应效果来解释。在气候暖干化、城镇化与众多生态工程政策实施的背景下，在乡村人地系统结构与功能演化的作用下，农牧户理性选择由行为意图引发，并受政策和适应能力制约。因此，综合考虑北方农牧交错区气候条件、城镇化、生态环境背景以及政策引导作用，乡村人地系统脆弱性演化与农牧户适应能力、适应行为、适应结果关系，适应能力的障碍因素，解释农牧户适应机制，旨在从根本上厘清适应如何发生，适应能力、适应行为、适应效果为何存在差异以及农牧户适应性与乡村人地系统演化之间的交互作用关系。

第一，乡村人地系统结构与功能演变是农牧户适应的起因和动力。在宏观乡村人地系统视角下，农牧户家庭生计发展需要系统相对稳定。近年来，在气候暖干化、城镇化以及政策实施的背景下，北方农牧交错区作为我国北方重要的生态屏障，生态功能保持是经济社会发展的重要前提。然而，2002 年以来京津风沙源治理、退耕还林还草、全面禁牧、绿色能源①发展等众多生态工程的实施和草原旅游业的快速发展，对乡村人地系统稳态产生了重大冲击，主要表现为大面积草场禁牧，大量耕地还林还草，并安装风力发电机组，草场与耕地等自然资源由传统生产功能转向非农牧业生产功能。在自然资源功能演变过程中，农牧户很难有效参与，面临生存压力，在调研中人们提到最多的是"全面禁牧了，圈养投入太高，外出打工补贴家用"，"耕地数量减少了，入不敷出，养点牲畜，增加点收入"。可以看出，气候暖干化导致的农牧业投入增多，众多生态工程实施导致的自然资本缺失，成为农牧户适应发生的重要推力，草原旅游开发、快速城镇化等因素构成了农牧户适应发生的拉力。在此过

---

① 安装巨型风机等。

程中，风机占地补贴、退耕还林还草补贴、全面禁牧补贴对于补偿牧户自然资本缺失造成的损失具有重要作用，对于提高牧户适应能力具有积极影响，但对于农户只有少量退耕还林还草补贴，补贴效果并不明显。总体来看，在气候暖干化的背景下，在政策引导、乡村人地系统结构与功能变化的影响下，农牧户自然资本缺失的推力与乡村草原旅游开发、快速城镇化的拉力决定了农牧户适应发生的必然性，各项补贴对于农牧户面临适应发生具有一定的缓冲作用，但补贴对于不同类型的农牧户而言存在一定的不公平问题，且形式单一。因此，针对不同类型农牧户探索差异化的补偿路径与制度，对于农牧交错区农牧户生计可持续发展具有重要作用与意义。

第二，农牧户对良好适应效果的追求是农牧户适应的内在动因。根据理性选择理论，行为由意图（动机）引发，生存理性决定着农牧户适应行为必然发生，农牧户基于自身家庭生计资本特征与偏好，追求良好的适应效果，则是农牧户适应行为选择差异化的内在动因。上文分析表明，传统的农牧业生产与非农牧业生产是农牧交错区主要适应行为，其中，农牧兼型、务工主导型、旅游参与型适应行为是基于追求良好适应效果，即在生存理性、经济理性、社会理性的内在动因的驱动下，从纯农户与纯牧户适应行为分异而来，最终形成了现阶段不同适应行为的农牧户。在经济理性主导下形成的是农牧兼型与务工主导型农牧户：调查中发现，农牧兼型农牧户大部分是由退耕还林还草导致其耕地面积大量减少的纯农户分异而来，其原因是，耕地减少，剩余耕地的生产收入与补偿很难维持家庭生计，必须增加生计来源方式，即"以农促牧，以牧富农"的生计方式，以提高适应性。务工主导型农牧户是由纯农户与纯牧户分异而来，主要原因也是自然资本的缺失，因生存理性的需要而外出务工。社会理性主导下形成的是旅游参与型农牧户：调查中发现旅游参与型农牧户多为纯牧户分异而来，且多为主动参与草原旅游开发，其目的不仅仅在于获取经济利益，还带有一定社会性目的。调查中发现，该类型牧户认为参与旅游业，"不用外出务工受罪，还能方便照顾家庭"，可见社会理性是农牧户以参与旅游业发展作为主要适应对策的动因所在。可以看出，农牧户适应行为不仅受经济利益驱使，家庭、情感等社会性因素也起着关键作用。综上所述，农牧户对良好适应效果的追求是农牧户适应的内在动因。

第三，适应能力是农牧户适应行为分化的根本原因，直接影响着农牧户适应结果。根据对适应能力与适应行为、适应结果的分析结果来看，农牧户劳动能力、自然能力、物质能力、金融能力、社会能力对于农牧户适应行为的选择以及适应结果的差异具有显著影响。从事传统纯农牧业生产的农牧户自然能力较强，但劳动能力较弱，如人均年龄较大、受教育程度较低；从事非农牧业生产的农牧户劳动能力较强，如受教育程度较高，但自然能力较小。就适应能力对适应结果的影响来看，提高劳动能力对于提升务工主导型与旅游参与型农牧户生活满意度的作用最大；提升自然能力对于提升纯牧户和纯农户生活满意度的作用最显著；提升物质能力对于提升旅游参与型农牧户与纯牧户生活满意度的作用最显著，提升金融能力对于提升纯农户与纯牧户生活满意度的作用最显著；提升社会能力对于提升旅游参与型牧户与纯农户生活满意度的作用最显著。可以看出，农牧户适应效果也是适应能力综合作用的体现，因此，适应能力的提升是提高农牧户适应性的关键。

第四，农牧户适应性是乡村人地系统演变的关键因子，深刻影响着系统结构与功能的协调发展。由农牧户适应能力、适应行为、适应效果表征的农牧户适应性对于乡村人地系统结构与功能演化具有重要影响，调查中发现，2002年众多生态工程实施以来，生态环境逐步好转，社会经济发展不断发展，乡村人地系统结构与功能得到优化，受各类补贴与快速城镇化影响，农牧户生计转型能力大，适应性较强。近以来，由于经济发展缓慢，城镇化速度放缓，外出务工的农牧户开始返乡从事传统农牧业生产，偷牧现象逐渐增加，植被覆盖度降低，土地利用强度增大，生态环境压力逐渐增大，乡村人地系统稳态受到威胁。可以看出，乡村人地系统演化过程中，其结构与功能演化不断影响着农牧户的适应能力、适应行为以及适应结果，同时，农牧户适应性也深刻影响着乡村人地系统结构与功能，从而影响着乡村人地系统可持续发展。

因此，农牧户的适应机制（见图5-12）可总结为气候暖干化、城镇化与生态保护政策实施导致的乡村人地系统结构与功能演化和农牧户生存理性之间的矛盾是适应发生的起因；农牧户对良好适应效果的追求是农牧户适应发生的内在动因，适应能力差异是农牧户适应行为分化的根本原因，并决定着农牧户适应结果；农牧户适应行为及结果是乡村人地系统演化的关键因子，深刻影响着乡村人地系统结构与功能的协调发展。

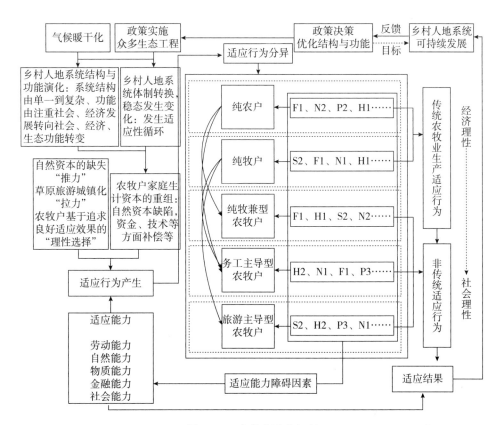

图 5-12 农牧户适应机制

6

达尔罕茂明安联合旗乡村人地系统
适应性演化机制

乡村人地系统脆弱性时空格局演变的过程也是乡村人地系统结构与功能变化的过程，系统脆弱性主控因素（障碍因素）变化的过程分析，是乡村人地系统适应性演化过程与适应性演化机制的重要表征与研究基础。农牧户适应性是乡村人地系统演化的关键因子，深刻影响着乡村人地系统结构与功能的协调发展，是乡村人地系统适应性演化机制的微观尺度的深入剖析。因此，在定量研究乡村人地系统脆弱性演变与农牧户适应性的基础上，需要更进一步识别1990~2016年乡村人地系统脆弱性主控因素变化，并结合农牧户适应行为分异过程与特征，深入探析系统结构与功能演变的过程与规律，探究其时空演变动力机制，归纳系统适应性演化路径及特征，为调控与优化北方农牧交错区乡村人地系统适应性演化路径提供科学依据。

6.1 乡村人地系统适应性演化内涵与分析方法

6.1.1 乡村人地系统适应性演化内涵界定

北方农牧交错区乡村人地系统是农牧业复合的社会—生态系统（SESs），受其自身系统组成要素、结构与功能的复杂性以及自然环境特殊性的影响，系统适应性演化过程复杂性、多样性特征凸显。气候暖干化、城镇化以及政策实施成为系统演化的外部驱动力，在外部驱动力的作用下系统结构与功能不断发生演变，以此来适应环境变化，这一变化同时影响着系统内部环境与外部环境，成为系统演化的内部驱动力。在系统外部环境与系统内部环境相互作用的循环发展中，形成了北方农牧交错区乡村人地系统适应性演化过程（见图6-1）。在乡村人地系统适应性演化过程中，乡村社会、经济发展方式对系统演化具有重要调节作用，为实现调控乡村人地系统适应性演化路径提供了可能。

基于以上分析，本章将达尔罕茂明安联合旗乡村人地系统适应性演化机制分析，划分为乡村人地系统演化主要影响因素分析、乡村人地系统适应性演化过程分析、乡村人地系统演化机理剖析与总结三个阶段内容。考虑农牧交错区乡村人地系统异质性特征显著，本章首先对农业主导型、畜牧业主导型、旅游业主导型和综合型乡村人地系统适应性演化影响因素、机制、路径分别分析与总结；在此基础上，归纳达尔罕茂明安联合旗乡村人地系统适应性演化的过程、路径、特征及动力机制。

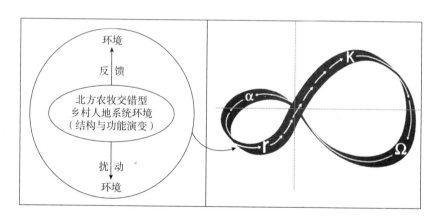

图6-1 乡村人地系统适应性演化过程

6.1.2 乡村人地系统演化主控因素的识别

如上文所述，本书以乡村人地系统脆弱性障碍因素表征系统适应性演化的主控因素，在分析脆弱性障碍因素的变化过程与特征的基础上，总结乡村人地系统结构与功能变化、系统稳态变化的规律，归纳乡村人地系统适应性演化的过程、特征，剖析乡村人地系统适应性演化机制。乡村人地系统脆弱性由暴露度、敏感性和适应能力3个维度和15个指标共同作用形成，但这3个维度和15个指标在不同时段对不同类型乡镇的脆弱性的贡献程度存在一定差异，很难明确系统脆弱性的主导影响因素，因此，通过引入因子贡献度（U_j）、指标偏离度（V_j）和障碍度（M_j）3个指标进行障碍因子诊断，从而对乡村人地系统适应性演化的主控因素进行识别。计算公式详见本书第5章［式（5-7）、式（5-8）、式（5-9）］。

6.2　典型乡村人地系统适应性演化路径分析

分别选取乌克忽洞镇、达尔罕苏木、希拉穆仁镇、百灵庙镇作为农业主导型、畜牧业主导型、旅游业主导型、综合型的典型乡村人地系统代表，通过对其脆弱性演化的障碍因素演变与农牧户适应行为分异的分析，反演系统结构与功能的演化过程与系统稳态变化规律，从而总结系统适应性演化路径。

6.2.1　农业主导型乡村人地系统演化路径分析

根据障碍度计算模型，对乌克忽洞镇1990年、1995年、2000年、2005年、2010年、2016年乡村人地系统脆弱性指标层15个指标的障碍度进行计算，由于指标较多，选出6个时期障碍度指数排名前6位的指标（见表6-1），对6个时期障碍度指标进行分析与总结。6个时期公共障碍指标分别为粮食产量（S2）、年降水量（E1）、人均牲畜头数（A3）、植被覆盖度（S4）、农牧民人均收入（A5），可以看出，在农业主导型乡村人地系统适应性演化过程中，气候暖干化背景下粮食产量（S2）是农业主导型乡村人地系统脆弱性演化的主导因素，农牧民人均收入（A5）、人均牲畜数量（A3）、植被覆盖度（S4）的变化对于系统适应性演化阶段具有重要的反演作用。

1990~2000年，乡村人地系统脆弱性障碍指标排名中，暴露度指标是年降水量（E1），敏感性指标为粮食产量（S2）、出售牲畜数量（S3）、植被覆盖度（S4），适应能力指标是农牧民人均收入（A5）。其中，在1995年年降水量（E1）超过了植被覆盖度（S4）成为脆弱性主导因素；在2000年出售牲畜数量（S3）成为脆弱性重要的主导因素。该变化表明，乡村人地系统中粮食产量迅速增长、草场开垦数量急剧增长、草场沙化面积急剧扩大，生态环境遭到严重破坏。该时间段乡村人地系统中社会系统和经济系统功能急剧增强，生态环境系统功能急剧减弱，系统结构与功能协调度越来越低。

表 6-1　1990~2016 年农业主导型乡村人地系统指标层因子障碍度指数

年份	类别	指标层因子障碍度排序					
		1	2	3	4	5	6
1990	障碍因子	粮食产量（S2）	人均牲畜数量（A3）	植被覆盖度（S4）	年降水量（E1）	农牧民人均收入（A5）	出售牲畜数量（S3）
	障碍度（%）	48.37	25.22	18.79	13.77	13.30	12.49
1995	障碍因子	粮食产量（S2）	人均牲畜数量（A3）	年降水量（E1）	植被覆盖度（S4）	农牧民人均收入（A5）	出售牲畜数量（S3）
	障碍度（%）	33.16	25.97	14.96	13.84	13.45	12.40
2000	障碍因子	粮食产量（S2）	人均牲畜数量（A3）	出售牲畜数量（S3）	年降水量（E1）	农牧民人均收入（A5）	生态服务价值（A7）
	障碍度（%）	48.68	23.44	18.61	17.16	15.88	14.61
2005	障碍因子	粮食产量（S2）	植被覆盖度（S4）	生态服务价值（A7）	人均牲畜数量（A3）	年降水量（E1）	农牧民人均收入（A5）
	障碍度（%）	34.74	22.03	17.92	17.55	14.56	13.94
2010	障碍因子	粮食产量（S2）	人均牲畜头数（A3）	植被覆盖度（S4）	出售牲畜数量（S3）	农牧民人均收入（A5）	生态服务价值（A7）
	障碍度（%）	32.92	16.41	16.22	14.07	13.69	12.73
2016	障碍因子	农牧民人均收入（A5）	粮食产量（S2）	植被覆盖度（S4）	生态服务价值（A1）	人均牲畜数量（A2）	年降水量（S2）
	障碍度（%）	38.11	36.39	21.06	16.53	15.35	13.04

　　2000~2010 年，乡村人地系统脆弱性演化的主要影响因素中，植被覆盖度（S4）与生态服务价值（A7）指标作用凸显，年降水量（E1）障碍度被削弱，人均牲畜数量（A3）对脆弱性的影响作用加强（A3）。这表明在退耕还林还

草等众多政策的实施下，系统功能发生了一定变化，农业生产职能向养殖业职能转变，同时也说明，系统生态环境的改变对于系统脆弱性的降低作用愈加明显，系统结构与功能协调度逐渐提高。

2010~2016 年，乡村人地系统脆弱性演化的主要影响因素转变为农牧民人均收入（A5）、粮食产量（S2）、植被覆盖度（S4）、生态服务价值（A1）、人均牲畜头数（A2）、年降水量（S2），其中，农牧民人均收入成为乡村人地系统脆弱性降低的重要因素，植被覆盖度（S4）、生态服务价值（A1）在系统适应性演化过程中作用得到加强。这表明乡村人地系统适应性演化过程中经济系统与生态环境系统发展进一步协调，系统结构得到有益调整，系统发展路径得到有益优化。

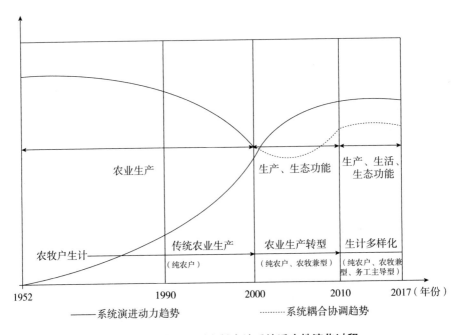

图 6-2　农业主导型乡村人地系统适应性演化过程

纵观农业主导型乡村人地系统适应性演化过程，在气候暖干化、城镇化以及政策实施的背景下乡村人地系统经历了人口数量、耕地面积、经济水平急剧增长，生态环境加速恶化，之后，受退耕还林还草政策等影响，人口数量缓慢下降，耕地数量微度减少，生态环境质量得到显著提高等发展过程。在此过程中，乡村人地系统结构与功能不断发生演变：结构上，社会系统发展、经济系统发展、生态环境系统发展趋于协调；产业上，由最初的农业生产转向农牧业生产；功能上，由以往只注重生产功能转向注重生产、生态功能（见图 6-2）。系统结构与功能转变的结果，构成了系统适应性演化的新环境的重要部分，驱动着乡村人地系统适应性演化过程的发生，并深刻影响着系统适应性演化的主导因子的转换。

6.2.2 畜牧业主导型乡村人地系统演化路径分析

根据障碍度计算模型，对达尔罕苏木 1990 年、1995 年、2000 年、2005年、2010 年、2016 年乡村人地系统脆弱性指标层 15 个指标的障碍度进行计算，选出 6 个时期障碍度指数排名前 6 位的指标（见表 6-2），筛选出 6 个时期公共障碍指标分别为人均牲畜数量（A3）、农牧民人均收入（A5）、农牧业机械总动力（A4）、水资源支出费用（S1）、出售牲畜数量（S3）。可以看出，在畜牧业主导型乡村人地系统适应性演化过程中，人均牲畜数量（A3）、农牧民人均收入（A5）是畜牧业主导型乡村人地系统脆弱性演化的主导因素，农牧业机械总动力（A4）、水资源支出费用（S1）、出售牲畜数量（S3）的变化对于系统演化阶段具有重要的反演作用。

表 6-2　1990~2016 年畜牧业主导型乡村人地系统指标层因子障碍度指数

年份	类别	指标层因子障碍度排序					
		1	2	3	4	5	6
1990	障碍因子	农牧民人均收入（A5）	人均牲畜数量（A3）	水资源费用支出（S1）	出售牲畜数量（S3）	有效灌溉面积（A1）	农牧业机械总动力（A4）
	障碍度（%）	16.83	13.51	12.93	12.91	12.63	12.24
1995	障碍因子	人均牲畜数量（A3）	农牧业机械总动力（A4）	水资源费用支出（S1）	出售牲畜数量（S3）	有效灌溉面积（A1）	农牧民人均收入（A5）
	障碍度（%）	16.84	13.66	13.28	13.08	12.10	11.86

续表

年份	类别	指标层因子障碍度排序					
		1	2	3	4	5	6
2000	障碍因子	人均牲畜数量（A3）	农牧业机械总动力（A4）	水资源费用支出（S1）	有效灌溉面积（A1）	出售牲畜数量（S3）	农牧民人均收入（A5）
	障碍度（%）	16.95	14.18	13.72	13.30	13.08	11.30
2005	障碍因子	农牧民人均收入（A5）	水资源费用支出（S1）	出售牲畜数量（S3）	农牧业机械总动力（A4）	人均牲畜头数（A3）	农牧民人均收入（A5）
	障碍度（%）	16.47	15.52	14.61	14.58	14.03	12.09
2010	障碍因子	水资源费用支出（S1）	农牧业机械总动力（A4）	有效灌溉面积（A1）	人均牲畜数量（A3）	出售牲畜数量（S3）	农牧民人均收入（A5）
	障碍度（%）	17.09	16.42	15.28	14.02	13.03	11.13
2016	障碍因子	人均牲畜头数（S1）	农牧民人均收入（A5）	农牧业机械总动力（A4）	水资源费用支出（S1）	出售牲畜数量（S3）	土地利用强度（E2）
	障碍度（%）	16.66	15.11	14.52	13.17	13.02	10.58

1990~2000 年，乡村人地系统脆弱性障碍指标排名中，敏感性指标为水资源支出费用（S1）、出售牲畜数量（S3），适应能力指标是人均牲畜数量（A3）、农牧民人均收入（A5）、农牧业机械总动力（A4），其中，在 1995~2000 年，人均牲畜数量（A3）超过农牧民人均收入（A5）成为脆弱性的主导因素。1990 年该类型乡村农牧户人均收入水平较最高，但随着达尔罕茂明安联合旗整体社会、经济的发展，到 2000 年其收入优势逐渐降低，为有效提高收入，牲畜数量大幅度增加，与此同时，草场超载放牧最为严重，草原退化面积达到最大值。该期间该类型乡村人地系统的系统结构与功能变化和农业主导型乡村人地系统演化趋势呈现相似性特征，结构与功能协调度不断降低。

2000~2010 年，乡村人地系统脆弱性演化的主导因素变化显著，2005 年农牧民人均收入（A5）与水资源支出（S1）成为系统脆弱性主导因素；2010 年水资源费用支出（S1）与农牧业机械总动力（A4）成为系统脆弱性主导因素。该段期间内，达尔罕茂明安联合旗实施了"沙源治理""退耕还牧""还林还草""划区轮牧"（2002 年）、全面禁牧（2008 年）等一系列草原生态恢复与保护措施，在政策影响下，乡村社会、经济发展方式经历着转型，农牧户生计方式发生了重大转变，其中，牲畜养殖成本大大增加，水资源支出费用（S1）与农业机械总动力（A4）投入显著提高。该期间，乡村人地系统结构与功能发生巨大变化，特别是受"全面禁牧"政策影响，人地作用强度大幅度减小，生态环境得到有效保护，系统结构与功能发生突变，呈现协调发展态势。

2010~2016 年，乡村人地系统脆弱性演化的主要影响转变为人均牲畜头数（A5）、农牧民人均收入（A5），其中，人均牲畜头数再次成为乡村人地系统脆弱性降低的重要因素。入户调查发现，该段时期由于农牧民受教育水平较低、现代化生产技能缺失、从事行业稳定性差，收入水平较低，返乡从事养殖行业的农牧民数量增加，牲畜数量呈现逐渐增长态势；乡村人地作用强度呈现缓慢提高态势，系统结构与功能协调度呈现逐步减小的发展趋势。

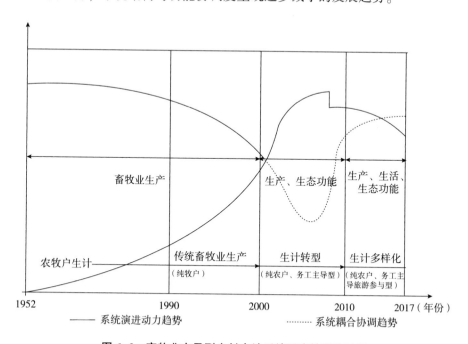

图6-3 畜牧业主导型乡村人地系统适应性演化过程

纵观畜牧业主导型乡村人地系统适应性演化过程，政策实施是系统演化重要的驱动力。在政策引导下系统经历了人口、牲畜数量急剧增长，生态环境加速恶化，之后，受"全面禁牧"等政策等影响，人口数量缓慢下降，牲畜数量波动较大，生态环境质量转好等过程。在此过程中，畜牧业主导型乡村的社会、经济发生了转型，人地系统中社会系统和经济系统的功能不断下降，生态系统功能不断增强，但受农牧民生计转型困难影响，近年来，该类型乡村人口数量微度增长，系统脆弱性有所提高。未来如何实现生态保护约束下的畜牧业主导型乡村的社会、经济发展，是该类型乡村人地系统可持续发展面临的重大问题，也是乡村振兴的难点问题。

6.2.3 旅游业主导型乡村人地系统演化路径分析

根据障碍度计算模型，对希拉穆仁镇 1990 年、1995 年、2000 年、2005 年、2010 年、2016 年乡村人地系统脆弱性指标层 15 个指标的障碍度进行计算，选出 6 个时期障碍度指数排名前 6 位的指标（见表 6-3），筛选出 6 个时期公共障碍指标分别为农牧民人均收入（A5）、年降水量（E1）、水资源费用支出（S1）、农牧业机械总动力（A4）、植被覆盖度（S4）。可以看出，在旅游主导型乡村人地系统适应性演化过程中，干旱环境下农牧民人均收入是旅游主导型乡村人地系统脆弱性演化的主导因素，水资源费用支出（S1）、农牧业机械总动（A4）、植被覆盖度（S4）的变化对于系统演化阶段及过程具有重要的反演作用。

表 6-3 1990~2016 年旅游业主导型乡村人地系统指标层因子障碍度指数

| 年份 | 类别 | 指标层因子障碍度排序 | | | | | |
		1	2	3	4	5	6
1990	障碍因子	农牧民人均收入（A5）	人均牲畜数量（A3）	年降水量（E1）	水资源费用支出（S1）	植被覆盖度（S4）	农牧业机械总动力（A4）
	障碍度（%）	19.50	13.25	13.06	12.75	12.62	12.24
1995	障碍因子	农牧民人均收入（A5）	年降水量（E1）	植被覆盖度（S4）	农牧业机械总动力（A4）	水资源费用支出（S1）	人均耕地面积（A2）
	障碍度（%）	15.29	13.45	13.28	13.25	12.97	12.45

续表

年份	类别	指标层因子障碍度排序					
		1	2	3	4	5	6
2000	障碍因子	年降水量（E1）	农牧民人均收入（A5）	农牧业机械总动力（A4）	出售牲畜数量（S3）	水资源费用支出（S1）	植被覆盖度（S4）
	障碍度（%）	16.48	14.76	14.32	13.58	13.40	13.20
2005	障碍因子	年降水量（E1）	水资源费用支出（S1）	农牧业机械总动力（A4）	出售牲畜数量（S3）	植被覆盖度（S4）	农牧民人均收入（A5）
	障碍度（%）	20.91	15.42	14.37	14.56	13.92	13.62
2010	障碍因子	农牧民人均收入（A5）	农牧业机械总动力（A4）	年降水量（E1）	植被覆盖度（S4）	水资源费用支出（S1）	出售牲畜数量（S3）
	障碍度（%）	16.79	16.56	16.47	16.16	16.00	15.25
2016	障碍因子	植被覆盖度（S4）	农牧民人均收入（A5）	农牧业机械总动力（A4）	年降水量（E1）	有效灌溉面积（A1）	出售牲畜数量（S3）
	障碍度（%）	19.77	19.06	17.58	17.06	16.10	14.03

1990~2000 年，乡村人地系统脆弱性障碍指标排名中，暴露度指标为年降水量（E1），敏感性指标为水资源费用支出（S1）、植被覆盖度（S4），适应能力指标是农牧业机械总动力（A4）、农牧民人均收入（A5）。其中，在2000年年降水量（E1）超过农牧民人均收入（A5）成为脆弱性重要的阻碍因素；该段期间内，希拉穆仁镇乡村人地系统中社会、经济发展处于转型期，由以畜牧业为主导、农业为辅的产业结构向以旅游业为主导、畜牧业养殖为辅的产业结构转变。受社会、经济发展方式转型影响，农牧户生计方式不断变化，趋向旅游经营型生计转型，收入水平逐渐提高。

2000~2010 年，乡村人地系统脆弱性演化的主要影响因素中，农牧民人均收入（A5）与农牧业机械总动力（A4）指标作用凸显，年降水量（E1）障碍度被削弱，植被覆盖度（S4）对脆弱性影响作用加强。该时期内希拉穆仁镇旅游业发展迅速，农牧户收入水平急剧提高，旅游基础服务设施不断完善，为适应旅游业快速发展，机械总动力急剧增长，乡村社会、经济转型初步完成，草场职能逐步由畜牧业生产转型为观赏旅游，植被覆盖度（S4）对于人地系统可持续发展作用加强。该期间系统结构与功能协调度不断提高，由于基础设施建设，人地关系作用强度也逐步增强。

2010~2016年，乡村人地系统脆弱性演化的主要影响因素转变为植被覆盖度（S4）、农牧民人均收入（A5）、农牧业机械总动力（A4）、年降水量（E1）、有效灌溉面积（A1）、出售牲畜数量（S3），其中，植被覆盖度（S4）成为乡村人地系统脆弱性降低的重要因素。该时期在草原旅游业快速发展的背景下，旅游人次大幅度提高，旅游收入不断增长，农牧户生计单一化趋势显著；人地系统作用强度不断提高，社会经济系统发展速度大幅度提高，生态环境压力逐渐增大，系统结构与功能协调度呈现降低趋势。

纵观旅游主导型乡村人地系统适应性演化过程，在政策引导下系统经历了由畜牧业主导型发展方式转变为旅游主导型发展方式，系统要素发生快速变化，主要表现为社会系统中文化变迁较快，经济系统发展迅速，生态环境系统遭到不同程度破坏；系统功能单一化趋势明显，系统脆弱性演化的主导因素与其他类型乡镇相比差异性大且较为单一；农牧户生计转型趋同化特征显著，生计转型路径与其他类型乡村农牧户生计转型路径呈现巨大差异（见图6-4）。入户调查发现，农牧户生计转型呈现纯农牧户向务工主导型牧户转变，务工主导型牧户向旅游主导型牧户转变，旅游主导型牧户向旅游专营型牧户转变的一般演化特征。基于以上系统演化特征，旅游主导型乡村人地系统适应能力逐步提高，但其面临的旅游市场的扰动风险性大大增强。

6.2.4 综合型乡村人地系统演化路径分析

根据障碍度计算模型，对百灵庙镇1990年、1995年、2000年、2005年、2010年、2016年乡村人地系统脆弱性指标层15个指标的障碍度进行计算，并选出6个时期障碍度指数排名前6位的指标（见表6-4），筛选出6个时期公共障碍指标分别为植被覆盖度（S4）、水资源费用支出（S1）、农牧业机械总动力（A4）、农牧民人均收入（A5）、有效灌溉面积（A1）。可以看出，在综合型乡村人地系统适应性演化过程中，干旱环境下植被覆盖度是综合型乡村人地系统适应性演化过程主导因素，农牧业机械总动力（A4）、农牧民人均收入（A5）、水资源费用支出（S1）、有效灌溉面积（A1）的变化对于系统演化阶段具有重要的表征作用。

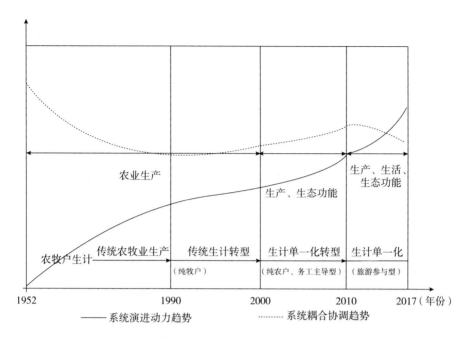

图 6-4 旅游业主导型乡村人地系统适应性演化过程

表 6-4 1990~2016 年综合型乡村人地系统指标层因子障碍度指数

年份	类别	指标层因子障碍度排序					
		1	2	5	3	4	6
1990	障碍因子	农牧民人均收入（A5）	农牧业机械总动力（A4）	植被覆盖度（S4）	有效灌溉面积（A1）	水资源费用支出（S1）	出售牲畜数量（S3）
	障碍度（%）	21.39	16.79	12.40	12.15	12.13	11.85
1995	障碍因子	出售牲畜数量（S3）	农牧民人均收入（A5）	年降水量（E1）	水资源费用支出（S1）	植被覆盖度（S4）	有效灌溉面积（A1）
	障碍度（%）	21.05	16.53	12.15	11.87	11.86	11.72
2000	障碍因子	水资源费用支出（S1）	农牧业机械总动力（A4）	农牧民人均收入（A5）	有效灌溉面积（A1）	植被覆盖度（S4）	水资源费用支出（S1）
	障碍度（%）	20.66	16.22	12.99	12.31	12.08	11.89

续表

年份	类别	指标层因子障碍度排序					
		1	2	5	3	4	6
2005	障碍因子	植被覆盖度（S4）	生态服务价值（A7）	农牧民人均收入（A5）	水资源费用支出（S1）	有效灌溉面积（A1）	农牧业机械总动力（A4）
	障碍度（%）	25.08	19.69	15.58	13.19	12.28	11.97
2010	障碍因子	植被覆盖度（S4）	农牧民人均收入（A5）	生态服务价值（A7）	有效灌溉面积（A1）	农牧业机械总动力（A4）	水资源费用支出（S1）
	障碍度（%）	18.97	16.47	14.85	14.69	14.09	13.29
2016	障碍因子	农牧民人均收入（A5）	农牧业机械总动力（A4）	植被覆盖度（S4）	有效灌溉面积（A1）	水资源费用支出（S1）	生态服务价值（A7）
	障碍度（%）	26.57	17.38	17.28	17.18	15.39	13.56

1990~2000 年，乡村人地系统脆弱性障碍指标排名中，敏感性指标是水资源费用支出（S1）、植被覆盖度（S4），适应性指标为粮食产量（S2）、出售牲畜数量（S3）、植被覆盖度（S4），适应能力指标是农牧业机械总动力（A4）、农牧民人均收入（A5）、有效灌溉面积（A1）。其中，在 1995 年牲畜出生数量（S3）障碍度指数最大，成为脆弱性主导因素；在 2000 年水资源费用支出（S1）障碍度指数最高，成为脆弱性重要的阻碍因素。该段时间内，综合型乡村人地系统演化初期与畜牧业主导型乡村人地系统呈现相似的特征，但随着社会经济发展，综合型乡村人地系统中心地（县政府所在地）功能优势逐步凸显，面对气候暖干化、水资源费用支出与农牧业机械总动力的急剧增长，表现出对干旱的较强适应能力。该期间受中心地区位优势影响，系统结构与功能协调度降低幅度小于其他类型乡村，但人地关系作用强度大于其他类型乡村，乡村人地系统演化进程较快。

2000~2010 年，乡村人地系统脆弱性演化的主要影响因素中，植被覆盖度（S4）与生态服务价值（A7）指标作用凸显，水资源费用支出（S1）、农牧业机械总动力（A4）障碍度被削弱。该期间，乡村人地系统受城镇化影响强烈，在各项政策的引导下，植被覆盖度逐步提高，生态服务价值大幅度提升，社会、经济发展速度较快，与其他类型乡村相比，其系统结构与功能协调度增长较快。

2010~2016 年，乡村人地系统脆弱性演化的主要影响因素转变为农牧民人均收入（A5）、农牧业机械总动力（A4）、植被覆盖度（S4）、有效灌溉面积（A1）、水资源费用支出（S1）、生态服务价值（A7），其中，农牧民人均收入成为乡村人地系统脆弱性降低的重要因素；表明该段时间内乡村人地系统中社会、经济系统与生态环境系统协调度不断提高。

纵观综合型乡村人地系统适应性演化过程，中心地（旗政府所在地）功能优势贯穿乡村人地系统适应性演化全过程，完整呈现出在政策引导下的乡村人地系统演化过程，系统功能由演化初期的农牧业生产功能转向集农牧业、制造业、服务业综合功能发展，并注重生态环境效益。系统结构与功能转变深受城镇化影响，乡村生产、生活、生态环境得到改善，农牧民收入提高显著，系统适应能力不断增强，农牧民生计多样化趋势显著（见图6-5）。

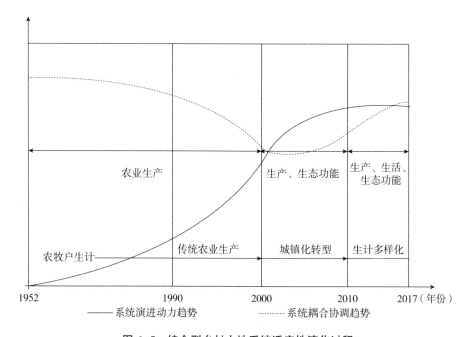

图 6-5　综合型乡村人地系统适应性演化过程

6.3 达尔罕茂明安联合旗乡村人地系统适应性演化机制分析

6.3.1 乡村人地系统适应性演化影响因素分析

6.3.1.1 准则层障碍度计算

依据障碍度模型对达尔罕茂明安联合旗各镇/苏木的乡村人地系统脆弱性评价的准则层指标（暴露度、敏感性、适应能力），对 1990 年、1995 年、2000 年、2005 年、2010 年、2016 年 6 个时期障碍度指数进行计算求和，得出 1990~2016 年暴露度、敏感性、适应能力障碍度指数排名（见表 6-5）。

表 6-5 1990~2016 年达尔罕茂明安联合旗乡村人地系统准则层障碍度指数

年份	准则层指标障碍度排序		
	1	2	3
1990	适应能力（A）	敏感性（S）	暴露度（E）
1995	暴露度（E）	敏感性（S）	适应能力（A）
2000	暴露度（E）	适应能力（A）	敏感性（S）
2005	适应能力（A）	暴露度（E）	敏感性（S）
2010	暴露度（E）	适应能力（A）	敏感性（S）
2016	适应能力（E）	敏感性（S）	暴露度（A）

可以看出，1990~2000 年达尔罕茂明安联合旗乡村人地系统脆弱性的主导维度由适应能力转变为暴露度；该段时间内受气候条件暖干化、土地利用强度逐步增大等因素影响，乡村人地系统脆弱性主导因素由适应能力变为暴露度。2000~2005 年影响乡村人地系统脆弱性的主导维度由暴露度变为适应能力；该段时间社会、经济系统发展水平较高，农牧民生活水平急剧提高，系统适应能

力显著增强，成为系统脆弱性的主导维度。2010~2016 年达尔罕茂明安联合旗乡村人地系统脆弱性的主导维度由暴露度转变为适应能力；该段时间内受社会、经济发展转型与"全面禁牧"等生态工程的影响，系统土地利用强度急剧降低，土地沙漠化得到有效控制，草场覆盖度显著提升，适应能力成为主导乡村人地系统脆弱性的重要维度。

6.3.1.2 指标层障碍度计算

对达尔罕茂明安联合旗各镇/苏木乡村人地系统脆弱性评价的 15 个指标层指标的障碍度指数进行求和，分别计算出 1990 年、1995 年、2000 年、2005年、2010 年、2016 年各指标障碍度，列出 6 个时期排名前六位的障碍因子（见表 5-6），并筛选出 6 个时期的公共因子，分别为农牧民人均收入（A5）、人均耕地面积（A2）、人均牲畜数量（A3）、年降水量（E1）。可以看出，在达尔罕茂明安联合旗乡村人地系统适应性演化过程中，干旱环境下农牧民人均收入是其脆弱性演化的主导因素，人均耕地面积（A2）、人均牲畜数量（A3）、年降水量（E1）变化对于系统演化阶段具有重要的表征作用。

表 6-6　1990~2016 年达尔罕茂明安联合旗乡村人地系统指标层因子障碍度指数

年份	类别	指标层因子障碍度排序					
		1	2	5	3	4	6
1990	障碍因子	人均耕地面积（A2）	农牧业机械总动力（A4）	年降水量（E1）	人均牲畜数量（A3）	出售牲畜数量（S3）	农牧民人均收入（A5）
1995	障碍因子	粮食产量（S2）	人均牲畜数量（A3）	农牧民人均收入（A5）	年降水量（E1）	水资源费用支出（S1）	人均耕地面积（A2）
2000	障碍因子	人均牲畜数量（A3）	人均耕地面积（A2）	年降水量（E1）	农牧民人均收入（A5）	有效灌溉面积（A1）	水资源费用支出（S1）
2005	障碍因子	人均耕地面积（A2）	植被覆盖度（S4）	人均牲畜数量（A3）	农牧民人均收入（A5）	年降水量（E1）	出售牲畜数量（S3）
2010	障碍因子	人均耕地面积（A2）	农牧民人均收入（A5）	人均牲畜数量（A3）	出售牲畜数量（S3）	年降水量（E1）	水资源费用支出（S1）
2016	障碍因子	农牧民人均收入（A5）	人均牲畜数量（A3）	植被覆盖度（S4）	年降水量（E1）	人均耕地面积（A2）	粮食产量（S2）

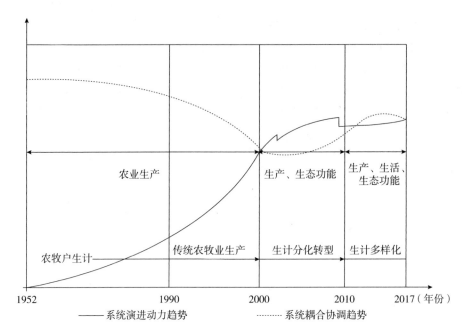

图6-6 达尔罕茂明安联合旗乡村人地系统适应性演化过程

　　1990~2000年，乡村人地系统脆弱性障碍指标排名中，暴露度指标是年降水量（E1），敏感性指标是水资源费用支出（S1）、出售牲畜数量（S3），适应能力指标是人均耕地面积（A2）、人均牲畜数量（A3）、农牧业机械总动力（A4）。其中，1995年粮食产量（S2）障碍度指数最大，成为脆弱性主导因素，该段时间内达尔罕茂明安联合旗乡村农区粮食产量大幅度增长；2000年人均牲畜数量（A3）障碍度指数最大，成为脆弱性重要的阻碍因素，该段时间牧区牲畜数量大幅度增长。2000~2010年，乡村人地系统脆弱性演化的主要影响因素中，人均耕地面积（A2）与植被覆盖度（S4）作用凸显，人均牲畜数量（A3）作用被削弱；主要原因是该时期在退耕还林还草等众多政策的实施下，牲畜数量大幅度减小，同时，植被覆盖度的作用不断增强，成为乡村人地系统脆弱性演化的主导因素。2010~2016年，乡村人地系统脆弱性演化的主要影响转变为农牧民人均收入（A5）、出售牲畜数量（S3）、植被覆盖度（S4）、生态服务价值（A7）、人均耕地面积（A2）、粮食产量（S2），其中，农牧民人均收入成为乡村人地系统脆弱性降低的重要因素，表明该段时间内系统适应性演化过程中系统适应能力大幅度提高，同时经济系统与生态环境系统发展进一步协调。

纵观达尔罕茂明安联合旗乡村人地系统适应性演化过程，在气候暖干化、城镇化的影响下以及政策的引导下，系统经历了农牧业迅速发展、生态环境恶化阶段，生态治理、社会经济转型发展阶段以及社会、经济、生态环境协调发展阶段。其中，农业主导型乡村人地系统向农牧业主导型乡村人地系统演化，畜牧业主导型乡村由畜牧业生产向生态型乡村转型，旅游型乡村向旅游专业化、产业化发展，综合型乡村向多样化产业发展。在此过程中，气候暖干化、城镇化的外部扰动力和系统结构、功能演变的内生动力为系统演变提供了适应性演化动力与环境，政策引导下的农牧民生产生活方式差异性特征，成为系统演化的重要自组织能力；同时，这是北方农牧交错区乡村人地系统结构、功能以及演化呈现复杂性特征的原因。

6.3.2 乡村人地系统适应性演化特征分析

6.3.2.1 乡村人地系统适应性演化的空间异质性与尺度效应显著

达尔罕茂明安联合旗乡村人地系统是农牧业复合型乡村人地系统，在乡村人地系统适应性演化过程中，多重扰动并存且扰动方式多样，即由农业主导型乡村人地系统、畜牧业主导型乡村人地系统、旅游主导型乡村人地系统、综合型乡村人地系统构成的复合乡村人地系统。由于各类型乡村人地系统演化特征与进程存在显著差异，达尔罕茂明安联合旗乡村人地系统演化空间异质性特征显著。在各类型乡村人地系统内部要素之间、要素与系统之间、系统与系统之间互相作用以及农牧户适应性不断变化的过程中，达尔罕茂明安联合旗乡村人地系统结构与功能不断演化，乡村人地系统稳定状态不断受到冲击，系统发生体制转换，呈现适应性循环发展特征；在此过程中，系统区域、乡村、农牧户三个尺度间要素相互作用，结构与功能不断发生变化，尺度间相互作用显著（见图6-7）。

6.3.2.2 乡村人地系统"弹性"小、稳态差，主控因子复杂多变

在受气候暖干化、生态环境脆弱等条件制约的背景下，北方农牧交错区乡村人地系统适应性演化过程中呈现乡村人地系统"弹性"小，稳态差特征，即乡村人地系统在气候暖干化、城镇化以及政策实施作用下极易发生体制转换。系统"弹性小"、稳态差的适应性演化特征，对于微观尺度农牧户生计形成较大压力与冲击。在乡村人地系统"弹性小"、稳态差，主控因子复杂多变

特征凸显的背景下，多样化的演化路径是达尔罕茂明安联合旗乡村人地系统自我组织应对外界扰动环境的适应性演化结果，究其原因，单一系统结构相对于复杂系统结构更具有易变性与脆弱性，而系统为保持或提高系统的稳健性与协调性，往往丰富其演化路径，以提高系统适应性。

6.3.2.3 乡村人地系统结构趋于复杂、功能趋于多样，演化速率不断加快

达尔罕茂明安联合旗乡村人地系统演化过程中，其结构与功能由仅注重农牧业生产的社会、经济功能的不协调发展状态，转向注重社会、经济、生态效益协调发展的趋势，可以看出，乡村人地系统适应性演化过程是以乡村人地可持续发展为目标，结构由单一向复杂、功能由低级向高级不断演化的过程。纵观达尔罕茂明安联合旗乡村人地系统适应性演化过程，其结构与功能始终趋于"协调—不协调—协调……"循环往复的波动式发展①，其中，对于乡村人地系统这一发展态势影响的关键因素之一是农牧户的生计能力，即农牧户的适应能力、适应行为、适应结果。乡村人地系统适应性演化这一特征，为人类调节与适应系统演化过程与结果提供了路径。

6.3.3 乡村人地系统适应性演化路径分析

基于以上达尔罕茂明安联合旗乡村人地系统演化过程与特征的分析，本书认为达尔罕茂明安联合旗人地系统自 1952 年以来经历了三个发展阶段，且演化速率不断加快，具体包括：重组—快速发展阶段（1952~2002 年，r-k）、快速发展—稳定发展阶段（2002~2010 年，k-Ω）和现阶段系统所处的释放—重组（2010~2016 年，Ω-α）阶段。现阶段乡村人地系统中生态环境压力逐年增大，农牧户生计转型困难，乡村社会、经济发展方式面临急切、深刻的转型，系统未来在人类干预下演化方向存在多种可能，如克服乡村人地系统崩溃趋势（乡村衰退），实现乡村振兴以及可持续发展（见图 6-7）。

6.3.3.1 1952~2002 年，乡村系统处于 r-k 阶段

1952~2002 年，达尔罕茂明安联合旗乡村人地系统发展经历了重组阶段与快速发展阶段，并呈现出向稳定阶段演化的趋势。该期间乡村人地系统中人地作用强度日益增加，如人口数量激增，耕地面积大幅度增长，牲畜数量与日俱

---

① 该研究结论验证了毛汉英 2018 年发表在《地理学报》上的"人地系统优化调控的理论方法研究"一文中的观点。

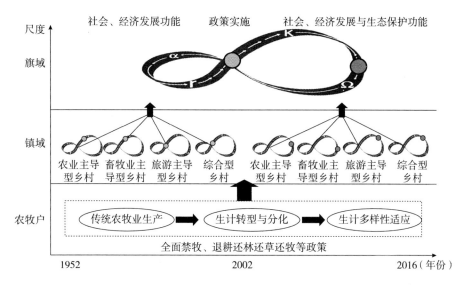

图 6-7　1952~2016 年达尔罕茂明安联合旗乡村人地系统适应演化路径

增,且社会系统、经济系统、生态环境系统间以及系统内部要素的联系日益增强。在政策引导下,系统尽可能占用可利用资源,从而为社会、经济系统快速发展服务,生态系统潜能与价值不断被挖掘与利用,甚至超过了系统生态环境的承载范围,因而乡村人地系统结构与功能的协调度不断降低,稳定性减弱,乡村人地系统容易发生体制转换进入稳步发展阶段（Ω）。

6.3.3.2　2002~2010 年,乡村人地系统处于 k-Ω 阶段

2002~2010 年,达尔罕茂明安联合旗乡村人地系统发展经历了重组—快速发展（r-k）阶段,进入稳步发展（k-Ω）阶段。在上一阶段的快速发展中,系统社会、经济快速发展,但生态环境遭到严重破坏,人地作用强度超出了系统弹性,该时期在政策的强烈干预下,系统社会、经济发展速度减缓,生态治理强度不断提高,系统结构与功能趋于协调发展。乡村人地系统经过快速发展阶段后生态系统出现严重问题,如土地荒漠化面积达到历史最大值,干旱灾害加重,沙尘暴灾害凸显,水土流失严重,乡村人地系统可持续发展受到有史以来最严重的威胁,人居环境质量急剧下滑,成为全国生态治理重点区域。2002年,国家启动京津风沙源治理工程,自此达尔罕茂明安联合旗利用国家各类生态项目资金,从 2002 年开始实施"沙源治理""退耕还林还草还牧"、"划区轮牧"等一系列草原生态恢复与保护措施,例如,2007 年对农区 250 万亩草场实行了禁牧;从 2008 年 1 月 1 日开始,由市、旗两级财政组织资金,对全

旗实行为期 10 年的全面禁牧。众多生态治理工程的实施，一方面减缓了社会经济发展速度，另一方面对于生态环境的改善与提高起到了积极作用，使系统呈现稳步发展态势；但这对于农牧户生计产生了重大影响，农牧户自然资本缺失，导致其生计面临转型，转型的成功与否直接影响着乡村人地系统下一阶段的演化特征。在乡村人地系统演化过程中尺度效应显著，尺度间作用力首先是自上而下的，区域尺度系统结构与功能转换，胁迫农牧户生计转型，而农牧生计转型的成功与否，自下而上地影响着系统下一阶段的演化路径。

6.3.3.3　2010~2016 年，乡村人地系统处于 Ω-α 阶段

2010~2016 年，达尔罕茂明安联合旗乡村人地系统发展经历着释放—重组（Ω-α）阶段。受农牧户生计转型困难的影响，乡村人地系统生态环境压力逐年增大，乡村衰落日趋凸显，系统适应性演化路径充满未知，在人类干扰下乡村人地系统系统演化路径也许会是上个周期的简单重复，也可能启动一个新的积累模式（乡村振兴），或是崩溃（面临乡村衰落日趋严重的胁迫）。入户调查发现，该期间乡村人口数量微度增长，特别是畜牧业主导型乡村的农牧户由于生计转型困难重重，选择重新回乡从事畜牧业生产的人数增多，且多以偷牧方式为主，大小牲畜数量不断增长，生态环境压力呈现逐年增大的趋势。可以看出，小尺度农牧户生计转型变化，对于达尔罕茂明安联合旗乡村人地系统演化路径具有重要的影响作用，因此，提高农牧户适应能力，助力农牧户生计转型，对于乡村人地系统可持续发展具有重要意义。

6.3.4　乡村人地系统适应性演化机制分析

6.3.4.1　乡村人地系统适应性

乡村人地系统适应性是指在乡村人地系统可持续发展目标下，乡村人地系统通过内部要素以及系统与外部环境之间的相互作用，进行自我组织与完善，从而适应环境变化的属性。纵观达尔罕茂明安联合旗乡村人地系统演化过程，其结构与功能不断进行调整与适应，使系统朝着有益于系统可持续发展的方向演进；增强乡村社会、经济、生态环境子系统的协调度程度，能够提高乡村人地系统的适应能力，增强系统抵御风险干扰的能力，同时也是降低系统脆弱性的重要手段。

6.3.4.2　乡村人地系统演化的动力

乡村人地系统适应性演化的驱动力主要包括外部环境变化与系统结构、功

能演化产生的自组织能力，两者构成了乡村人地系统适应性演化的动力系统；外部环境动力主要包括气候暖干化、城镇化与政策实施，气候暖干化对系统结构与功能协调度的降低具有加速作用，而对于系统结构与功能协调度的提高具有阻碍作用（见图6-8）。

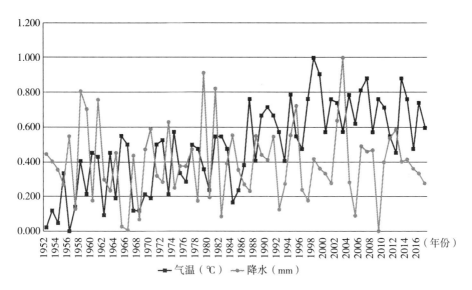

图6-8 1952~2016年达尔罕茂明安联合旗年平均气温与降水变化趋势

城镇化加快了乡村人地系统与外部环境之间要素的流动；政策实施直接作用于乡村人地系统，是乡村人地系统适应性演化机制的直接推动力。系统自组织力是指在可持续发展目标下，系统通过内部要素之间以及系统与环境之间的人流、物流、信息流、资金流等相互作用强度的变化，来维持系统结构与功能协调发展的能力（见图6-9）。系统自组织力主要来源于社会经济发展方式的改变，其关键是农牧户生计适应能力状态。外部扰动力自上而下地对系统给予压力，系统自下而上的自组织能力缓冲、适应外部压力对系统产生的影响，从而形成乡村人地系统适应性演化动力系统（见图6-10）。

6.3.4.3 乡村人地系统结构与功能协调演化

在可持续发展目标的引领下，在外部环境压力与系统自组织力的作用下，乡村人地系统结构与功能始终处于"协调—不协调—协调……"循环往复的波动发展态势中，在此过程中乡村人地系统呈现快速增长（r）、稳定守恒（k）、释放（Ω）、重组（α）的阶段性适应性循环演化特征，使系统始终处于

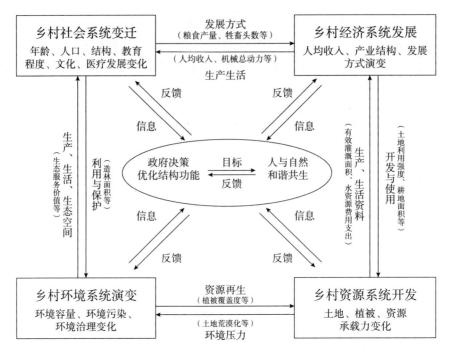

图6-9　乡村人地系统子系统间作用关系

"稳定—不稳定—稳定……"循环往复的动态变化过程之中。其中，系统稳定性对于农牧户生计胁迫作用显著，同时，受胁迫作用的农牧户适应性反作用于系统结构与功能的演化，往往决定着系统结构与功能协调度的变化。

6.3.4.4 农牧户生计适应性

农牧交错区乡村人地系统演化过程中，政策引导作用凸显，导致系统尺度的关联作用首先是自上而下的，由旗域、镇（苏木）乡村人地系统演化倒逼农牧户生计转型，形成"大齿轮驱动小齿轮"的驱动现象，之后，农牧户生计转型发展又影响着乡村、旗人地系统结构与功能不断变化，成为系统演化重要的自组织力。从乡村人地系统演化过程来看，自上而下的驱动对于乡村人地系统可持续发展作用较小，相比较而言，小尺度农牧户生计转型发展对于大尺度乡村人地系统结构与功能演变的作用凸显，对于乡村人地系统可持续发展具有重要意义，因此，如何发挥小尺度农牧户生计转型的积极性，从而促进乡村人地系统可持续发展，对于乡村转型发展具有重要意义。

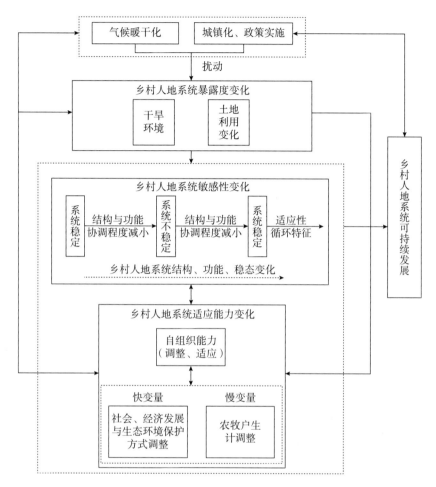

图6-10 达尔罕茂明安联合旗乡村人地系统适应演化

7

北方农牧交错区乡村可持续
发展政策启示

　　提高农牧户适应性，降低乡村人地系统脆弱性，优化乡村人地系统结构与功能，促进乡村人地系统可持续发展是乡村人地系统适应性演化研究的最终目标，以上对乡村人地系统脆弱性演化与农牧户适应行为分异的研究，为乡村人地系统结构与功能优化的适应性管理对策提供了科学依据。在气候暖干化、城镇化与政策实施的驱动下，北方农牧交错区乡村发展过程不稳定，且不确定性问题突出，传统、静态的管理方式方法对乡村可持续发展的调节作用收效甚微。近年来，兼具针对性、动态性、前瞻性和预测性等特征的适应性管理概念逐渐被人们接受，对促进农牧户有效应对生境变化、实现乡村可持续发展具有较强的现实指导意义。因此，本书构建动态的适应性管理框架，通过提出适应性管理对策来减缓气候暖干化、城镇化以及政策引导下生态工程对乡村人地系统的负面冲击，并充分利用其积极影响，提高北方农牧交错区农牧户生计转型与乡村可持续发展的能力。

7.1　乡村人地系统适应性管理的内涵

7.1.1　适应性管理的过程与目标

　　适应性管理（Adaptive Management）是一个通过从以往经验中不断学习而

持续改进管理政策与实践的动态过程，其管理思路是监测、评估、反馈、改进的循环迭代过程，其管理目标是降低系统的脆弱性。由于我们对乡村人地系统结构、功能、演变过程缺乏全面、深刻的认识，制定管理政策的关键在于处理其不确定性，以应对和适应系统内外部环境的变化；而传统管理模式多为"自上而下"以行政指令为主导的静态管理办法，缺乏对系统发展过程的动态性与不确定等方面的思考，管理往往跟不上系统的发展与变化，通常被称为"被动式"管理，缺乏对系统演变的"主动性"的管理。因此，适应性管理对于应对系统演化的不确定性具有良好的适用性（见图7-1）。

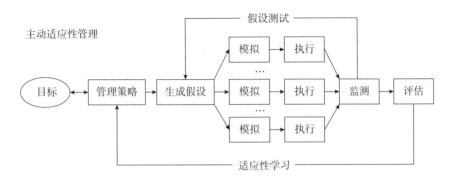

图7-1　适应性管理过程

资料来源：王文杰，潘英姿，王明翠，等．区域生态系统适应性管理概念、理论框架及其应用研究［J］．中国环境监测，2007，23（2）：1-8.

陈岩．流域水资源脆弱性评价与适应性治理研究框架［J］．人民长江，2016，47（17）：30-35.

7.1.2　乡村人地系统适应性管理框架

综合来看，对于乡村人地系统可持续发展而言，适应性管理是在气候暖干化、城镇化以及政策实施的干扰下，以降低乡村人地系统脆弱性和提高农牧户生计能力为目标的动态管理模式，是以自然环境演变与政策实施为切入点，考虑乡村人地系统结构与功能演化、农牧户生计面临不确定性的扰动与风险，提高农牧户适应能力与降低乡村人地系统暴露度与敏感性，优化系统结构与功能，促进乡村人地系统可持续发展的管理措施。因此，北方农牧交错区乡村人地系统适应性管理，必须以乡村人地系统脆弱性演化和农牧户适应性研究为依据。

首先，分析乡村人地系统脆弱性演化过程，归纳系统脆弱性发展的阶段特征，进而深入剖析系统适应性演化的动力机制，探究乡村人地系统结构与功能演化规律性特征，为乡村人地系统适应性管理政策的制定提供科学依据，为降低系统脆弱性提供具体建议，为优化乡村人地系统结构与功能提供手段与方法。

其次，针对乡村人地系统的农牧户适应机制进行剖析，并对其适应能力障碍进行识别，建立农牧户适应行为分异与乡村人地系统演化的逻辑关系，深入剖析乡村人地系统演化的关键因子——农牧户适应性，并对如何提高农牧户适应性、促进乡村人地系统可持续发展提供基于微观农牧户尺度的适应性管理对策与建议。

最后，以降低系统脆弱性与提高农牧户适应性为评测依据，以乡村系统结构与功能的正向作用为价值判断，以优化乡村系统结构与功能为选择方案的标准选择管理方案，由方案执行者根据评测依据对乡村人地系统进行监测，根据监测效果进行解释并分析数据，以此来改善管理计划，形成具有动态性、前瞻性和预测性的适应性管理框架（见图7-2）。

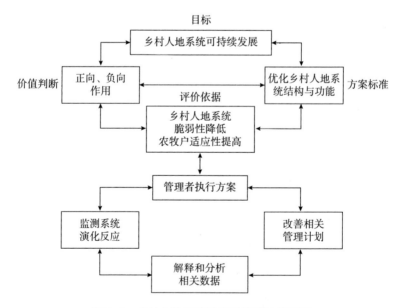

图7-2 乡村人地系统适应性管理决策框架

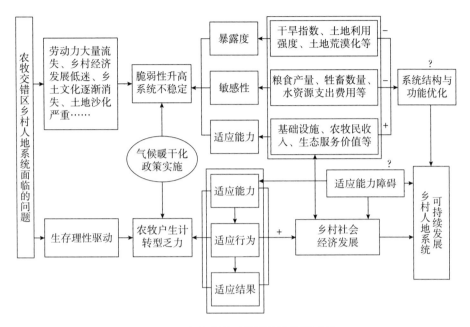

图 7-3 乡村人地系统可持续发展反馈

7.1.3 乡村可持续发展存在的问题

北方农牧交错区是我国少数民族人口的集聚区，是我国水土保持的重点地区，也是国民经济发展和人民生活的重要生态安全屏障区，其承载着经济发展和生态功能保持的双重功能，而生态功能保持应该成为经济发展目标实现的首要约束条件，因此，北方农牧交错区乡村可持续发展应是以生态功能保持为约束的经济发展。然而，改革开放以来，重社会经济发展、轻生态环境保护的发展方式与上述科学定位背道而驰，生态环境不断遭到破坏，并且随着气候暖干化、城镇化以及采矿业的发展，地下水位不断下降，植被覆盖度不断降低，土地沙化面积逐年增加，生态环境破坏问题愈演愈烈，沙尘暴等干旱灾害影响范围与程度不断加大，人地矛盾凸显，人地关系紧张，人地系统脆弱性逐年增高，系统中社会经济发展与生态环境保护的协调度越来越低，乡村人地系统可持续发展面临着重大威胁。自 2002 年以来，国家启动京津风沙源治理等一系列生态恢复、保护工程，在各项生态工程实施的作用下牧草高度不断增加、植被覆盖度不断提高，草原生态环境质量得到改善，生态环境恶化趋势总体减缓，治理区环境明显好转，人地矛盾得到缓和，人地系统脆弱性降低，社会经济发展与生态环境保护逐步协调发展。近年来，由于农牧户生计转型乏力，生态环境压力逐年加大，乡村人地系统稳态受到威胁，系统脆弱性再次提高，系统结构与功能协调度降低，乡村可持续发展受到抑制。可以看出，乡村可持续发展面临的问题实质是社会、经济、生态环境协调发展问题，但基于前文分析，在具体制定适应性管理措施时，应该重点考虑乡村人地系统中乡村与农牧户之间的尺度效应问题、制度与协调问题等（见图 7-3），因此，本书基于乡村人地系统可持续发展中的尺度效应问题、制度与协调问题，从宏观乡镇尺度降低系统脆弱性、微观农牧户尺度提高其适应性两个视角提出政策启示。

7.2 乡镇层面的适应性管理政策启示

7.2.1 生态功能保持约束下乡村可持续发展的科学定位

北方农牧交错区是传统农业区向畜牧业区转变的过渡区，受自然环境异质性凸显与人文环境复杂的影响，乡村异质性凸显，发展过程复杂，对于干旱和城镇化等影响极端敏感，从而成为中国最典型的干旱灾害频发、贫困集聚的生态脆弱区，成为我国经济社会发展的"短板地区"。究其原因，由于长时间的战略单元缺位、功能定位不明确，往往走只要经济、社会效益或只要生态效益的极端路线，导致乡村人地系统结构、功能不协调，稳态差，因此，应对北方农牧交错区进行科学定位，即北方农牧交错区应走生态功能保持下经济社会发展路径。

第一，综合北方农牧交错区自然本底特征的生态环境容量、社会经济基础、资源环境质量、社会经济发展潜力等内容，划分生态功能区，如优先保护区、重点保护区、限制开发区、禁止开发区，并据此明确开发方向，完善开发政策，控制开发强度，规范开发秩序，形成资源利用、生态环境保护与社会经济可持续发展相协调的北方农牧交错区发展的基本格局。

第二，明确北方农牧交错区在我国经济社会发展中的战略定位，研究制定相关标准，编制北方农牧交错区发展总体规划和各专项规划，宏观引导与微观控制相结合，为北方农牧交错区资源开发与发展提供制度保障。其中，编制内容应与生态文明建设、乡村振兴战略等国家战略相协调、相结合，优化组合开发战略，实现社会、经济、生态效益最大化。

第三，积极推广政府引导基金、政府与社会资本合作（PPP）、股权投资、贷款贴息等融资形式，建立科学动态的利益分享机制与保障机制，破解乡村基础服务设施建设投入严重不足的困境。

7.2.2 制定动态管理体系，实现不同类型乡村差异化管理

在上述对农牧交错区进行科学定位、统筹规划的基础上，构建乡村人地系统适应性管理体系。根据以上研究发现，不同类型乡村人地系统脆弱性演化过程与机制存在较大差异，不同类型农牧户生计转型面临的困境也不同，因此，对于北方农牧交错区乡村社会经济发展与生态环境保护发展路径的探索中，必须充分认识其异质性特征，制定差异化政策。在实际调研中发现，"全面禁牧"等"一刀切"式静态的"自上而下"的管理办法与体系较多，缺乏对乡村发展质量差异性的考察以及对农牧户适应状态、适应行为、适应结果等动态的监测，更缺少灵活的管理调整机制。

第一，构建差异化乡村发展动态监测系统，针对不同类型乡村人地系统中经济、社会、生态环境保护的发展状况进行监测，并运用社会、经济、生态环境等方法与数据对其监测效果进行解译与分析，对其变化的动力机制与成因进行剖析，针对不同类型乡村发展过程、特征以及存在的问题来调整管理计划。

第二，深化"乡镇—乡村—农牧户"纵向综合管理体制。跨尺度效应问题是当前乡村可持续发展要克服的重点、难点问题，基于农牧户生计发展对乡村发展的重要作用，应系统梳理、分析农牧户生计可持续发展能力与乡村可持续发展的关联作用，将农牧户适应性与乡村发展的可持续性进行衔接，建立宏观乡村与微观农牧户互馈的适应性管理体系。

第三，差异化开发与管理不同类型乡村人地系统，对于生态环境遭到严重破坏且恢复难度大的乡村，应将其划分为优先保护区，重点保护其生态环境，可对其农牧户实施生态移民等政策；对于生态环境较好、资源环境承载力较大的区域，可以将其定义为限制开发区，重点协调其生态保护与社会经济发展的

矛盾，可对其农牧户实施轮播或轮牧等政策；对于区位条件较好、生态环境良好、资源环境承载力较大的区域，可以将其定义为优先开发区域，在生态保持约束下挖掘北方农牧交错区社会、经济发展潜力，如旅游业、绿色养殖业等。

7.2.3 重视乡村异质性特征，寻求效益与生态兼顾的复合型发展模式

北方农牧交错区乡村可持续发展的路径是生态功能保持约束下的经济社会发展路径，摒弃传统粗放式的经济社会发展方式，积极寻求经济效益与生态效益兼顾的乡村经济发展新增长点是乡村可持续发展、乡村振兴的必由之路。现阶段北方农牧交错区乡村农牧业产业化水平低，总体经济体量小，且不同类型乡村差异性显著，农畜产品单一，特别是牧区经济发展相对落后，乡村衰退凸显，因此，寻求差异化发展路径，对于乡村可持续发展具有重要意义。

第一，对于农业主导型乡村，应大力发展设施农业、品牌农业，转变传统粗放式的耕作方式，全力推广良种、配方施肥、全程机械化、节水灌溉和病虫害综合防治，发展以滴灌为主的节水灌溉，走特色农业经济发展之路。

第二，对于畜牧业主导型乡村，应合理规划养殖产业链，提高品牌价值，增加产品附加值。

第三，对于农牧兼型农牧户为主的乡村，应科学发展"以农养牧，以牧致富"的乡村经济社会发展路径，现阶段农牧兼型乡村大多被动地走"以农养牧，以牧致富"的发展道路，规模小、效益低；政府应加大对此类型乡村的基础设施投入，充分发挥农牧互补优势，将农牧户由被动参与转变为主动发展。

第四，对于旅游产业主导型乡村，应开展草原旅游专项规划工作，杜绝不规范的草原旅游开发，积极引导和加快草原旅游业转型升级步伐，积极探索基于社区参与的旅游发展模式，如积极组织农牧户参与旅游活动，为其参与旅游活动提供机会；对于旅游参与型农牧户应提供技术培训，提高其服务技能水平。

7.3 农牧户层面适应性管理政策启示

7.3.1 针对不同类型农牧户，制定差异化补偿政策

北方农牧交错区乡村人地系统演变不仅关系到其自身可持续发展，更关系到全国社会经济发展的可持续性。因此，促进其乡村人地系统可持续发展具有明显的外部效应。进入新时代，乡村振兴不仅要关注农村，更加需要关注农牧交错区，增加对农牧民的生态补偿，并建立以政府购买服务为主的生态服务功能管护机制，建立重点生态环境保护区补偿标准动态调整机制，实施国家、省级重点生态脆弱区保护和管理的生态效益补偿。探索市场化生态补偿机制，建立健全生态产品购买、用水权交易、碳排放权交易制度。注重差异化补偿体制、机制的制定，现阶段生态补偿（全面禁牧补贴）对于草场面积较大的牧户生计具有一定的积极作用，但退耕还林还草补贴对于农户生计的积极作用很小，因此，应根据实际情况，制定合理可行的生态补偿机制、补偿标准以及差异化补偿政策。

7.3.2 针对不同类型农牧户，制定差异化生态保护与农牧户利益联结机制

构建完善的生态保护与农牧户利益联结机制，是促进乡村社会经济发展与生态环境保护深度融合的基础。以经济发展为主导，在政府的引导下，按照"平等、自愿、有偿"的原则，发展多种形式的生态保护与农牧户利益联结模式，形成稳定紧密的利益联结机制，使生态保护与农牧民增收"双赢"。一是建立权威监督机构，明确各利益主体责任；二是保障农牧民增收，引导农牧户以耕地、草场、资金入股，按时定期参与分红，同时通过投入劳动力获取报酬，并签订耕地、草场承包、务工、入股分红等合同与协议，以保证农牧户的各项收益；三是保障经营主体增收，优化投资、融资环境，落实好生态环境保护与资源开发鼓励、项目倾斜与奖励、品牌推介等相关政策与支持，提供完善

的基础设施服务等；四是保障村集体增收，量化、公开村集体资产，签订资产使用、入股、有偿服务等协议与合同，保证村集体资产租赁、入股分红、公共服务收益；五是努力做到"产业链本地化"，使收益最大限度地留在本地，鼓励企业利用政府为发展乡村提供的政策、资金支持，带动乡村生态经济全面发展。

7.3.3　针对不同类型农牧户适应障碍，提供不同的扶持政策与行动

农牧户适应能力障碍分析结果显示，农牧户适应能力提高最大的障碍因素是劳动力不足与资金短缺，进一步分析发现，劳动力不足与资金短缺的原因是乡村就业岗位不足与乡村产业发展动力不足。乡村产业发展动力不足与劳动力、资金短缺形成恶性循环式发展态势，成为制约乡村可持续发展的瓶颈，因此，乡村人地系统可持续发展不仅需要产业推动，更需要人才支撑，如实施新型职业农民培育工程，以农业院校、科研院所为依托，支持农牧民合作社、农业技术协会、龙头企业等主体承担培训工作；培养立足乡村、服务基层，具备一技之长，能为当地社会经济做出贡献的实用人才；实施"回归工程"，以乡情乡愁为纽带"迎老乡、回故乡、建家乡"，以大学生、在外创业成功人士、进城务工人员、退伍军人等群体为重点，吸引更多人才投身乡村建设，培养心怀农业、情系农村、视野宽阔、理念先进的"新农人"。

从不同类型农牧户适应能力障碍因素分析结果来看，纯农户、农牧兼型农牧户适应能力提升的首要障碍因子是家庭人均年收入；纯牧户、旅游参与型农牧户适应能力提升的首要障碍因子是社会网络；务工主导型农牧户适应能力提升的首要障碍因子是受教育程度。因此，对于纯农户、农牧兼型农牧户应重点实施产业振兴乡村政策，如发展绿肥种植，支持有机肥生产与使用，发展绿色农业生产，推进喷灌、微灌、管道输水、用水计量、智能控制等农业节水技术创新与应用普及，结合农业水价综合改革，建立精准补贴和节水奖励机制等；对于纯牧户和旅游参与型农牧户，加大基础设施投入，为其建立现代化的信息交流平台，使其克服空间可达性差的缺陷；对于务工主导性农牧户应提供技术培训，提高其服务技能与水平，同时为其提供必要的政策与资金支持，培养创新能力，充分挖掘创业潜力。

8

结论与展望

8.1 主要结论

在乡村衰退已经是全球可持续发展面临的挑战的背景下，北方农牧交错区已成为干旱灾害频发、贫困集聚的乡村衰落"重灾区"，也是我国乡村振兴战略实施的重点与难点区域，因此，按照"气候变化、城镇化与政策实施扰动—乡村社会、经济、生态环境要素变迁—乡村人地系统脆弱性时空格局演变特征—农牧户适应行为分异特征—乡村人地系统结构、功能及状态变化规律—乡村人地系统适应性演化机制—乡村人地系统适应性管理对策与建议"的逻辑思路，以内蒙古自治区达尔罕茂明安联合旗乡村为例，借鉴社会—生态系统、脆弱性、适应性、体制转换、适应性循环等理论，构建了"乡村人地系统脆弱性演化—农牧户适应行为分异"动态的乡村人地系统适应性演化分析框架，从宏观乡村与微观农牧户两个尺度，对达尔罕茂明安联合旗乡村人地系统适应性演化过程及机制进行研究。本书理论与实证研究结论如下：

8.1.1 乡村人地系统适应性演化机制的理论分析框架

本书构建了"乡村人地系统脆弱性演变—农牧户适应行为分异"的乡村人地系统适应性演化机制分析框架，乡村人地系统脆弱性演化研究主要围绕系统演化的扰动因素、脆弱性主导因素、时空演化过程、演化机制进行剖析，从而表征乡村人地系统适应性演化过程中系统结构与功能的演化过程以及系统稳态变化特征，为剖析宏观尺度的乡村人地系统适应性演化过程及机制提供了科学依据。农牧户适应性研究主要围绕在乡村人地系统脆弱性、乡村人地系统结构与功能以及系统状态演变过程中，分析与剖析农牧户适应结果状态、适应行为分异、适应能力差异以及适应机制，旨在跨尺度深入剖析乡村人地系统适应性演化机制的微观关键变量，并为降低乡村人地系统的脆弱性、提高农牧户适应能力、优化乡村人地系统适应性演化路径提供科学依据与对策。两者在研究尺度与内容上互相补充，一方面，乡村人地系统脆弱性特征及演化过程是农户适应性研究重要背景与前提，对农户适应能力大小、适应行为选择、适应结果优劣具有重要影响；另一方面，以适应能力为核心的农牧户适应行为分异、适应结果对于乡村人地系统脆弱性高低，以及脆弱性演化过程具有重要反馈作用；两者间的互馈作用构成了乡村人地系统适应性演化的重要机理；同时，提高农户适应性，降低系统脆弱性，促进人地系统可持续发展也是乡村人地系统适应性演化的目标。"乡村人地系统脆弱性演化—农牧户适应行为分异"理论分析框架，将宏观脆弱性演化时空动态过程与微观农牧户适应分异过程进行串联，框架有助于深入认识乡村人地系统多时空、跨尺度动态适应性演化特征与多维驱动机制的剖析，为调控优化乡村人地系统提供科学依据。

8.1.2 乡村人地系统发展阶段划分与特征

达尔罕茂明安联合旗自1952年建旗以来，乡村经历了三个阶段：重组阶段（1952~1978年），人口快速发展，经济发展缓慢，生态环境逐步恶化；快速发展阶段（1979~2002年），经济快速发展，人口稳步增长，生态环境恶化加剧；稳步发展阶段（2003~2016年），逐步治理生态环境，社会、经济发展方式逐步转型，乡村人地系统演化呈现稳步、协调的发展态势。在此过程中，乡村人地系统演化阶段性特征显著；气候暖干化是制约乡村人地系统可持续发展的重要因素；政策引导下的社会、经济活动，深刻影响着乡村人地系统结构与功能的变化；乡村人地系统结构趋于复杂，功能不断完善；现阶段形成了由农业主导型、畜牧业主导型、旅游主导型、综合型乡村复合的人地系统，乡村人地系统空间异质性特征显著。

8.1.3　乡村人地系统脆弱性时空格局演变特征

基于乡村人地系统发展过程与空间异质性等特征，构建北方农牧交错型人地系统脆弱性评价指标体系，并运用综合函数法、变异系数等模型，对达尔罕茂明安联合旗乡村人地系统及不同主导产业类型（农业、畜牧业、旅游业、综合）的乡村人地系统暴露度、敏感性、适应能力及脆弱性时空演变格局进行分析与总结。

从脆弱性指数变化来看：1990~2016年，达尔罕茂明安联合旗乡村人地系统脆弱性指数变化经历了急速下降、缓慢上升、缓慢下降的变化过程。1990~1995年，脆弱性指数由0.216降低到0.132；1995~2000年，脆弱性指数由0.132增长到0.156；2000~2005年，系统脆弱性指数增长到区间最大值，由0.156增长到0.246；2005~2010年，脆弱性指数由0.246下降到0.177；2010~2016年，系统脆弱性指数由0.177下降到0.152。纵观1990~2016年达尔罕茂明安联合旗乡村人地系统脆弱性时空演变过程，系统脆弱性演变过程时间上呈现高幅度增长、缓慢降低的发展过程，空间上呈现"南部高脆弱、中部低脆弱、北部一般脆弱"的空间格局，但脆弱性空间碎片化趋势显著。究其原因，时间上，1990~2016年，在气候暖干化、城镇化以及政策实施的共同作用下，达尔罕茂明安联合旗乡村人地系统社会、经济、生态环境要素变化较快，系统稳定性差，因而脆弱性变化幅度较大；空间上，由于南部多为农业乡镇，人口密度大，土地利用强度高，产业对气候暖干化敏感性强，脆弱性较高，中部镇/苏木气候条件较好，土地利用强度适中，因而脆弱性低，北部地区由于气温高、降雨少，暴露度高，因而成为"较高"脆弱区；希拉穆仁镇一直以旅游业为主导，土地利用强度低，农牧民人均收入高，因此，表现出"低脆弱"特征。

从脆弱性指数变异特征来看：1990~1995年，在暴露度差异与适应能力差异的巨大变化下，达尔罕茂明安联合旗乡村人地系统脆弱性差异有所加强；1995~2000年，在暴露度与适应能力差异提高的情况下，系统脆弱性差异大幅度减小；2000~2005年，系统敏感性差异降低，适应能力差异性大幅度提高，系统脆弱性差异性逐渐增大；2005~2010年，系统暴露度差异性增大，敏感性差异性小幅度提高，适应能力差异性大幅度较小，脆弱性差异性微度上升；2010~2016年，系统暴露度差异性微度提升，敏感性差异小幅度减小，适应能力差异性大幅度降低，脆弱性差异性显著下降。其中，农业主导型乡村人地系统脆弱性变化幅度呈现低幅度变化态势，畜牧业主导型乡村人地系统脆弱性变化幅度呈现随纬度提高脆弱性变化幅度减小的趋势，旅游主导型、综合型乡村人地系统脆弱性变化幅度呈现高幅度变化态势。

纵观达尔罕茂明安联合旗乡村人地系统脆弱性时空演化过程与变异特征可以发现，时间上，在气候暖干化、城镇化与政策实施的推动下，乡村人地系统社会、经济、生态环境要素不断变化，系统结构由简单趋于复杂，系统功能不断完善，系统脆弱性整体在降低，但社会、经济、生态环境子系统间结构与功能的协调程度呈现波动状态，导致系统脆弱性呈现波动式发展，系统稳定性差；空间上，由于达尔罕茂明安联合旗乡村人地系统构成要素异常复杂，乡村人地系统致脆因素多样，空间异质性特征显著，不同产业主导的农牧户生计活动发生分异，且农牧户生计活动的分异对不同类型乡村人地系统适应能力差异、系统结构与功能变化、脆弱性时空演化以及系统稳定状态产生重要影响，乡村人地系统适应性演化过程中尺度效应显著。

8.1.4　农牧户适应行为分异

乡村人地系统结构与功能的演变是农牧户适应的起因和动力。在宏观乡村人地系统视角下，农牧户家庭生计发展需要系统相对稳定，然而，近年来在气候暖干化、城镇化以及政策实施的背景下，特别是 2002 年以来京津风沙源治理、退耕还林还草、全面禁牧、绿色能源[①]发展等众多生态工程的实施和草原旅游业的快速发展，对乡村人地系统稳态产生了重大冲击，使农牧户面临生存压力。气候暖干化导致的农牧业投入增多，众多生态工程实施导致的自然资源缺失，成为农牧户适应发生的重要推力，草原旅游开发、快速城镇化等因素构成了农牧户适应发生的拉力。总体来看，在气候暖干化、城镇化的背景下，在政策引导、乡村人地系统结构与功能变化的影响下，农牧户自然资本缺失的推力与草原旅游开发、快速城镇化的拉力决定了农牧户适应发生的必然性，各项补贴对于农牧户面临适应发生具有一定的缓冲作用，但补贴对于不同类型农牧户存在一定的不公平问题，且形式单一。农牧户基于自身家庭生计资本特征与偏好，追求良好的适应效果，则是农牧户适应行为差异化的内在动因。传统的

---

① 安装巨型风机。

农牧业生产与非农牧业生产是现阶段农牧户主要适应行为，其中，农牧兼型、务工主导型、旅游参与型适应行为是基于追求良好适应效果，即在生存理性、经济理性的内在动因的驱动下，从纯农户与纯牧户适应行为分异而来，最终形成了现阶段不同适应行为的农牧户。适应能力是农牧户适应行为分化根本原因，并间接影响着农牧户适应结果，从适应能力与适应行为、适应结果的分析结果来看，农牧户劳动能力、自然能力、物质能力、金融能力、社会能力对于其适应行为的选择以及适应结果的差异具有显著影响。农牧户适应性是乡村人地系统演变的关键因子，深刻影响着系统结构与功能的协调发展。由农牧户适应能力、适应行为、适应效果表征的农牧户适应性对于乡村人地系统结构与功能演化具有重要影响。

因此，农牧户的适应行为分异机制可以总结如下：气候暖干化、城镇化与生态保护政策实施导致的乡村人地系统结构与功能演化与农牧户生存理性之间的矛盾是适应发生的起因；农牧户对良好适应效果的追求是农牧户适应发生的内在动因，适应能力差异是农牧户适应行为分化的根本原因，并决定着农牧户适应结果；农牧户适应行为及结果是乡村人地系统演化的关键因子，深刻影响着乡村人地系统结构与功能的协调发展。

8.1.5　乡村人地系统适应性演化机制

气候暖干化、城镇化与政策实施构成的外部扰动力与系统结构、功能演化产生的系统自组织能力，是乡村人地系统适应性演化的主要动力，其中，系统自组织力主要来源于社会经济发展方式的改变（调节能力），其关键因素是农牧户适应性。外部扰动力对系统给予压力，系统通过自组织来缓冲、适应外部压力对系统产生的负面影响，从而形成乡村人地系统适应性演化的动力机制。随着系统脆弱性演变，乡村人地系统结构与功能始终处于"协调—不协调—协调……"循环往复的发展态势中[①]，在此过程中乡村人地系统呈现快速增长（r）、稳定守恒（k）、释放（Ω）、重组（α）的阶段性适应性演化特征，系统状态始终处于"稳定—不稳定—稳定……"循环往复的发展过程之中。乡村人地系统适应性演化过程中，政策作用凸显，导致系统尺度关联作用先是自宏

---

① 研究结论与毛汉英研究员 2018 年 3 月发表在《地理学报期刊》上的《人地系统优化调控的理论方法研究》一文中的观点一致。

观乡村到微观农牧户,乡村人地系统结构与功能转变胁迫农牧户生计转型,形成"大齿轮驱动小齿轮"现象,之后,农牧户生计转型状态反作用于乡村人地系统结构与功能的演化,成为系统演化的关键影响因素,甚至决定着乡村人地系统是否能够可持续发展。从系统演化尺度效应来看,政策引导下的乡村结构与功能演化对农牧户生计转型的促进作用较小,而小尺度农牧户生计转型发展对于大尺度乡村人地系统结构与功能演变作用较大。

8.1.6 北方农牧交错区乡村可持续发展政策启示

提高农牧户适应性、降低乡村人地系统脆弱性、优化乡村人地系统结构与功能、促进乡村人地系统可持续发展是乡村人地系统适应性演化研究的最终目标,乡村人地系统可持续发展面临的问题实质是社会、经济、生态环境协调问题,但在具体制定适应性管理措施时,应该重点考虑乡村人地系统中乡村与农牧户之间的尺度效应问题、制度与协调问题等。因此,本书基于乡村人地系统可持续发展尺度效应问题、制度与协调问题,从宏观乡镇尺度降低系统脆弱性以及微观农牧户尺度提高其适应性两个视角提出对策与建议。宏观方面:首先,应对北方农牧交错区进行科学定位,即北方农牧交错区应走生态保持下经济社会发展路径,避免再走只要经济效益、社会效益或只要生态效益的极端路线;其次,农牧交错型乡村人地系统脆弱状况空间异质性显著,不同类型乡村人地系统脆弱性演化过程与机制存在较大差异,不同类型农牧户生计转型面临的困境也不同,因此,对其乡村社会经济发展与生态环境保护发展路径的探索中,必须充分认识其异质性特征,制定差异化政策,构建适应性管理体系;最后,遵照效益与生态兼顾原则,寻求乡村经济新的增长点。微观方面:首先,针对不同类型农牧户,制定差异化补偿政策;其次,针对不同类型农牧户,制定差异化生态保护与农牧户利益联结机制;最后,针对不同类型农牧户适应障碍,提供不同的扶持政策与行动。

8.2 研究特色与创新

第一,构建了"乡村人地系统脆弱性演变—农牧户适应行为分异"乡村人地系统适应性演化分析框架。社会—生态系统脆弱性的研究主要关注脆弱性形成的原因和过程以及典型脆弱性区域的评价，而对于脆弱性背景下的人类对系统的适应能力、适应行为、适应机制的研究较少，造成脆弱性研究对采取怎样的适应管理措施等可持续问题的解释力度不足；而农牧户适应性研究往往只关注微观农牧户自身适应能力的评价与提升，缺乏农牧户对乡村人地系统演化影响的研究。本书构建了"乡村人地系统脆弱性演变—农牧户适应行为分异"的"整合"分析框架，将"乡村人地系统脆弱性演变与农牧户适应行为分异"进行串联，来克服以往脆弱性、适应性单方面研究的缺陷。

第二，基于多重扰动、跨尺度、多时空特征剖析与总结乡村人地系统适应性演化机制。乡村人地系统适应性演化的重要特征是多重扰动性、跨尺度效应与多时空发展，如何将系统受多重扰动、跨尺度效应、多时空发展特征纳入同一分析框架来分析、剖析乡村人地系统适应性演化过程与机制，一直是人地系统研究面临的难点问题。本书基于气候暖干化、城镇化以及政策实施的多重扰动，将乡村宏观系统脆弱性时空格局演变与微观农牧户适应行为分异整合分析，刻画乡村人地系统适应性演化过程，剖析适应性演化机制，为传统人地系统研究提供新思路。

第三，对多类型复合的乡村人地系统适应性演化机制进行研究。以往对于乡村人地系统的研究多基于单一类型乡村，缺乏对多类型复合乡村人地系统演化的关注，本书在分析与归纳多类型（农业主导型、畜牧业主导型、旅游主导型、综合型）乡村人地系统适应性演化过程、特征与剖析多种适应行为主体（纯农户、纯牧户、农牧兼型农牧户、旅游参与型农牧户、务工主导型农牧户）的适应能力、适应行为、适应结果及适应行为分异机制的基础之上，对多类型乡村人地系统适应性演化机制进行研究，是农牧交错区乡村人地系统适应性演化研究的新尝试，研究可为复合型乡村人地系统研究提供理论借鉴，也可为农牧交错区乡村人地系统可持续发展提供参考与借鉴。

8.3　研究不足与展望

第一，乡村人地系统适应性演化理论需进一步深化。本书基于社会—生态系统、脆弱性、适应性、体制转换、适应性循环的概念及相关理论对乡村人地系统演化过程进行梳理，表征系统结构与功能演化过程，剖析乡村人地系统适应性演化机制。然而，在乡村人地系统演化过程中，对系统结构与功能演化过程的定量研究较少，且乡村人地系统演化过程中存在"阈值效应"，因此，系统演化过程中系统结构与功能协调状态的定量化与"阈值效应"的研究是乡村人地系统演化需要进一步研究的内容。

第二，乡村人地系统适应性演化的跨尺度时空耦合定量研究。本书构建了"系统脆弱性演变—农牧户适应行为分异"的乡村人地系统适应性演化机制理论分析框架，从两个尺度对乡村人地系统适应性演化特征、过程进行了分析，对其演化机制进行了剖析，在对两个尺度串联分析时，多以定性分析为主，主要原因是宏观系统脆弱性演化数据尺度较长，而农牧户生计数据尺度较短，这是乡村人地系统适应性演化跨尺度时空耦合定量研究的难点问题，如何将系统宏观规律性数据与微观特征数据进行耦合定量研究，需要进一步深入研究。

第三，本书尝试对农牧交错区乡村人地系统进行量化与表征，在构建指标体系方面，在梳理系统面临的扰动要素方面，在总结其乡村人地系统演化过程特征、剖析动力机制方面，有待于进一步完善。在数据处理技术方面，本书只是对乡镇尺度进行了空间可视化分析，而对于农牧户尺度的空间可视化分析技术利用较少，缺乏对其生产、生活空间演化的研究，因此，农牧户尺度的空间可视化分析等内容有待进一步深入研究。

参 考 文 献
Reference

［1］ Abrams J. Restructuring of Land and Community in the Remote Rural West: the Case of Wallowa County, Oregon ［J］. Dissertations & Theses – Grad Works, 2011, 11 (6): 22-31.

［2］ Acosta L, Klein R J T, Reidsma P, et al. A Spatially Explicit Scenario-driven Model of Adaptive Capacity to Global Change in Europe ［J］. Global Environmental Change, 2013, 23 (5): 1211-1224.

［3］ Adger W N, Arnell N W, Tompkins E L. Successful Adaptation to Climate Change across Scales ［J］. Global Environmental Change, 2005, 15 (2): 75-76.

［4］ Adger W N. Social and Ecological Resilience: Are They Related? ［J］. Progress in Human Geography, 2000, 24 (3): 347-364.

［5］ Alberini A, Chiabai A, Muehlenbachs L. Using Expert Judgment to Assess Adaptive Capacity to Climate Change: Evidence from a Conjoint Choice Survey ［J］. Global Environmental Change, 2006, 16 (2): 123-144.

［6］ Balochistan, Pakistan Ashraf M, Routray J K, Saeed M. Determinants of Farmers' Choice of Coping and Adaptation Measures to the Drought Hazard in Northwest Balochistan, Pakistan ［J］. Natural Hazards, 2014, 73 (3): 1451-1473.

［7］ Below T B, Mutabazi K D, Kirschke D, et al. Can farmers' Adaptation to Climate Change be Explained by Socio-economic Household-level Variables ［J］. Global Environ-mental Change, 2012, 22 (1): 223-235.

［8］ Brooks N, Adger W N, Kelly P M. The Determinants of Vulnerability and Adaptive Capacity at the National Level and the Implications for Adaptation ［J］. Global Environmental Change, 2005, 15 (2): 151-163.

［9］ Chang D Y. Applications of the Extent Analysis Method on Fuzzy AHP

［J］. European Journal of Operational Research, 1996, 95 (3): 649-655.

［10］ Chen H, Wang J X, Huang J K. Policy Support, Social Capital, and Farmers'adaptation to drought in China ［J］. Global Environmental Change, 2014 (24): 193-202.

［11］ Claudia Pahl-Wostl. Transitions towards Adaptive Management of Water facing Climate and Global Change ［J］. Water Resource Management, 2007 (21): 49-62.

［12］ Committee on Strategic Directions for the Geographical Sciences in the Next Decade. National Research Council. Understanding the Changing Planet: Strategic Directions for the Geographical Sciences ［D］. Washington D. C. : National Academies Press, 2010.

［13］ Cooper S J, Wheeler T. Adaptive Governance: Livelihood Innovation for Climate Resilience in Uganda ［J］. Geoforum, 2015 (65): 96-107.

［14］ Craig R Allen, Lance H Gunderson. Pathology and Failure in the Design and Implementation of Adaptive Management ［J］. Journal of Environmental Management, 2011 (92): 1379-1384.

［15］ Cutter S L. The Vulnerability of Science and the Science of Vulnerability ［J］. Annals of the Association of American Geographers, 2003, 93 (1): 1-12.

［16］ Derbile E K. Reducing Vulnerability of Rain-fed Agriculture to Drought through Indigenous Knowledge Systems in North-eastern Ghana ［J］. International Journal of Climate Change Strategies & Management, 2013, 5 (1): 71-94 (24) .

［17］ DFID. Sustainable Livelihoods Guidance Sheets ［M］ . London: Department or International Development, 2000.

［18］ Duinen R V, Filatova T, Geurts P, et al. Coping with Drought Risk: Empirical Analysis of Farmers' Drought Adaptation in the South-west Netherlands ［J］. Regional Environmental Change, 2014, 15 (6): 1-13.

［19］ Dutra L X C, Bustamante R H, Sporne I, et al. Organizational Drivers that Strengthen Adaptive Capacity in the Coastal Zone of Australia ［J］. Ocean & Coastal Management, 2015 (109): 64-76.

［20］ Engle N L. Adaptive Capacity and Its Assessment ［J］. Global Environmental Change, 2011 (21): 647-656.

［21］ Etemadi M, Karami E. Organic Fig Growers' Adaptation and

Vulnerability to Drought [J]. Journal of Arid Environments, 2016 (124): 142-149.

[22] Figueiredo J, Pereira H M. Regime Shifts in a socio-ecological Model of Farmland Abandonment [J]. Landscape Ecology, 2011, 26 (5): 737-749.

[23] Filatova T, Polhill J G, Ewijk S V. Regime Shifts in Coupled Socio-environmental Systems: Review of Modeling Challenges and Approaches [J]. Environmental Modelling & Software, 2015 (75): 333-347.

[24] Folke C, Carpenter S, Walker B, et al. Regime Shifts, Resilience, and Biodiversity in Ecosystem Management [J]. Annual Review of Ecology Evolution & Systematics, 2004, 35 (1): 557-581.

[25] Ford J D, Smit B. A Framework for Assessing the Vulnerability of Communities in the Canadian Arctic to Risks Associated with Climate Change [J]. Arctic, 2004, 57 (4): 189-401.

[26] Forster J, Lake I R, Watkinson A R, et al. Marine Dependent Livelihoods and Resilience to Environmental Change: A case study of Anguilla [J]. Marine Policy, 2014, 45 (3): 204-212.

[27] Frankenberger T D, Maxwell M. Operational Household Livelihood Security: A Holistic Approach for Addressing Poverty and Vulnerability [R]. CARE, 2000.

[28] Frey B. Stutzer A. What can Economists Learn from Happiness Research? [J]. Journal of Economic Literature, 2002.

[29] Fussel H M. Adaptation Planning for Climate Change: Concepts, Assessment Approaches, and Key Lessons [J]. Sustainability Science, 2007, 2 (2): 265-275.

[30] Galloln G C. Linkages among Vulnerability, Resilience, and Adaptive Capacity [J]. Global Environmental Change, 2006, 16 (3): 293-303

[31] Gunderson L H, Holling C S. Panarchy: Understanding Transformations in Human and Natural Systems [J]. Washington D. C. : Island Press, 2002.

[32] Gunderson L H, Holling C S. Understanding the Complexity of Economic, Ecological and Social Systems [J]. Ecosystems, 2001 (6): 390-405.

[33] Habiba U, Shaw R, Takeuchi Y. Farmers' Adaptive Practices for Drought Risk Reduction in the Northwest Region of Bangladesh [J]. Natural

Hazards, 2014, 72 (2): 337-359.

[34] Hashemi S M, Bagheri A, Marshall N. Toward Sustainable Adaptation to Future Climate Change: Insights from Vulnerability and Resilience Approaches Analyzing Agrarian System of Iran [J]. Environment Development Sustainability, 2017, 19 (1): 1-25.

[35] Hedlund M, Lundholm E. Restructuring of rural Sweden – Employment Transition and Out – migration of Three Cohorts Born 1945 – 1980 [J]. Journal of Rural Studies, 2015 (42): 123-132.

[36] Heijnen P, Wagener F O O. Avoiding an Ecological Regime Shift is Sound Economic Policy [J]. Journal of Economic Dynamics and Control, 2013, 37 (7): 1322-1341.

[37] Hinkel J. Indicators of Vulnerability and Adaptive Capacity: Towards a Clarification of the Science – policy Interface [J]. Global Environmental Change, 2011, 21 (1): 198-208.

[38] Hoggart K, Paniagua A. What Rural Restructuring? [J]. Journal of Rural Studies, 2001, 17 (1): 41-62.

[39] Holling C S. Adaptive Environmental Assessment and Management [M]. New York: John Wiley and Sons, 1978.

[40] Holling C S. Engineering Resilience Versus Ecological Resilience [M]//P C Schulze. EngineeringwithinEcologicalConstraints. Washington, D. C., USA: National Academy Press, 1996.

[41] Holling C S. Resilience and Stability of Ecological Systems [J]. Annual Review of Ecology and Systematics, 1973, 7 (4): 1-23.

[42] Holling C S. Understanding the Complexity of Economic, Ecological, and Social Systems [J]. Ecosystems, 2001, 4 (5): 390-405.

[43] Huang L, Yang P, Ren S. The Vulnerability Assessment Method for Beijing Agricultural Drought [J]. Ifip Advances in Information & Communication Technology, 2014 (419): 269-280.

[44] Hwang Jae Hee, Lee Seong Woo. The Effect of the Rural Tourism Policy on Non-farm Income in South Korea [J]. TourismManagement, 2015 (46): 501-513.

[45] Ibarrarán M E, Malone E L, Brenkert A L. Climate Change Vulnerability

and Resilience: Current Status and Trends for Mexico [J]. Environment, Development and Sustainability, 2010, 12 (3): 365-388.

[46] Kiss E. Rural Restructuring in Hungary in the Period of Socio-economic Transition [J]. Geo Journal, 2000, 51 (3): 221-233.

[47] Kumar V, Vasto-Terrientes L D, Valls A, et al. Adaptation Strategies for Water Supply Management in a Drought Prone Mediterranean River Basin: Application of Outrank-ing Method [J]. Science of the Total Environment, 2016 (540): 344-357.

[48] Lade S J, Tavoni A, Levin S A, et al. Regime Shifts in a Social-ecological System [J]. Theoretical Ecology, 2013, 6 (3): 359-372.

[49] Lasse K. The Sustainable Livelihood Approach to Poverty Reducation [M] . Stockholm: Swedish International Development Cooperation Agency, 2001.

[50] Lei Y D, Zhang H L, Chen F, et al. How Rural Land Use Management Facilitates Drought Risk Adaptation in a Changing Climate: A Case Study in Arid Northern China [J]. Science of the Total Environment, 2016 (550): 192-199.

[51] Lei Y, Wang J, Yue Y, et al. Rethinking the Relationships of Vulnerability, Resilience, and Adaptation from a Disaster Risk Perspective [J]. Natural Hazards, 2014, 70 (1): 609-627.

[52] Li C Z, Villasante S, Zhu X. Regime Shifts and Resilience in Fisheries Management: A Case Study of the Argentinean Hake fishery [J]. Environmental & Resource Economics, 2016: 1-15.

[53] Li Y C, Huang H P, Ju H, et al. 2015. Assessing Vulnerability and Adaptive Capacity to Potential Drought for Winter-wheat under the RCP 8. 5 Scenario in the Huang-Huai-Hai Plain [J]. Agriculture, Ecosystems & Environment, 2015 (209): 125-131.

[54] Long H, Tu S, Ge D, et al. The Allocation and Management of Critical Resources in Rural China under Restructuring: Problems and Prospects [J]. Journal of Rural Studies, 2016 (47): 392-412.

[55] Luers A L, Lobell D B, SklarL S, et al. A Method for Quantifying Vulnerability, Applied to the Agricultural System of the Yaqui Valley, Mexico [J]. Global Environmental Change, 2003, 13 (4): 255-267.

[56] Marro A. Janssen, Elinor Ostrom. Resilience, vulnerability, and adapta-

tion: A cross-cutting theme of the International Human Dimensions Programmed on Global Environmental Change [J]. Global Environmental Change, 2006 (16): 237-239.

[57] Merritt W, Rao K V, Patch B, et al. Exploring Implications of Climate, Land Use, and Policy Intervention Scenarios on Water Resources, Livelihoods, and Resilience [M]. Integrated Assessment of Scale Impacts of Watershed Intervention. Elsevier Inc., 2015: 379-407.

[58] Müller D, Sun Z, Vongvisouk T, et al. Regime Shifts Limit the Predictability of Land-system Change [J]. Global Environmental Change, 2014 (28): 75-83.

[59] Moshy V H, Bryceson I, Mwaipopo R. Social-ecological Changes, Livelihoods and Resilience Among Fishing Communities in Mafia Island Marine Park, Tanzania [J]. Forum for Development Studies, 2015, 42 (3): 529-553.

[60] Naumann G, Barbosa P, Garrote L, et al. Exploring Drought Vulnerability in Africa: An Indicator Based Analysis to Inform Early Warning Systems [J]. Hydrology & Earth System Sciences, 2013, 18 (5): 12217-12254.

[61] Nielsen N C. Rural Tourism Development: Localism and Cultural Change [J]. Tourism Management, 2010, 31 (5): 693-695.

[62] Noralene U, Yukiko Takeuchi, Rajib Shaw. Local Adaptation for Livelihood Resilience in Albay, Philippines [J]. Environmental Hazards, 2011, 10 (2): 139-153.

[63] Opiyo F, Wasonga O, Nyangito M, et al. Drought Adaptation and Coping Strategies Among the Turkana Pastoralists of Northern Kenya [J]. International Journal of Disaster Risk Science, 2015, 6 (3): 295-309.

[64] Pahl-Wostl C. A Conceptual Framework for Analyzing Adaptive Capacity and Multi-level Learning Processes in Re-source Governance Regimes [J]. Global Environmental Change, 2009, 19 (3): 354-365.

[65] Panda A, Sharma U, Ninan K N, et al. Adaptive Capacity Contributing to Improved Agricultural Productivity at the Household Level: Empirical Findings Highlighting the Importance of Crop Insurance [J]. Global Environmental Change, 2013, 23 (4): 782-790.

[66] Parka M, Stokowskib P A. Social Disruption Theory and Crime in Rural

Communities: Comparisons across Three Levels of Tourism Growth [J]. Tourism Management, 2009, 30 (6): 905-915.

[67] Pei W, Fu Q, Liu D, et al. Assessing Agricultural Drought Vulnerability in the Sanjiang Plain Based on an Improved Projection Pursuit Model [J]. Natural Hazards, 2016, 82 (1): 683-701.

[68] Piya L, Joshi N P, Maharjan K L. Vulnerability of Che pang Households to Climate Change and Extremes in the Mid-Hills of Nepal [J]. Climatic Change, 2016, 135 (3-4): 521-537.

[69] Polsky C, Neff R, Yarnal B. Building Comparable Global Change Vulnerability Assessments: The Vulnerability Scoping Diagram [J]. Global Environmental Change, 2007, 17 (3-4): 480-485.

[70] Posey J. The Determinants of Vulnerability and Adaptive Capacity at the Municipal Level: Evidence from Flood Plain Management Programs in the United States [J]. Global Environmental Change, 2009, 19 (4): 482-493.

[71] Quiroga S, Suárez C, Solís J D. Exploring Coffee Farmers' Awareness about Climate Change and Water Needs: Smallholders' Perceptions of Adaptive Capacity [J]. Environmental Science & Policy, 2015 (45): 53-66.

[72] Sakamoto H. Dynamic Resource Management under the Risk of Regime Shifts [J]. Journal of Environmental Economics and Management, 2014 (68): 1-19.

[73] Shiferaw B, Tesfaye K, Kassie M, et al. Managing Vulnerability to Drought and Enhancing Livelihood Resilience in Sub - Saharan Africa: Technological, Institutional and Policy options [J]. Weather & Climate Extremes, 2014, 3 (C): 67-79.

[74] Smit B, Wandel. Adaptation, Adaptive Capacity and Vulnerability [J]. Global Environmental Change , 2006 (16): 282-329.

[75] Smit B, Wandel J. Adaptation, Adaptive Capacity and Vulnerability [J]. Global Environmental Change, 2006, 16 (3): 282-292.

[76] Song W, Han Z, Deng X. Changes in Productivity, Efficiency and Technology of China's Crop Production under Rural Restructuring [J]. Journal of Rural Studies, 2016, 47: 563-576.

[77] Sophocleous M. From Safe Yield to Sustainable Development of Water Re-

sources—the Kansas Experience [J]. Journal of Hydrology, 2000, 235 (1): 27-43.

[78] Speranza C I, Wiesmann U, Rist S. An Indicator Framework for Assessing Livelihood Resilience in the Context of Social-ecological Dynamics [J]. Global Environmental Change, 2014, 28 (1): 109-119.

[79] Sugiarto H S, Chung N N, Lai C H, et al. Socioecological Regime Shifts in the Setting of Complex Social Interactions [J]. Physical Review E, 2015, 91 (6): 53-59.

[80] Thomas T, Jaiswal R K, Galkate R, et al. Drought Indicators-based Integrated Assessment of Drought Vulnerability: A Case Study of Bundelkhand Droughts in Central India [J]. Natural Hazards, 2016, 81 (3): 1627-1652.

[81] Torres R M, Carte L. Community Participatory Appraisal in Migration Research: Connecting Neoliberalism, Rural Restructuring and Mobility [J]. Transactions of the Institute of British Geographers, 2014, 39 (39): 140-154.

[82] Turner B L II, Roger E Kasperson, et al. A Framework for Vulnerability Analysis in Sustainability Science [J]. Proceedings of the National Academy of Sciences of the United States of America, 2003, 100 (14): 8074-8079.

[83] Veeck G, Pannell C W. Rural Economic Restructuring and Farm Household Income in Jiangsu, People's Republic of China [J]. Annals of the Association of American Geographers, 2005, 79 (2): 275-292.

[84] Villagra P, Rojas C, Ohno R, et al. A GIS-base Exploration of the Relationships between Open Space Systems and Urban Form for the Adaptive Capacity of Cities after an Earthquake: The Cases of two Chilean Cities [J]. Applied Geography, 2014 (48): 64-78.

[85] Walker B, Holling CS, Carpenter SR, et al. Resilience, Adaptability and Transformability in Social-ecological Systems [J]. Ecology and Society, 2004, 9 (2): 5-12.

[86] Walker B, Salt D. Resilience Thinking: Sustaining Ecosystems and People in a Changing World [M]. London: Island Press, 2006.

[87] Wernberg T, Bennett S, Babcock R C, et al. Climate-driven Regime Shift of a Temperate Marine Ecosystem [J]. Science, 2016, 353 (6295): 169-172.

[88] W Neil Adger, Nick Brooks, Graham Bentham, et al. New Indicators of

Vulnerability and Adaptive Capacity. Tyndall Centre Technical Report［J］.2004,（7）：10-11.

［89］Woods M. Rural Geography：Processes, Responses and Experiences in Rural Restructuring［M］. London：Sage, 2005.

［90］Wrathall D J. Migration Amidst Social-Ecological Regime Shift：The Search for Stability in Garífuna Villages of Northern Honduras［J］. Human Ecology, 2012, 40（4）：583-596.

［91］Yang H, Villamor G B, Su Y, et al. Land-use Response to Drought Scenarios and Water Policy Intervention in Lijiang, SW China［J］. Land Use Policy, 2016（57）：377-387.

［92］Yila J O, Resurreccion B P. Determinants of Smallholder Farmers Adaptation Strategies to Climate Change in the Semiarid Nauru Local Government Area, Northeastern Nigeria［J］. Management of Environmental Quality：An International Journal, 2013, 24（3）：341-364.

［93］Zhang Q, Sun Z, Wu F, et al. Understanding Rural Restructuring in China：The Impact of Changes in Labor and Capital Productivity on Domestic Agricultural Production and Trade［J］. Journal of Rural Studies, 2016, 47：552-562.

［94］安祥生, 陈园园, 凌日平. 基于结构方程模型的城镇化农民可持续非农生计分析——以晋西北朔州市为例［J］. 地理研究, 2014, 33（11）：2021-2033.

［95］白描, 吴国宝. 农民主观福祉现状及其影响因素分析——基于5省10县农户调查资料［J］. 中国农村观察, 2017（1）：41-51, 141-142.

［96］蔡银莺, 朱兰兰. 生计资产差异对农民生活满意度的影响分析——以成都市双流县和崇州市为例［J］. 华中农业大学学报（社会科学版）, 2015（1）：30-38.

［97］常丽博, 骆耀峰, 刘金龙. 哈尼族社会—生态系统对气候变化的脆弱性评估——以云南省红河州哈尼族农村社区为例［J］. 资源科学, 2018, 40（9）：1787-1799.

［98］陈方. 贫困山区乡村衰落与人口迁移［D］. 西南大学硕士学位论文, 2018.

［99］陈佳. 乡村人地系统演化的脆弱性—恢复力整合研究——以甘肃民

勤县为例 [D]. 西北大学博士学位论文, 2018.

[100] 陈佳, 杨新军, 尹莎, 等. 基于 VSD 框架的半干旱地区社会—生态系统脆弱性演化与模拟 [J]. 地理学报, 2016, 71 (7): 1172-1188.

[101] 陈佳, 张丽琼, 杨新军, 等. 乡村旅游开发对农户生计和社区旅游效应的影响——旅游开发模式视角的案例实证 [J]. 地理研究, 2017, 36 (9): 1709 -1724.

[102] 陈萍, 陈晓玲. 全球环境变化下人—环境耦合系统的脆弱性研究综述 [J]. 地理科学进展, 2010, 29 (4): 454-462

[103] 陈娅玲, 杨新军. 旅游社会—生态系统及其恢复力研究 [J]. 干旱区资源与环境, 2011, 25 (11): 205-211.

[104] 陈岩. 流域水资源脆弱性评价与适应性治理研究框架 [J]. 人民长江, 2016, 47 (17): 30-35.

[105] 陈宜瑜. 对开展全球变化区域适应研究的几点看法 [J]. 地球科学进展, 2004, 19 (4): 495-499.

[106] 程钰. 人地关系地域系统演变与优化研究 [D]. 山东师范大学博士学位论文, 2014.

[107] 仇方道, 佟连军, 姜萌. 东北地区矿业城市产业生态系统适应性评价 [J]. 地理研究, 2011, 30 (2): 243-255.

[108] 达尔罕茂明安联合旗统计局. 达尔罕茂明安联合旗统计年鉴 [J]. 百灵庙镇: 达尔罕茂明安联合旗政府, 1990-2017.

[109] 代富强, 吕志强, 周启刚. 农户生计可持续性定量测度及动态分析研究 [J]. 中国农学通报, 2014, 30 (26): 114-122.

[110] 杜金燊, 于德永. 气候变化和人类活动对中国北方农牧交错区草地净初级生产力的影响 [J]. 北京师范大学学报 (自然科学版), 2018, 54 (3): 365-372.

[111] 樊杰, 蒋子龙. 面向"未来地球"计划的区域可持续发展系统解决方案研究——对人文—经济地理学发展导向的讨论 [J]. 地理科学进展, 2015, 34 (1): 1-9.

[112] 樊杰. "人地关系地域系统"是综合研究地理格局形成与演变规律的理论基石 [J]. 地理学报, 2018 (4): 597-607.

[113] 方创琳. 区域人地系统的优化调控与可持续发展 [J]. 地学前缘, 2003, 10 (4): 629-635.

［114］方创琳.中国人地关系研究的新进展与展望［J］.地理学报，2004（S1）：21-32.

［115］方修琦，殷培红.弹性、脆弱性和适应——IHDP 三个核心概念综述［J］.地理科学进展，2007，26（5）：11-22.

［116］方一平，秦大河，丁永建.气候变化适应性研究综述：现状与趋向［J］.干旱区研究，2009，26（3）：299-305.

［117］房艳刚，刘继生.基于多功能理论的中国乡村发展多元化探讨——超越"现代化"发展范式［J］.地理学报，2015，70（2）：257-270.

［118］冯晓龙，陈宗兴，霍学喜.基于分层模型的苹果种植农户气象灾害适应性行为研究［J］.资源科学，2015，37（12）：2491-2500.

［119］傅伯杰.面向全球可持续发展的地理学［J］.科技导报，2018，36（2）：1.

［120］郭秀丽，周立华，陈勇，顾梦鹤，赵敏敏.农户对生态环境变化的适应能力及驱动因子——以内蒙古自治区杭锦旗为例［J］.生态学报，2018，38（21）：7629-7637.

［121］何仁伟，刘邵权，陈国阶，等.中国农户可持续生计研究进展及趋向［J］.地理科学进展，2013，32（4）：657-670.

［122］何艳冰.城市边缘区社会脆弱性与失地农户适应性研究［D］.西北大学博士学位论文，2017.

［123］何艳冰，黄晓军，杨新军.快速城市化背景下城市边缘区失地农民适应性研究——以西安市为例［J］.地理研究，2017，36（2）：226-240.

［124］贺爱琳，杨新军，陈佳，等.乡村旅游发展对农户生计的影响——以秦岭北麓乡村旅游地为例［J］.经济地理，2014，34（12）：174-181.

［125］贺祥.基于熵权灰色关联法的贵州岩溶山区人地耦合系统脆弱性分析［J］.水土保持研究，2014，21（1）：283-289.

［126］侯彩霞，周立华，文岩，等.生态政策下草原社会—生态系统恢复力评价——以宁夏盐池县为例［J］.中国人口·资源与环境，2018，28（8）：117-126.

［127］胡安安，许肇然，黄丽华.基于社会参与理论的为老服务网站活动模式研究：以上海老年人学习网为例［J］.山东财经大学学报，2017，29（1）：36-44.

［128］黄晓军，王博，刘萌萌，等.社会—生态系统恢复力研究进

展——基于 CiteSpace 的文献计量分析 [J/OL]. 生态学报, 2019 (8): 1-11.

[129] 黎明, 贺灿飞. 经济转型视角下广东省流动人口的时空格局响应 [J]. 人口与发展, 2016, 22 (4): 29-37.

[130] 李伯华, 谭淑婷, 窦银娣, 等. 景区边缘型乡村旅游地生态脆弱性评价研究——以大南岳旅游圈为例 [J]. 衡阳师范学院学报, 2018, 39 (6): 1-6.

[131] 李博, 杨智, 苏飞. 基于集对分析的大连市人海经济系统脆弱性测度 [J]. 地理研究, 2015, 34 (5): 967-976.

[132] 李春燕, 南灵. 陕西省土地生态安全动态评价及障碍因子诊断 [J]. 中国土地科学, 2015, 29 (4): 72-81.

[133] 李栋梁, 吕兰芝. 中国农牧交错区的气候特征与演变 [J]. 中国沙漠, 2002, 22 (5): 76-81.

[134] 李海玲. 黄土高原地区城市 "社会—经济" 系统脆弱性时空格局演变研究 [D]. 陕西师范大学硕士学位论文, 2018.

[135] 李佳, 田里. 连片特困民族地区旅游扶贫效应差异研究——基于四川藏区调查的实证分析 [J]. 云南民族大学学报 (哲学社会科学版), 2016, 33 (6): 96-102.

[136] 李平星, 樊杰. 基于 VSD 模型的区域生态系统脆弱性评价——以广西西江经济带为例 [J]. 自然资源学报, 2014, 29 (5): 779-788.

[137] 李婷婷, 龙花楼. 山东省乡村转型发展时空格局 [J]. 地理研究, 2014, 33 (3): 490-500.

[138] 李文龙, 匡文慧. 草原牧区旅游发展对牧户生计的影响——以内蒙古希拉穆仁草原为例 [J]. 地理科学, 2019, 39 (1): 131-139.

[139] 李文龙, 石育中, 鲁大铭, 等. 北方农牧交错区干旱脆弱性时空格局演变 [J]. 自然资源学报, 2018, 33 (9): 1599-1612.

[140] 李小云, 齐顾波, 徐秀丽. 气候变化的社会政治影响: 脆弱性、适应性和治理——国际发展研究视角的文献综述 [J]. 林业经济, 2010 (7): 121-128.

[141] 李扬, 汤青. 中国人地关系及人地关系地域系统研究方法述评 [J]. 地理研究, 2018, 37 (8): 1655-1670.

[142] 刘华琳, 徐晓民, 焦瑞, 等. 达尔罕茂明安联合旗草原植被生态与地下水覆盖量风险研究 [J]. 水利科技与经济, 2015, 21 (4): 38-40.

［143］刘建娥，戴海静，李梦婷．转型社区居民的离愁别绪：社会资本视角下生活满意度研究［J］．人口与发展，2018，24（3）：12-23.

［144］刘军会，高吉喜，韩永伟，等．北方农牧交错区可持续发展战略与对策［J］．中国发展，2008（2）：89-94.

［145］刘凯．生态脆弱型人地系统演变与可持续发展模式选择研究［D］．山东师范大学博士学位论文，2017.

［146］刘伟，徐洁，黎洁．易地扶贫搬迁农户生计适应性研究——以陕南移民搬迁为例［J］．中国农业资源与区划，2018（12）：218-223.

［147］刘学敏，赵辉，李波，史培军．试论北方农牧交错区新产业带——"生态产业带"的建立［J］．生态经济（学术版），2006（2）：19-22，38.

［148］刘彦随，李进涛．中国县域农村贫困化分异机制的地理探测与优化决策［J］．地理学报，2017，72（1）：161-173.

［149］刘彦随，严镔，王艳飞．新时期中国城乡发展的主要问题与转型对策［J］．经济地理，2016，36（7）：1-8.

［150］刘彦随，杨忍．中国县域城镇化的空间特征与形成机理［J］．地理学报，2012，67（8）：1011-1020.

［151］龙花楼，李婷婷．中国耕地和农村宅基地利用转型耦合分析［J］．地理学报，2012，67（2）：201-210.

［152］龙花楼．论土地整治与乡村空间重构［J］．地理学报，2013，68（8）：5-14.

［153］龙花楼，屠爽爽．论乡村重构［J］．地理学报，2017，72（4）：563-576.

［154］龙花楼，邹健，李婷婷，等．乡村转型发展特征评价及地域类型划分——以"苏南—陕北"样带为例［J］．地理研究，2012，31（3）：495-506.

［155］鲁大铭，石育中，李文龙，等．西北地区县域脆弱性时空格局演变［J］．地理科学进展，2017，36（4）：404-415.

［156］陆大道，樊杰．区域可持续发展研究的兴起与作用［J］．中国科学院院刊，2012，27（3）：290-300，319.

［157］陆大道．关于地理学的"人—地系统"理论研究［J］．地理研究，2002，21（2）：135-145.

［158］陆大道，郭来喜．地理学的研究核心：人地关系地域系统：论吴传钧院士的地理学思想与学术贡献［J］．地理学报，1998，53（2）：97-105.

［159］逯承鹏，陈兴鹏，王红娟，等．西北少数民族地区人地关系演变动态仿真研究——以甘南州为例［J］．自然资源学报，2013，28（7）：1255-1263.

［160］罗倩，刘晓暄，苏伟．基于 Mann-Kendall 的北方农牧交错区植被时空变化分析［J］．湖北农业科学，2015，55（23）：5891-5895.

［161］毛汉英．人地系统优化调控的理论方法研究［J］．地理学报，2018（4）：608-619.

［162］毛汉英．人地系统与区域持续发展研究［M］．北京：中国科学技术出版社，1995.

［163］明庆忠．从可持续发展思想走向可持续性科学［N］．光明日报，2007-11-27（006）.

［164］牛文元．生态环境脆弱带 ECOTONE 的基础判定［J］．生态学报，1989（2）：97-105.

［165］潘晗，李博．中国沿海地区人海关系地域系统脆弱性时空分异与影响因素研究［J］．资源开发与市场，2018，34（12）：1662-1668.

［166］裴志军．家庭社会资本、相对收入与主观幸福感：一个浙西农村的实证研究［J］．农业经济问题，2010，31（7）：22-29，111.

［167］彭少麟．弹性思维不断变化的世界中社会—生态系统的可持续性［M］．北京：高等教育出版社，2010.

［168］彭少麟．发展的生态观：弹性思维［J］．生态学报，2011，31（19）：5433-5436.

［169］秦立刚．农牧交错带生态系统服务功能及区域气候对下垫面变化响应机制研究［D］．中国农业大学博士学位论文，2014.

［170］萨日娜．荒漠草原生态安全综合评价研究——以达尔罕茂明安联合旗为例［D］．内蒙古师范大学硕士学位论文，2013.

［171］沈永平，王国亚．IPCC 第一工作组第五次评估报告对全球气候变化认知的最新科学要点［J］．冰川冻土，2013，35（5）：1068-1076.

［172］石育中．黄土高原社会—生态系统的干旱脆弱性与农户适应研究——以甘肃榆中县为例［D］．西北大学博士学位论文，2018.

［173］石育中，李文龙，鲁大铭，等．基于乡镇尺度的黄土高原干旱脆

弱性时空演变分析——以榆中县为例［J］. 资源科学，2017，39（11）：2130-2140.

［174］石育中，杨新军，王婷. 陕南秦巴山区可持续生计安全评价及其鲁棒性分析［J］. 地理研究，2016，35（12）：2309-2321.

［175］史培军，王静爱，陈婧，等. 当代地理学之人地相互作用研究的趋向：全球变化人类行为计划（IHDP）第六届开放会议透视［J］. 地理学报，2006，61（2）：115-126.

［176］史玉丁，李建军. 乡村旅游多功能发展与农村可持续生计协同研究［J］. 旅游学刊，2018，33（2）：15-26.

［177］宋向阳，邢启明，常书娟，等. 北方荒漠草原生态综合监测与评价——以达尔罕茂明安联合旗为例［J］. 安徽农学通报，2018，24（7）：113-115.

［178］宋向阳，邢启明，常书娟，等. 内蒙古荒漠草原承载力综合评价［J］. 安徽农业科学，2018，46（14）：93-96.

［179］宋永永，米文宝，仲俊涛，等. 宁夏限制开发生态区人地耦合系统脆弱性空间分异及影响因素［J］. 干旱区资源与环境，2016，30（11）：85-91.

［180］苏飞，张平宇. 矿业城市社会系统脆弱性研究——以阜新市为例［J］. 地域研究与开发，2009，28（2）：71-74，89.

［181］孙晶，王俊，杨新军. 社会—生态恢复力研究综述［J］. 生态学报，2007，27（12）：5371-5381

［182］孙睿，刘昌明，朱启疆. 黄河流域植被覆盖度动态变化与降水的关系［J］. 地理学报，2001，56（6）：667-672.

［183］汤青. 可持续生计的研究现状及未来重点趋向［J］. 地球科学进展，2015，30（7）：823-833.

［184］汤青，徐勇，李扬. 黄土高原农户可持续生计评估及未来生计策略——基于陕西延安市和宁夏固原市1076户农户调查［J］. 地理科学进展，2013，32（2）：19-27.

［185］田亚平，向清成，王鹏. 区域人地耦合系统脆弱性及其评价指标体系［J］. 地理研究，2013，32（1）：55-63.

［186］佟金萍，王慧敏. 流域水资源适应性管理研究［J］. 软科学，2006，20（2）：59-61.

[187] 屠爽爽，龙花楼，张英男，等．典型村域乡村重构的过程及其驱动因素［J］．地理学报，2019（2）：1-17.

[188] 王成超，杨玉盛，庞雯，等．国内外农户对气候变化/变异感知与适应研究［J］．地理科学，2017，37（6）：938-943.

[189] 王林峰，张平宇，李鹤，等．东北西部农牧交错区社会生态系统脆弱性［J］．中国科学院大学学报，2018，35（3）：345-352.

[190] 王群，陆林，杨兴柱．千岛湖旅游地社会—生态系统适应性循环过程及机制分析［J］．经济地理，2016，36（6）：185-194.

[191] 王文杰，潘英姿，王明翠，等．区域生态系统适应性管理概念、理论框架及其应用研究［J］．中国环境监测，2007，23（2）：1-8.

[192] 王亚茹，赵雪雁，张钦，等．高寒生态脆弱区农户的气候变化适应策略——以甘南高原为例［J］．地理研究，2016，35（7）：1273-1287.

[193] 王子侨，石育中，杨新军，等．外部社会资本视角下的黄土高原农户生活满意度研究——以陕西省长武县洪家镇为例［J］．干旱区地理，2017，40（6）：1317-1327.

[194] 文军．从生存理性到社会理性选择：当代中国农民外出就业动因的社会学分析［J］．社会学研究，2001（6）：19-30.

[195] 邬建国，郭晓川，杨稢，等．什么是可持续性科学？［J］．应用生态学报，2014，25（1）：1-11.

[196] 吴传钧．地理学的特殊研究领域和今后任务［J］．经济地理，1981（1）：5-10，21.

[197] 吴传钧．论地理学的研究核心——人地关系地域系统［J］．经济地理，1991（3）：1-6.

[198] 吴传钧，施雅风．中国地理学90年发展回忆录［M］．北京：学苑出版社，1999.

[199] 吴孔森，杨新军，尹莎．环境变化影响下农户生计选择与可持续性研究——以民勤绿洲社区为例［J］．经济地理，2016，36（9）：141-149.

[200] 吴娜琳，李小建．村域视角下农业区域专业化的空间特征及其影响因素——以河南省西峡县香菇产业为例［J］．经济地理，2017，37（9）：143-151.

[201] 吴婷婷．南方稻农气候变化适应行为影响因素分析——基于苏皖两省364户稻农的调查数据［J］．中国生态农业学报，2015，23（12）：

1588-1596.

［202］徐海源. 内蒙古达尔罕茂明安联合旗天然草地退化原因及防治模式研究［D］. 中国农业科学院硕士学位论文，2006.

［203］杨忍，刘彦随，龙花楼，张怡筠. 中国乡村转型重构研究进展与展望——逻辑主线与内容框架［J］. 地理科学进展，2015，34（8）：1019-1030.

［204］杨忍，刘彦随，龙花楼. 中国环渤海地区人口—土地—产业非农化转型协同演化特征［J］. 地理研究，2015，34（3）：475-486.

［205］尹莎，陈佳，吴孔森，等. 干旱环境胁迫下农户适应性研究——基于民勤绿洲地区农户调查数据［J］. 地理科学进展，2016，35（5）：644-654.

［206］喻忠磊，杨新军，杨涛. 乡村农户适应旅游发展的模式及影响机制：以秦岭金丝峡景区为例［J］. 地理学报，2013，68（8）：1143-1156.

［207］袁毛宁，刘焱序，王曼，等. 基于"活力—组织力—恢复力—贡献力"框架的广州市生态系统健康评估［J］. 生态学杂志，2019（4）：1249-1257.

［208］昝成功，武侃强. 达尔罕茂明安联合旗草原生态环境受损问题［J］. 内蒙古环境保护，1999（2）：37-39.

［209］翟盘茂，袁宇锋，余荣，等. 气候变化和城市可持续发展［J］. 科学通报，2019，64（19）：1-7.

［210］翟夏杰. 农牧交错带主要生态系统的功能特征及演变研究［D］. 中国农业大学博士学位论文，2019.

［211］翟学伟. 社会流动与关系信任——也论关系强度与农民工的求职策略［J］. 社会学研究，2003（1）：1-11.

［212］战金艳，邓祥征，岳天祥，等. 内蒙古农牧交错区土地利用变化及其环境效应［J］. 资源科学，2004，26（5）：80-88.

［213］张吉军. 模糊层次分析法（FAHP）［J］. 模糊系统与数学，2000，14（2）：80-88.

［214］张建春，储少林，陈全功. 中国农牧交错区界定的现状及进展［J］. 草业科学，2008，28（3）：78-84.

［215］张立新，杨新军，陈佳，等. 大遗址区人地系统脆弱性评价及影响机制——以汉长安城大遗址区为例［J］. 资源科学，2015，37（9）：1848-1859.

[216] 张南. 转型时期农村人口结构变化与经济发展问题研究 [J]. 农业经济, 2016 (7): 10-11.

[217] 张倩. 牧民应对气候变化的社会脆弱性——以内蒙古荒漠草原的一个嘎查为例 [J]. 社会学研究, 2011 (6): 171-195.

[218] 张瑞英, 席建超, 葛全胜. 乡村旅游农户可再生能源使用行为选择模型研究——基于六盘山生态旅游区的案例实证 [J]. 干旱区资源与环境, 2014, 28 (12): 190-196.

[219] 赵立娟. 灌溉管理改革背景下农户生计脆弱性评估 [J]. 干旱区地理, 2014, 37 (5): 1055-1064.

[220] 赵松乔. 内蒙古东、中部半干旱区——一个危急带的环境变迁 [J]. 干旱区资源与环境, 1991 (2): 1-9.

[221] 赵雪雁, 王亚茹, 张钦, 等. 石羊河流域农户的气候变化适应策略选择 [J]. 西北师范大学学报 (自然科学版), 2016, 52 (4): 127-134.

[222] 赵雪雁, 赵海莉, 刘春芳. 石羊河下游农户的生计风险及应对策略——以民勤绿洲区为例 [J]. 地理研究, 2015, 34 (5): 922-932.

[223] 中国至 2050 年科技发展路线图——《创新 2050: 科学技术与中国的未来》中国科学院战略研究系列报告摘登 (一) [J]. 前沿科学, 2009, 3 (3): 4-19.

[224] 周华, 马春宁, 周生路, 等. 基于力学平衡模型的乡村转型均衡发展判别方法研究 [J]. 长江流域资源与环境, 2014, 23 (3): 303-310.

[225] 周一敏, 张昂, 赵昕奕. 未来气候变化情景下中国北方农牧交错区脆弱性评估 [J]. 北京大学学报 (自然科学版), 2017, 53 (6): 1099-1107.

[226] 诸大建. 可持续性科学: 基于对象—过程—主体的分析模型 [J]. 中国人口·资源与环境, 2016, 26 (7): 1-9.

附 录
Appendix

达尔罕茂明安联合旗乡村调查问卷

_____镇_____村 调查时间：_____年_____月_____日

问卷编号_____

纬度_____，经度_____，海拔_____

一、家庭基本情况

您的性别：①男 ②女

1. 您的年龄是_____岁；健康状况：_____；劳动能力：_____；从业情况：_____；距离最近城镇距离_____，与最近邻居家距离_____；家庭总人数：_____；常住人口_____，户属性_____（1富裕；2一般；3贫困；4低保；5五保）；家里有劳动力_____人，外出打工_____人，从事旅游业_____人。

家庭成员	性别	年龄	受教育程度	从业情况	劳动能力	健康情况	年收入

（1）家庭成员：1＝户主，2＝配偶，3＝子女，4＝媳婿，5＝父母，6＝兄弟姐妹，7＝孙子女，8＝其他

（2）教育程度：1＝文盲，2＝小学，3＝初中或中专，4＝高中或大专，5＝大学本科及以上学历

（3）健康情况：1＝有病；2＝有残疾；3＝健康

（4）劳动能力：1＝不能劳动（儿童、残病）；2＝做简单家务活（工作儿童8~12）；3＝能帮助成人劳动（成人助手12~18）；4＝能从事全部劳动（成人）；5＝能从事部分劳动（老人）

（5）从业情况：1＝只在家务农；2＝只在家务牧；3＝以务农为主，农闲外出务工；4＝以放牧为主，闲时外出打工；5＝以打工为主，农忙时回家务农牧；6＝在外打工，不务农牧；7＝从事旅游经营，兼顾务农/工；8＝只从事旅游经营；9＝读书；10＝工资性收入者；11＝未就业

2. 2017 年家庭经济收入状况

收入来源	粮食收入	畜牧养殖收入	打工收入	政府补助	工资性收入	其他收入	旅游收入	总收入
收入（元）								
10年前								

3. 2017 年家庭经济支出状况

支出用途	农业物质（农药、化肥、温室等）投入	畜牧业养殖投入	水资源支出（灌溉、生活等）	生活消费（吃穿住行）	教育投入	看病支出	通信支出	礼金支出	保险费	总支出
支出（元）										
10年前										

二、自然资本

1. 您家里现有耕地＿＿＿＿亩，承包地＿＿＿＿亩（＿＿＿＿元/亩），出租＿＿＿＿亩（＿＿＿＿元/亩），实际耕种＿＿＿＿亩，开垦荒地＿＿＿＿亩，退耕

还林还草_____亩（补贴_____元），山坡地_____亩，是否存在撂荒地_____（A 是，B 否）_____亩，原因是_____是否存在土地退化现象_____（A 是，B 否）_____亩，被征地_____亩，每亩地一次性补偿_____元/亩。

2. 您家 2017 年种植的粮食（玉米/土豆/小麦/荞麦/油料（葵花、油菜、胡麻）/药材/其他）共有_____亩；其中：

项目	玉米	土豆	小麦	葵花	油菜	胡麻	药材	苜蓿	其他
亩数									
亩产									
效益/亩									

3. 过去 10 年（2008 年前）耕地变化_____（1 增加，2 没变，3 减少），变化了_____亩，原因_____。过去 10 年（2008 年前）与现比种植的经济作物是否有变化？若有变化，以前种植的分别有_____。大概种植了_____亩。

4. 草场_____亩，禁牧草场_____亩（补贴_____元/亩），是否存在草场退化_____（A 是，B 否）_____亩，被征_____亩，每亩地一次性补偿_____元/亩。承包草场_____亩，承包价格_____元/亩。出租草场_____亩（补贴_____元），过去 10 年草场变化_____（1 增加，2 没变，3 减少），变化了_____亩，原因_____。

5. 耕地/草场近 10 年土壤肥力变得_____（1 很差，2 较差，3 没变，4 较好，5 很好），原因_____。

三、物质资本

1. 您家宅基地有_____处，面积_____分地，建造时间_____年，住房质量_____（1 好（楼房），2 较好（砖房），3 一般，4 较差（土房），5 危房），市值_____元；蒙古包_____间，_____m²/个，市值_____元。

2. 交通工具情况：1 汽车_____辆，2 摩托车_____辆，3 三轮车_____辆，4 其他_____。

3. 畜牧业机器设备：1 打草机_____，2 搂草级_____，3 拖拉机_____，

4 卡车_____。

4. 棚圈情况：土木结构_____间，砖瓦结构_____间，暖棚结构_____，其他_____。

5. 您家家用电器有_____（1 电视，2 电话_____部，3 风扇，4 冰箱，5 空调，6 太阳能，7 电脑）。

6. 您家养殖牛_____头（市价_____元/头），羊_____只（市价_____元/只），猪_____头（市价_____元/头），鸡_____只（市价_____元/只）。

7. 家里粮食够不够吃_____（1 够，2 不够），粮食来源_____（1 自给自足，2 市场购买）。

8. 做饭能源消耗类型_____（1 柴火，2 煤，3 沼气，4 其他），厕所类型_____（1 旱厕，2 水厕）。

四、金融资本

1. 您家有无存款_____（A 有，B 无）_____万元（a<2 万元，b.2 万~4 万元，c.4 万~6 万元，d.6 万~8 万元，e.8 万~10 万元，f>10 万元）。

2. 家里有没有欠债_____（1 有，2 没有），欠债_____元，遇到经济困难时，借钱途径有_____（1 银行或信用社，2 高利贷，3 亲戚、朋友，4 政府社会援助）。能否在银行或信用社借到钱_____（1 能，2 不能），家里的钱由谁管理_____（1 男，2 女）。2008 年前您家缺乏资金寻求帮组时，资金主要来源于哪里？_____

3. 申请贷款有不成功的经历吗_____（1 有，2 没有），原因是_____（1 对方不信任，2 无抵押品，3 无担保人，4 手续多，5 其他）。

4. 近 3~4 年您家发生重大支出（1 万元以上）事件，_____（1 有，2 没有）_____元（1 看病，2 购房，3 嫁娶，4 孩子上学，5 意外事故，6 投资失败）。

5. 有没有享受到国家经济补贴_____（_____元）。

6. 您家有无享受养老保险_____（1 有，2 无）（_____元），有没有享受低保（有/无）（_____元），有没有买保险_____（1 有，2 无）。

7. 您家经济上遇到苦难时您该怎么办？_____（1 打工，2 卖粮，3 卖牲畜，4 减少消费，5 借钱，6 动用储蓄，7 其他）

8. 您觉得您家在全村是_____（1 贫困家庭，2 中等偏下家庭，3 中等家庭，4 中等偏上家庭，5 富裕家庭）。

9. 您觉得年收入多少才可以消除贫困_____万元, 消除贫困的对策_____。

五、社会资本

1. 您家经常联系的亲戚_____户 (当地的有_____户, 外地的有_____户, 可借款人数_____人, 从事农业_____人, 从事非农_____人, 职业_____ (1农民, 2村干部, 3乡级及以上干部, 4企业员工, 5个体户, 6务工者, 7政府, 8银行, 9商人, 10其他), 在政府机构或企事业单位工作的亲属有_____人。

2. 您家与周围邻居关系如何?_____ (1很好, 2较好, 3一般, 4较差, 5糟糕)

3. 您对邻居的信任程度如何?_____ (1非常信任, 2比较信任, 3一般, 4不太信任, 5完全不信任)

4. 平时会参与解决村民的纠纷吗_____, 会参与到村的决定会议吗?_____ (1会, 2不会)

5. 您家获取信息的渠道_____ (1村干部, 2村务公开栏, 3村民集体会议, 4报纸, 5电视广播, 6网络, 7其他_____)。

6. 政府组织农业技术培训次数_____, 您是否经常参加政府组织的农业技术培训_____ (1是, 2否), 您所了解的技术信息来自_____ (1朋友, 2农业部门, 3零售商, 4网络), 有没有农业合作社_____ (1有, 2无), 是否参与其中_____ (1是, 2否)。

7. 您感觉大部分人愿意相互帮助_____ (1是, 2否), 考虑过搬家_____ (1是, 2否)。

8. 自从2008年 (奥运会) 温总理视察后, 在政府各项政策的指导下, 您家的生计方式_____发生重大改变 (A有, B没有), 这种改变主要是您家_____ (A外出务工, B就业机会的增加, C农业种植方式的改变, D待业、失业)。

9. 2008年前您家包括政府的各种补贴, 一年大概收入_____元。

10. 您了解退耕还林还草、全面禁牧、生态移民等各项政策_____, (A完全不了解, B不太了解, C一般, D比较了解, E非常了解)。

六、气温暖干化对农牧户生计影响专题

1. 影响您家收入的因素有_____（1 自然灾害，2 市场变化，3 家人患病，4 教育支出，5 其他），家庭经济负担由重到轻有_____。

2. 面对干旱调整生计策略_____（1 销售牲畜、组草场，2 使用储备饲料，3 打井，4 外出打工，5 购买饲料，6 寄养牲畜，7 卖粮食，8 减少消费，9 动用储蓄，10 其他_____）

3. 10 年遭受的自然灾害有_____（1 干旱，2 冰雹，3 泥石流，4 滑坡，5 病虫灾害，6 霜冻，7 其他），受灾的频率_____年/次，主要的影响_____，过去 10 年影响最大的是_____灾害，会带来哪些损失_____，受影响的耕地面积或牛羊数_____亩、头，造成的损失_____元，应对措施（灾前）_____（灾中）_____，（灾后）_____（1 学习，2 多样化种植，3 地方经验，4 自组织）。政府有无受灾补贴_____（1 有_____元，2 无），对干旱应对效率_____（1 快，2 较快，3 一般，4 慢，5 无应对），抗旱是否全凭多年积累的经验_____（1 是，2 否），有没有接受到新的抗旱知识_____（1 有，2 无），如果有是通过什么途径_____，您的抗灾经验是_____。有没有选择新型的抗旱作物种子种植_____（1 有，2 无），作物种子购买方式_____（1 正规店，2 非正规店，3 自家种子）。您能否提前预知干旱（1 完全不能，2 能凭经验预知一点，3 能较为准确地预知，4 完全准确预知），您对干旱预警信息信任吗_____（1 非常不信任，2 不信任，3 一般信任，4 较为信任，5 非常信任）。

4. 您觉得有哪些资源限制_____（1 水资源，2 耕地、草场资源，3 土壤肥力不足，4 森林覆盖不足，5 其他）家庭生计水平的提高。

5. 家庭面临灾害时采取措施_____（1 出售粮食、牲畜，减少家庭粮食存储、牲畜数量，2 减少支出，3 向亲友借钱，4 出售值钱资产，5 打工，6 移民）。

6. 过去 10 年家庭遭受经济压力时，您觉得家庭能够恢复的程度_____，您觉得整个村庄面对自然灾害时能够恢复的程度_____（1 不会恢复，2 很难或耗时很长，3 还没有恢复但希望尽早恢复，4 已经完全恢复并不是很难，5 已经完全恢复且经济状况良好）。

7. 如果近期再遇上这些事件（灾害/经济困难），您觉得恢复的程度_____（1 比上一次更糟，2 和上次一样糟，3 或多或少一样，4 与上次一样

好，5 比上次好）。

8. 与同镇其他村庄相比，面临自然灾害时比他们_____（1 更糟糕，2 比有些好比有些坏，3 差不多，4 比大多数好，5 比其他的都好）。

9. 您觉得对自然灾害的适应程度_____（1 还完全不适应，2 较为不适应，3 一般适应，4 较好地适应，5 完全适应），有没有预防措施_____（1 有，2 没有）。

10. 您觉得您家发展受限的原因_____（1 缺乏资金，2 缺乏信息，3 缺乏技术支持，3 病虫害，4 干旱，5 农业管理政策，6 时间投入太少，7 市场不稳定，8 交通可达性）。

11. 干旱发生时心理应对情绪_____（1 资金足够，不担心，2 一直担心，3 担心没有，积极应对降低损失），还会花大量时间务农吗_____（1 会，2 不会），有没有弥补损失的途径_____（1 有，2 无），会影响生活质量吗_____（1 会，2 不会），如果有新的缓解干旱的方法，您会尝试吗_____（1 会，2 不会），家庭经济能承受干旱吗？_____（1 能，2 不能）

12. 家庭饮用水类型_____（1 自来水，2 井水，3 地窖水，4 雨水），水质_____（1 好，2 较好，3 一般，4 较差，5 差），是否为雨养农业_____（1 是，2 否），灌溉面积_____亩，灌溉水源_____（1 井水，2 雨水，3 水库，4 河水，5 其他），灌溉成本_____元/次，灌溉_____次，灌溉设施_____（1 水渠，2 井水+泵，3 河水+泵，4 其他），灌溉方式有_____（1 滴灌，2 漫灌，3 沟灌，4 其他），有没有采取节水措施_____（1 有，2 无），具体节水措施_____（1 地膜覆盖，2 种植抗旱作物，3 滴灌，4 其他），需要灌溉的农作物_____。

七、全面禁牧对农牧户生计影响专题

1. 2008 年全面实施禁牧政策以来，您认为草场状况转好_____（1 是，2 否），您的家庭收入影响_____（1 是_____元，2 否），家庭劳动力就业是否变化_____（1 是_____，2 否），禁牧后投入是否增加_____（1 是_____，2 否）禁牧政策对您的生产生活是否存在消极影响_____（1 是_____，2 否），您希望继续禁牧吗_____（1 是原因_____，2 否），对政策满意吗？_____（1 是原因_____，2 否）；您是否适应禁牧后的生活_____（1 还完全不适应，2 较为不适应，3 一般适应，4 较好地适应，5 完全适应），原因是_____。您认为禁牧政策哪里需要修

改？_____

2. 2008 年全面实施禁牧政策以来，您家常住人口数变化_____（1 增多，2 减少），居住地变化_____（1 是_____，2 否），居住条件变化_____（1 好_____，2 没变），草场功能转变_____（1 是_____，2 否），使用草场的方式变化_____（1 是_____，2 否）；是否参加合作社_____（1 是_____，2 否）。

3. 房屋变化_____（1 好_____，2 没变），闲置的房屋与农机如何处理_____。收入来源变化_____（1 是_____，2 否），家庭存款变化_____（1 是_____，2 否）邻里关系是否发生变化_____（1 是_____，2 否），对周围人的信任度_____（1 增加，2 减少），与亲戚联系_____（1 增加，2 减少），参加组织活动_____（1 增加，2 减少）。

4. 全面禁牧后草料来源是否变化_____（1 是_____，2 否）。

5. 您认为怎样治理偷牧现象更好？_____

八、草原旅游对农牧户生计影响专题

1. 您家从事旅游经营时间_____年；经营景点面积是_____平方米；蒙古包_____个，床位数_____个；餐桌数_____个；一年中旅游经营时间为：1 一年四季；2 半年；3 一个季度；4 无固定时间，从____月至____月。旅游旺季雇佣_____人帮忙，每人每天_____元。

2. 你家从事旅游经营主要是源于：1 响应政府号召；2 自己主动行为；3 村委会鼓励；4 政府强迫式参与。

3. 您家提供的旅游服务有：1 特色餐饮；2 旅游住宿；3 娱乐项目；4 旅游纪念品；5 土特产品；6 租赁（野外活动工具等）；7 交通运输；8 其他。

4. 您参与旅游经营活动的积极性：1 非常高；2 较高；3 一般；4 较低；5 非常低。

5. 您是否支持旅游开发？1 支持；2 反对；3 无所谓

6. 您认为当地旅游进一步发展应该采取的措施有：1 政府加大投入；2 村委会加强宣传；3 加强环境保护；4 提高旅游产品价格；5 扩大现有规模；6 提高经营管理水平；7 提高旅游从业人员素质和技能。

7. 您觉得您家旅游经营水平属于：1 领先；2 上等；3 中等；4 下等。促进/限制您家旅游经营的因素有哪些？①文化程度较高/较低；②距离景区较近/较远；③距离公路较近/较远；④家中劳动力较多/较少；⑤旅游政策知晓度较高/较低；⑥资金支持度高/低；⑦有/无家中老人的帮助；⑧有/无家中小孩的帮助；⑨亲戚关系好/差；⑩邻里关系好/差；⑪参与旅游教育培训较多/较少

8. 您未来是否仍然从事农家乐经营或从事与旅游相关的服务业？1 是；2 否　原因：①经营农家乐收入高/低；②失去土地没有其他收入来源；③选择其他的谋生方式；④视情况而定

9. （非旅游经营户）是什么原因导致您家没有参与旅游经营？①文化程度较低；②年龄较大；③家中劳动力健康程度低；④家中缺乏劳动力；⑤旅游政策知晓度低；⑥有其他更赚钱的谋生方式；⑦缺乏资金支持

10. （非旅游经营户）您未来打算参与旅游经营吗？1 是；2 否　原因：①缺乏资金支持；②年龄大；③家中缺乏劳动力；④有其他更赚钱的谋生方式；⑤其他原因

调查项目	1 极大增加/2 提高/3 变好	1 增加/2 提高/3 变好	1 没有2 变化	1 极大减少/2 降低/3 变差	1 减少/2 降低/3 变差
村民就业机会					
牧户收入					
商品和服务价格					
基础设施					
交通条件					
生活水平					
牧户素质情况					
村子知名度					
生态环境（生活环境、水质、空气质量、垃圾、噪声等）					
牧户环保意识					
村民的贫富差距					
邻里关系					
社会治安					

九、精准扶贫、乡村振兴对农牧户生计影响专题

1. 对贫困持有的态度：您＿＿＿＿（1 是，2 否），认同"政府、社会对贫困户的帮助是应该的"，您＿＿＿＿（1 是，2 否），认同"政府扶贫发展项目作用一般，不如直接给钱"。

2. 您认为导致您家庭贫困的原因是什么（多选）＿＿＿＿＿＿；核心原因＿＿＿＿＿＿（1 收入来源依靠农牧业，2 居住地偏僻，环境恶劣，3 家人患重病，4 子女教育负担重，5 赡养老人负担重，6 为子女盖房买房，7 劳动力缺乏，8 自然灾害，9 子女年龄小，无法外出打工，10 文化水平低，缺乏技能，11 消费高，12 信息闭塞，13 其他＿＿＿＿＿＿）。

3. 您认为摆脱贫困的方式（多选）＿＿＿＿＿＿（1 外出务工，体力劳动，2 依靠某项职业技能，3 务农+临时工，4 做买卖，5 依靠国家救济，6 投资子女教育依靠下一代，7 搬迁移民，8 其他＿＿＿＿＿＿）。

4. 是否参与过扶贫活动＿＿＿＿（1 是，2 否），扶贫方式＿＿＿＿（1 医疗，住房补贴，2 以工代赈，3 产业扶持，4 贷款优惠，5 庭院修缮，6 一帮一扶，7 其他＿＿＿＿＿＿）。

5. 国家扶贫政策、项目等，对您家的收入、生活水平改善程度＿＿＿＿＿＿（1 没变化，2 稍微改善，3 一般，4 明显改善，5 很明显改善，6 其他＿＿＿＿＿＿）。

6. 您对国家扶贫政策＿＿＿＿（1 非常不满意，2 不满意，3 一般，4 满意，5 非常满意），原因是＿＿＿＿＿＿。

7. 您希望参与什么样的扶贫项目＿＿＿＿（1 住房改造，2 养殖业补贴，3 金融支持，4 就业培训，5 农田改造，6 道路改造，7 其他＿＿＿＿＿＿）。

8. 您对乡村振兴战略了解程度＿＿＿＿（1 不了解，2 了解一点，3 一般，4 了解，5 非常了解）。

9. 您认为乡村振兴战略对您的生活会有影响吗？＿＿＿＿（1 是，2 否）原因是＿＿＿＿＿＿。

10. 您看好乡村振兴战略吗？＿＿＿＿（1 是 2 否），乡村振兴战略应该从哪些方面改善您的生活？＿＿＿＿＿＿

11. 您认为乡村振兴战略重要举措应该是＿＿＿＿（1 土地改革，2 金融政策（无息贷款），3 集体产权制度，4 企业与农牧民利益联结机制，5 农牧业支持保护制度，6 改善农村牧区基础设施条件，7 其他＿＿＿＿＿＿）。

后记

Afterword

　　呈现在大家面前的这本书是本人主持国家社会科学基金青年项目"全域旅游背景下草原旅游地人地系统脆弱性演变及其适应性演化机制研究"（17CGL024）的研究成果，也是本人主持国家社会科学基金重点项目"西部民族地区典型牧区落实乡村振兴战略对策措施研究"（18AZD021）子课题阶段性研究成果，是课题组成员3年来认真调研、深入思索、刻苦攻关的集体智慧结晶。

　　回顾研究，成果虽然还比较粗薄，但处处浸透着对农牧交错区可持续发展所寄予的无限希冀与深情，敬请各位同仁、各级领导和广大读者批评指正。

　　在本书出版之际，我要真诚感谢恩师——西北大学城市与环境学院杨新军教授的谆谆教诲，感谢西北大学李同昇教授、刘科伟教授、陈海教授、朱海霞教授、曹明明教授以及西安外国语大学王兴中教授和陕西师范大学延军平教授等专家对本研究的帮助与指导。

　　感谢中国科学院地理科学与资源研究所匡文慧研究员和内蒙古财经大学侯淑霞教授、吕君教授、迟文峰博士、内蒙古大学乌铁红教授在我收集研究数据过程中提供的帮助；感谢内兄林海滨男士，我的学生吕鸣真、赵颖、包秀琴、王述、王悦、杨宗晔、闫舒威、张宵容、蒋铖、李传厚、陈昱等，在为期近3个月的农牧户数据采集中艰辛的付出。

　　衷心感谢全国哲学社会科学工作办公室和内蒙古财经大学优秀出版基金的资助。

　　最后，还要特别感谢家人对我工作的大力支持以及对我生活的关心。

李文龙

2020 年 10 月 10 日于呼和浩特